中国人民大学高礼研究院系列研究丛书之五

丛书主编：王利明　张　磊
副 主 编：冯继勇　卢　斌

以法规制运营　以法保障运行

艺术品众筹
ART CROWDFUNDING

模式·案例·风险·监管
MODEL CASE RISK SUPERVISION

杨 东　张文君/著

人民出版社

杨 东
YANGDONG

　　中国人民大学教授、博导，日本国立一桥大学法学博士。现任中国人民大学法学院副院长、中国人民大学金融科技与互联网安全研究中心主任，研究中心为央行支付清算协会金融科技专业委员会副主任委员单位。互联网与信息法律研究所执行所长。教育部首批青年长江学者。全国人大法工委、财经委证券法、期货法、电子商务法专家组成员、国家工商行政管理总局反不正当竞争法修改小组专家成员（负责互联网反不正当竞争）。因积极参与电子商务法的起草工作，受到全国人大财经委书面嘉奖。经银监会等机关推荐，到中南海国务院办公厅专题讲解互联网金融监管相关问题。获得第八届"全国十大杰出青年法学家"提名奖。

　　深度参与了一行三会以及国务院互联网金融专项整治办公室、最高人民法院互联网金融相关立法、司法解释的征求意见、专家研讨、评估论证、媒体采访等过程。中央网信办中欧数字经济专家工作组专家成员、国家发改委大数据流通与交易技术国家工程实验室专家委员会专家、国家互联网金融安全技术专家委员会委员、中国人民银行上海总部现代支付与互联网金融研究中心学术委员。多次受到中央电视台、凤凰卫视、新华网等知名媒体采访，就互联网金融、金融科技等相关最新议题发表看法。

在《中国社会科学》、《人民日报》理论版等发表互联网金融的法律规制等中外论文 100 多篇，并出版《互联网金融风险与安全治理》、《互联网＋金融＝众筹金融》、《金融服务统合法论》（该书获得教育部第七届高等学校科研优秀成果奖三等奖）、《金融消费者保护统合法论》等著作。作为我国"金融统合法"理论和"众筹金融"理论的创立者，杨东教授为立法界、学术界以及政府和实务界所瞩目。

目前作为课题负责人，承担国家社会科学基金重大项目"互联网安全主要问题立法研究"子课题"互联网金融安全研究"、国家自然科学基金委员会与英国经济和社会研究理事会合作研究项目"中国非正规金融的风险、潜力及变革"、司法部国家法治与法学理论研究项目"我国股权众筹模式的法律问题研究"、中国人民银行课题"电子支付立法研究"、中国人民银行征信中心课题"大数据与个人信息保护"、 中关村科技园区管理委员会对外合作课题"众筹行业发展研究报告"、蚂蚁金服课题"支付清算条例研究"等课题。

杨东教授是我国最早对区块链的应用进行研究的学者之一，2015 年在《互联网 + 金融 = 众筹金融》一书中提出了区块链在金融领域的应用，更是在 2017 年出版了《链金有法：区块链商业实践与法律指南》，率先从法律角度对区块链的应用和实践进行了创新性的分析，为企业布局区块链战略提供了指导。

杨东教授是我国互联网金融、金融科技、区块链、众筹、互联网反垄断、金融消费者保护等研究领域的领军人物之一，多年来致力于推动实践发展，担任中国证券法研究会副会长、中国金融科技 50 人论坛秘书长、中国证监会投资者保护局和投资者保护基金公司专家委员、中国证券业协会股权众筹专业委员会委员（顾问）、中国科技金融法律研究会副会长、中国金融办协会互联网金融专业委员会、世界众筹大会、众筹金融协会等首席专家。

张文君
ZHANGWENJUN

　　原创诗词曲赋创作人，诗人，诗歌朗诵制片人，文学艺术评论人，热爱文化艺术、热心公益，曾为人民网公益制作了十七个原创诗歌朗诵的微视频，创作的诗歌《天净沙·天山圣水》在 2013 年文化部举办的百诗百联比赛中入选"人气精选作品"，和诗歌《中华复兴》一起入选并出版于第二届百诗百联大赛精选作品集。

在"互联网+"的时代，艺术品众筹使投资人、艺术家、鉴赏者和交易平台形成一个生态链，互相配合，分工协作，提高艺术品创作者和市场的匹配度，促进艺术品市场的繁荣和发展，弘扬中华民族的优秀文化。本书从法律的视角，创新地观察艺术品市场，多维度呈现艺术品众筹的运营和模式，是艺术家、艺术品投资者和鉴赏者的福音。

——司德进（中国美术家协会辽宁分会会员，中共辽宁省委党校美术编辑，副教授）

随着我国的艺术市场的日益繁荣和文化创意产业的蓬勃发展，我们既要学习和借鉴国外先进的关于艺术品管理的法律法规，又要根据本国的实际情况制定适合本国的法律法规，还要考虑到国内和国外的两个体系。目前我们国家关于艺术品市场的法律法规更多的是针对美术市场，关于文化创意产业（创意艺术设计）知识产权方面的相关法律法规还存在许多需要建立和完善的地方。

——黄喜雨（中南财经政法大学中韩新媒体学院副教授，硕士生导师，副院长）

弘扬文化事业，用法律规制艺术品市场，使艺术品发展有序，规范、繁荣艺术品市场，多培养发展中或正在成长中的画家，让优秀的画家层出不穷，创作美丽的作品温暖人间。此书道出了艺术家和艺术爱好者的心声。

　　——李锡勇（中国美术家协会山东分会会员，中国石油画院一级画师，副教授）

目　录
CONTENTS

前言　聚焦艺术品互联网金融的未来发展

　　中华复兴之路，必将迎来经济、政治、文化等各领域的全面繁荣，而各行各业的兴盛发展正是为中华复兴的实现而奠定基础。作为文化的使者与代表，艺术品正迎来一个空前繁兴的时期，艺术品市场发展之迅猛，艺术品交易之多样纷呈，使艺术品作为新兴的第三大投资领域已与房地产和股票有并驾齐驱之势。在 2011 年，中国更是问鼎世界艺术品市场交易总额的第一。艺术品的创新优化发展，社会的飞速跨越进步，人民日益增长的物质文化需求，互联网的巨力助推及科学技术的日新月异，使艺术品市场缔造了一个又一个传奇。鉴于逐年扩大的交易规模，持续增长的巨大交易总量，2012 年至 2014 年，中国持续三年蝉联了世界艺术品交易的第二大国地位，近六年来，中国一直保持位居世界艺术品交易总额的前三，越发体现了中国艺术品市场对国际艺术品市场的影响力。而中国艺术品作品拍卖也不断刷新纪录，一同见证了 2010 年中国"破亿"天价艺术品的诞生，一同参与到激烈的全球化竞争中。以成交额计算统计，中国艺术品拍卖公司在 2013 年占据了全球十大艺术品拍卖公司排名的一半。2014 年，中国艺术品市场处于"调整期"，但成交份额的稳定仍显示出强劲的竞争力，其发展更为多元，艺术品市场进入"消费时代"。①

---

① 参见文化部文化市场司主编：《2014 中国艺术品市场年度报告》，人民美术出版社 2015 年版，第 68、76 页。

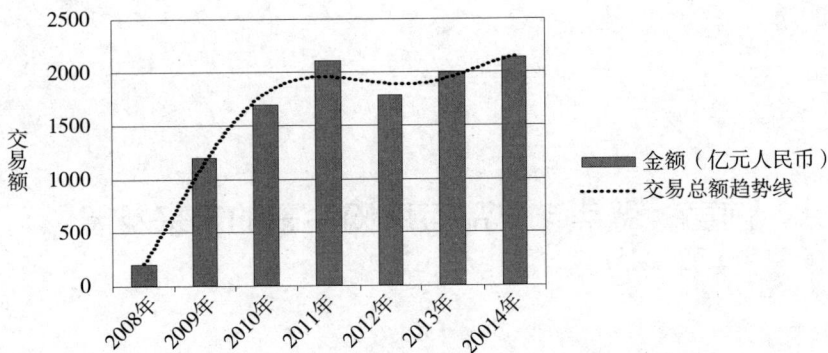

图1　中国艺术品市场交易总额（2008—2014年）①

　　由此可见，中国经济对全球的发展具有重要意义，而中国的艺术品市场能量巨大，潜力无穷，是世界艺术品未来创新并向前发展的决定性因素之一。

　　与此同时，艺术品的创新发展道路恰逢机遇和"天时"，从互联网到移动互联网，网络科技正进入高速创新发展时期，互联网的技术革新赋予企业新的生命力，特别是互联网企业具备巨大的发展优势，资源海量，服务迅捷，成本低廉，交易率高，平台更开放，选择更多样，影响更深远。而互联网与金融业的默契融合，是顺应时代而生，形成了产业发展的阵阵浪潮，不断迸发出创新的浪花，挑战了传统的金融体系，并借助于先进的互联网信息科学技术，正改变着传统产业的交易方式和理念。2013年是互联网金融的元年，2014年又是移动互联网金融的元年，可见互联网金融的概念于近年间已迅速深入民

---

① 参见文化部文化市场司主编：《2012 中国艺术品市场年度报告》，人民美术出版社 2013 年版，第 4 页；文化部文化市场司主编：《2013 中国艺术品市场年度报告》，人民美术出版社 2014 年版，第 6 页；文化部文化市场司主编：《2014 中国艺术品市场年度报告》，人民美术出版社 2015 年版，第 7 页。

表 1　全球艺术品市场交易额及份额比例前三位①

年份	全球艺术品市场交易总额（单位：亿欧元）	艺术品市场交易额份额比例前三位的国家		
		第一位	第二位	第三位
2011	463	中国，30%	美国，29%	英国，21%
2012	430	美国，33%	中国，25%	英国，23%
2013	474	美国，38%	中国，24%	英国，20%
2014	510	美国，39%	中国，22%	英国，22%
2015	477	美国，43%	英国，21%	中国，19%
2016	454	美国，29.5%	英国，24%	中国，18%

心，普及大众，而互联网已然与人们的生活息息相关，密不可分，互联网金融因此得以迅猛发展，"互联网＋"的时代正在到来。所以，在这个时代背景下，众筹于近两年也得以飞速发展，据《中国互联网众筹 2014 年度报告》的相关数据统计，2014 年众筹募集资金规模已达 4.5 亿元。② 恰逢此情此景，在多层次的资本市场和活化的经济体制中，在市场经济发展的驱使下，艺术品与互联网金融的结合交融成为一种趋势，并且涌现出大

---

① 表中数据参见文化部文化市场司主编：《2012 中国艺术品市场年度报告》，人民美术出版社 2013 年版，第 64—65 页；参见文化部文化市场司主编：《2013 中国艺术品市场年度报告》，人民美术出版社 2014 年版，第 72—75 页；参见文化部文化市场司主编：《2014 中国艺术品市场年度报告》，人民美术出版社 2015 年版，第 74—77 页；参见 Zheng Xin：《Christi's opens Chinese flagship in Beijing》，chinadaily 网 2016 年 10 月 15 日，http://usa.chinadaily.com.cn/business/2016-10/15/content_27070992.htm，访问时间 2017 年 3 月 25 日；参见 JAVIER PES：《Asia's new rich help cushion global market's fall, economist Clare McAndrew reports》，The Art Newspaper 网 2017 年 3 月 22 日，http://theartnewspaper.com/news/asia's-new-rich-help-cushion-global-market's-fall-economist-clare-mcandrew-reports，访问时间 2017 年 3 月 25 日。

② 参见时代周报：《中国互联网众筹 2014 年度报告》，载金融界网 2015 年 1 月 26 日，http://finance.jrj.com.cn/2015/01/26161818768151.shtml，访问时间 2016 年 1 月 15 日。

量有关艺术品与金融结合的大胆创新与尝试，为艺术市场交易开辟了更广阔的天地，为我国经济市场和文化繁荣注入了新的活力。同时，在"大众创业、万众创新"的政策导向下，各种金融创新发展更加活跃，而艺术品众筹便成为这一时期一种新的发展方式，潜力尚待发掘。

随着经济的高速增长，人民财富的不断积累，与日俱增的还有人民的物质文化需求。而此时，艺术品也开始走向社会大众，走进寻常老百姓的生活，掀起了投资艺术品的热潮。当艺术品的份额化交易及艺术品文化交易所、艺术品基金与信托、艺术品银行、银行艺术品业务（具体指艺术品的抵押、按揭）、艺术品保险和艺术品价格指数等各种艺术品金融的创新交易方式、创新产品出现时，极大丰富了人们投资融资的渠道，也实现了老百姓投资艺术品的愿望。特别是艺术品与互联网金融的结合，引发了平民百姓对艺术品的推崇与收藏投资热，其便捷高效，使百姓对艺术品的投资变得触手可及，互联网如同蛛丝密网紧紧连接着千万客户、艺术品与金融，更将艺术品与金融交织于一体，融合出花样繁多的创新产品，让普惠金融体系得以最终确立并实现。作为艺术品与互联网金融结合下的新产物——艺术品众筹，则让艺术品与老百姓更为贴近，可以根据需求定制或是支持艺术品的完成等，为艺术家将作品变现、投放市场创造了便利条件，艺术家与客户可以直接沟通，为艺术创作和艺术品的宣传起着推进作用。

然而，创新与风险总是相伴同生，艺术品互联网金融作为近年来产生并获高速发展的新生事物，特别是艺术品众筹仍处于起步摸索的过程中，缺乏有效的法律依据与标准来进行统一与规范，缺乏完善的法律规范体系来保障艺术品互联网金融、艺术品众筹等各项创新交易、创新产品的正常运行。而其间滋生的一些艺术品市场交易乱象，如艺术品交易价格的"暴涨暴跌"，仿品、赝品、假卖、假拍等虚假行为，艺术品鉴定估价的混乱、艺术品信托的违约不可兑付等，这些都无疑加剧了艺术品的交易风险，特别是艺术品互联网金融本身作为新事物就伴有高风险，如此将阻碍艺术品与互联网金融结合下的健康有序发展，所以艺术品的金融化道路曾引来众多的忧患与质疑。但是，艺术品互联网金融作为新生事物，有着强大的生命力，促进了艺术品市场的进步革新，经济发展的趋势也在催化艺术品与互联网金融的融合发展，只是这条道路是喜忧交加相随，特别是对艺术品众筹而言，当2015年"区块链"元年和2016年金融科技元年的到来，① 为艺术品众筹的发展带来新的机遇和挑战，对备受困扰的诸多风险问题提供了解决的新出路。本书正着眼于研究艺术品互联网金融的最新形势，以艺术品众筹为主要研究对象，提取典型的案例，提炼析出其具体的创新模式、内在规律等，特别是对艺术品互联网金融的风险如何得以有效规制，对艺术品众筹如何规范纳入法制轨道，如何充分发挥创新交易方式和创新产品的发展优势作为主要研究的重点。

一、艺术品众筹的文化背景与创新探索

这是一个全民族追逐梦想的时代，这是一个全社会以创新引领前进方向的时代，这是一个从经济、政治、文化全面走向繁荣复兴的时代。强国复兴之路，必须强一国之文化，强一国之思想。艺术品作为思想灵魂的寄托，文化的传播使者，在这个崭新的时代被赋予了新的活力与意义。近年来，国家高度重视文化产业的发展，鼓励创新，不断推出多项扶持政策推

---

① 参见李欣：《盘点金融科技发展的十大趋势 中国或超越英美成"老大"》，载金融之家网2016年12月01日，http://www.jrzj.com/173859.html，访问时间2017年3月20日。

进文化产业的快速发展，党的十八届三中全会为中国步入"大文化时代"拉开序幕。所以，艺术品此时正是遇上了前所未有的创新发展的大好时期，一方面得益于国家文化政策的扶持；另一方面赶上社会经济空前活跃的契机，而互联网的信息技术革命更是推波助澜，互联互通的运转方式给艺术品与金融的结合创新发展提供了条件。这十年来中国艺术品交易迅猛增长，逐渐成为令人瞩目的世界级艺术品市场之一，"艺术无价"、艺术品珍贵、亿元"天价"拍卖艺术品早已是人们所耳熟能详的，平民百姓对艺术品的投资热情更是高涨。而当艺术品借助现代飞跃式发展的互联网信息技术，与金融走向结合时，应时而生的艺术品互联网金融正为艺术品市场开拓另一个前景广阔的新天地，作为最新典型代表者的艺术品众筹让艺术品更加便捷地走进千家万户，融进人民的生活，无比贴近，为"大众创业、万众创新"的实现开辟了一条新路径。

自党的十八届三中全会以来，全国各行各业沐浴着全面深化改革的春风，焕发出崭新的面貌。在《中共中央关于全面深化改革若干重大问题的决定》中指出，建设社会主义文化强国，增强国家文化软实力，必须坚持社会主义先进文化前进方向，坚持中国特色社会主义文化发展道路，培育和践行社会主义核心价值观，巩固马克思主义在意识形态领域的指导地位，巩固全党全国各族人民团结奋斗的共同思想基础。坚持以人民为中心的工作导向，坚持把社会效益放在首位、社会效益和经济效益相统一，以激发全民族文化创造活力为中心环节，进一步深化文化体制改革。其中具体提出要完善文化管理体制、建立健全现代文化市场体系、构建现代公共文化服务体系与提高文化开放水平。并且特别强调现代文化市场体系需完善文化市场准入和退出机制，鼓励各类市场主体公平竞争、优胜劣汰。大力推进国有经营性文化单位转企改制，并推动文化企业跨地区、跨行业、跨所有制兼并重组，鼓励非公有制文化企业发展，降低社会资本进入门槛，允许参与对外出版、网络出版，允许以控股形式参与国有影视制作机构、文艺院团改制经营。支持各种形式小微文化企业发展。建立多层次文化产品和要素市场，鼓励金融资本、社会资本、文化资源相结合。完善文化经济政策，扩大政府文化资助和文化采购，加强版权保护。健全文化产品评价体系，改革评奖制度，推出更多文化精品。还有，建立公共文化服务体系建设协调机制与群众评价和反馈机制，建设综合性文化服务中心，建立法人治理结构，完善绩效考核机制，引入竞争机制，并鼓励和培育文化非营利组织。还要坚持政府主导、企业主体、市场运作、社会参与，扩大对外文化交流，加强国际传播能力和对外话语体系建设，推动中华文化走向世界。理顺内宣外宣体制，支持重点媒体面向国内国际发展。培育外向型文化企业，支持文化企业到境外开拓市场。鼓励社会组织、中资机构等参与孔子学院和海外文化中心建设，承担人文交流项目。总而言之，积极吸收借鉴国外一切优秀文化成果，并切实维护国家文化安全。[①]

2014 年 10 月，党的十八届四中全会决议通过的《中共中央关于全面推进依法治国若干重大问题的决定》也提出建立健全社会主义先进文化前进方向、遵循文化发展规律、有利于激发文化创造活力、保障人民基本文化权益的文化法律制度。制定公共文化服务保障法，促进基本公共文化服务标准化、均等化。制定文化产业促进法，把行之有效的文化经济政策法定化，健全促进社会效益和经济效益有机统一的制度规范。[②]还有，文化部发布了《2013 年全国文化发展统计公报》，其中 2013 年由

---

① 参见中国共产党于 2013 年 11 月在第十八届三中全会通过的《中共中央关于全面深化改革若干重大问题的决定》。

② 参见编写组编著：《〈中共中央关于全面推进依法治国若干重大问题的决定〉辅导读本》，人民出版社 2014 年版，第 13—14 页。

全国文化系统批准的对外文化交流项目有 2159 起，共计 66338 人次参加。同年 12 月 30 日文化部宣布成立了国家艺术基金，由国家赞助艺术的时代到来。①

2015 年的政府工作报告中明确提出"大众创业、万众创新"的目标要求，制定了"互联网＋"的行动计划，推动移动互联网、云计算、大数据、物联网等与现代制造业结合，促进电子商务、工业互联网和互联网金融健康发展，引导互联网企业拓展国际市场。②同年 7 月 5 日国务院发布了《关于积极推进"互联网＋"行动的指导意见》，其中的十一项重点行动中就有"互联网＋创业创新"和"互联网＋普惠金融"，强化创业创新支撑，积极发展众创空间和发展开放式创新，促进互联网金融健康发展，全面提升互联网金融服务能力和普惠水平。③2016 年的政府工作报告中提出了推进"文化改革""发展文学艺术"，提倡"充分释放全社会创业创新潜能"，特别是"大力弘扬创新文化""推动文化产业创新发展"。④2017 年的政府工作报告中提出推动"服务业模式创新和跨界融合""文化创意等新兴消费"，支持"发展文化事业和文化产业"。⑤艺术品众筹的发展正是艺术品互联网金融相结合与创新的一种体现，也是践行普惠金融的途径之一。

2017 年 2 月文化部公布了《文化部"十三五"时期文化发展改革规划》（以下简称《规划》），指出"十三五"是"促进文化繁荣发展"的"关键时期"，也是建设"文化强国"的"重要时期"。《规划》中

---

① 参见文化部文化市场司主编：《2012 中国艺术品市场年度报告》，人民美术出版社 2013 年版，第 5—11 页。

② 参见《政府工作报告》2015 年 3 月。

③ 参见《国务院关于积极推进"互联网＋"行动的指导意见》2015 年 7 月 5 日。

④ 参见《政府工作报告》2016 年 3 月。

⑤ 参见《政府工作报告》2017 年 3 月。

明确指出将推动"文化产业成为国民经济支柱性产业",推动"文化产业结构优化升级",推动"'互联网+'对传统文化领域的整合",加强"文物保护利用",开展"'互联网＋中华文明'行动计划",鼓励优秀文化产品的"创作""创新""创造",加快推进"以文化创意为核心""依托数字技术进行创作、生产、传播和服务的数字文化产业",加强"重点文化产业带建设",支持鼓励"文化消费",鼓励、引导"社会资本进入文化产业",完善"文化市场体系"、健全监管体系,强调"推进文化与科技融合发展",加强"'互联网＋文化'的顶层设计"等。[①] 可见文化创新是社会的主旋律,文化与科技的结合将更加紧密,成为未来发展的巨大动力。而艺术作为文化的重要内涵,艺术品是文化产业中的重要组成部分,因此艺术品市场的未来发展也将会与数字技术更为紧密的结合。

艺术品市场在近十年的稳步增长,奠定了在整个文化产业中的重要地位,其肩负着文化传承和传播推广优秀文化艺术的重任,国家给予了一系列的政策扶持。因此,艺术品互联网金融的结合孕育于这个最佳时期,有着良好的文化背景作为胚胎营养。艺术品众筹,作为当前艺术品互联网金融结合下的最新探索方式,是在这样的有利条件和文化背景下产生的,也理应作为本书研究的典型。因为任何一项新生事物从产生到发展,再到成熟,都是一个漫长的过程,其中的创新探索风险是不得不优先考量的,互联网在带来无限机遇的同时也增添了未知风险,许多传统格局被挑战、被打破,新生事物层出不穷,而法律层面上,国内还没有出台有关艺术品交易的法律规定,现有的相关法律制度显然无法满足艺术品与互联网金融结合下的快速发展,艺术品众筹存在着互联网的虚拟性、艺术品的真假鉴

---

① 参见文化部:《文化部"十三五"时期文化发展改革规划》,载中国政府网 2017 年 2 月 23 日,http://www.gov.cn/xinwen/2017-02/23/content_5170224.htm,访问时间 2017 年 3 月 25 日。

定、艺术品的物流和保险系统的不成熟、计划实施和兑现结果的监督缺乏等方面的风险，这些既是未来发展的探索内容，也是本书主要的研究方向。

二、艺术品众筹的前景分析与未来展望

互联网的时代已然到来，并成为人们日常生活中不可或缺的一部分。现在，"互联网＋"成为时代发展的符号，互联网联通各行各业，连接世界各地，互联网经济推动全球化的进程步步加快，互联网引领一切经济的运转成为未来发展的趋势。2014 年移动互联网金融的到来，将未来社会发展与互联网更加紧密维系在一起，互联网金融成为与"正统"金融体系相对立的新兴金融力量[①]。目前，根据《2015 中国互联网产业综述与 2016 发展趋势报告》的数据统计，到 2015 年 6 月我国的手机上网用户已超过 9.05 亿户，[②] 工信部统计的数据显示截至 2015 年 10 月底，我国的移动电话用户已达到 13.02 亿户，基本上实现中国人口的全覆盖，4G 用户总人数达 3.28 亿户，占移动手机用户的 25.2%，且这一增长势头极为迅猛。[③] 中国已经成为世界第一互联网用户大国，第一手机大国，智能手机的第一大

---

① 参见杨东：《互联网金融推动金融法体系变革》，载《中国社会科学报》2014 年 1 月 22 日，第 A06 版。

② 参见陈健：《我国移动互联网用户突破 9 亿户　手机上网流量连续翻番》，载人民网 2015 年 7 月 17 日，http://it.people.com.cn/GB/n/2015/0717/c1009-27321850.html，访问时间 2015 年 8 月 15 日。

③ 参见云新：《我国移动电话用户规模突破 13 亿　4G 用户占比超 25%》，载飞象网 2015 年 11 月 19 日，http://www.cctime.com/html/2015-11-19/2015111910565328.htm，访问时间 2015 年 12 月 1 日。

上网终端。而根据国际电信联盟（International Telecommunication Union，ITU）发布的《衡量信息社会发展报告》，全球互联网用户已达 32 亿户，所占世界人口比例为 43.4%，[①] 而全球近三分之一的用户是智能手机互联网用户，且这一增势显著，所以，移动互联网的时代已经到来。根据瑞典的爱立信电信制造商所提供的一份数据预测，全球的智能手机注册数量在2022 年将达到 68 亿户，可见移动互联网和智能手机的普及发展在未来更是前景广阔。[②]

艺术品市场正逢良好时机，艺术品与金融的结合在互联网的巨大推动下，势必又会迎来艺术品快速发展的新浪潮。与此同时，电商、微信正在加速推进艺术品拍卖市场走向网络化，将艺术品市场联通世界，推向大众，成为发展的新亮点。根据中国艺术品市场的数据显示，艺术品市场的网上交易额正在逐年飞速增长，以 2013 年度中国艺术品市场白皮书的统计，艺术品的网上交易额在 2013 年度达到 30 亿元人民币，较前一年的18 亿元，增长了 167%[③]。到了 2014 年，艺术品的网上交易达到 45 亿元，相比前一年增长了 150%[④]，而且这一发展趋势必将有更好的未来。因为互联网金融给艺术品市场带来了更广阔的天地，国家文化政策为艺术品的发展给予极大支持，艺术品承载着传播弘扬中国文化艺术的价值，在国际上中国艺术品市场处于全球交易大国的地位，一切都预示着艺术品发展的前

---

① 参见刘栋：《全球互联网普及成效显著　用户数占总人口 43.4%》，载人民网 2015 年 12 月 14 日，http://finance.people.com.cn/n1/2015/1214/c1004-27923499.html，访问时间 2016 年 12 月 15 日。

② 参见李欣：《盘点金融科技发展的十大趋势　中国或超越英美成"老大"》，载金融之家网 2016 年 12 月 01 日，http://www.jrzj.com/173859.html，访问时间 2017 年 3 月 20 日。

③ 参见文化部文化市场司主编：《2012 中国艺术品市场年度报告》，人民美术出版社 2013 年版，第 4—6 页。

④ 参见文化部文化市场司主编：《2014 中国艺术品市场年度报告》，人民美术出版社 2015 年版，第 6—8 页。

景不可估量。根据英国 Hiscox 保险公司发布的艺术品在线交易报告的统计数据显示，在近几年间，艺术品借助互联网进行的线上交易逐年呈快速发展之势，从 2013 年至 2015 年，全球的在线艺术品交易额增长超过一倍，2016 年则是一个"调整期"，在线艺术品的交易额较上一年度有所下降，但以低于 10000 英镑的"低端"艺术品在线交易的发展强劲。而且根据 2016 年艺术品在线交易 24% 的增长率预计，[①] 到 2022 年艺术品的在线交易有望破百亿美元。艺术品互联网金融的发展是一种趋势，未来的前景潜力巨大。

表2　全球在线艺术品交易总额（2013—2016 年）[②]

年份	2013	2014	2015	2016
全球在线艺术品交易总额（单位：亿美元）	15.7	26.4	32.7	37.5

天价"过亿"的艺术品初现于 2005 年的拍卖市场，也正是这年中国艺术品拍卖市场的成交总额首次突破百亿，而在 2008 年以后则逐渐成为常态，并迎来了中国艺术品的"亿元时代"。2010 年是中国艺术品交易金融元年，2011 年中国艺术品拍卖市场的成交额问鼎峰值，达到近千亿人民币，也是在这一年，中国艺术品市场的交易份额达到 137 亿欧元，成为全球第一大的艺术品市场，并持续蝉联全球艺术品交易大国的地位。当艺术品市场处于这段快速发展"涌喷期"，激发产生了许多创新发展方式，与此同时，艺术品走向了与金融密切结合的发

---

① 参见 Robert Read：《Hiscox Online Art Trade Report 2017》，载 Hiscox 网 2017 年 5 月，https://www.hiscox.co.uk/online-art-trade-report/#，访问时间 2017 年 9 月 16 日。

② 表中数据参见 Robert Read：《Hiscox Online Art Trade Report 2017》，载 Hiscox 网 2017 年 5 月，https://www.hiscox.co.uk/online-art-trade-report/#，访问时间 2017 年 9 月 16 日。

展道路，以 2009 年 9 月成立的天津艺术品文化产权交易所（以下简称"文交所"）为代表，其开创的份额化交易模式就是艺术品与金融结合的产物，曾引来艺术品"暴涨暴跌"的风潮①，此后两年间相同模式的创新交易在全国遍地开花，各地的文交所曾一度增加到 200 多家。还有，艺术品基金与信托、艺术品银行、艺术品的银行业务及典当和艺术品的在线交易等也是这段时期与金融创新相结合的艺术品交易创新方式。自 2013 年互联网金融的浪潮袭来，2014 年又逢移动互联网金融的元年，众筹一时风卷全球，众筹热也给艺术品市场带来了新机遇，开辟了新路径，而艺术品众筹的兴起也加速了艺术品的创新发展。以故宫的艺术品复制品等文创产品式的艺术衍生品销售为例，故宫从 2012 年以前依靠门票收入为主到 2015 年故宫推出了近 8700 件文创产品，从 2013 年的 6 亿元增长到 2015 年的近 10 亿元，自 2015 年故宫的文创产品开始进行网上销售，联合阿里巴巴旗下的聚划算平台，创下一天成交了 1.6 万个订单。② 目前，艺术品与互联网金融的结合处于创新探索的阶段，国内的艺术品众筹正刚刚起步，市场潜力巨大，机遇很多，但是风险同样是相伴同生。

---

① 天津文交所 2011 年年初发行上市的天津山水画家白庚延两幅艺术作品《黄河咆哮》和《燕塞秋》，在仅仅两个月时间里涨幅达 1600%，价格达到发行价的 17 倍。到 2011 年年底，国务院颁布了《关于清理整顿各类交易场所切实防范金融风险的决定》，业内称为"38 号文"，中宣部等五部委相继发布了《关于贯彻落实国务院决定加强文化产权交易和艺术品交易管理的意见》，又称"49 号令"，随后该最早发行的艺术品份额从 17 元之上暴跌至如今的 1 元左右，最高价跌去 9 成，而且成交手数明显下降，这被称为"暴涨暴跌"风潮。

② 参见经济之声：《故宫文创产品超 8700 件　一年营业额超 10 亿元》，载央广网 2016 年 12 月 18 日，http://www.cnr.cn/list/finance/20161218/t20161218_523354861.shtml，访问时间 2017 年 3 月 22 日。

表3　中国艺术品网上交易数据[①]

年份	艺术品市场交易总额 （单位：亿元人民币）	艺术品网上交易额 （单位：亿元人民币）
2012	1784	18
2013	2003	30
2014	2137	45

艺术品众筹的未来之路漫长，其未知无数，探索无数，其技术层面与法律层面存在着诸多局限性，因为目前尚没有出台有关专门针对艺术品网上交易的法律规定，互联网上的环境具有复杂多变性，给艺术品的交易带来较多不特定因素，风险也随之而来。所以，风险的问题亟待有效规制，如何充分发挥监管机制，让风险做到可控可防，让艺术品互联网金融向着良性发展，使艺术品众筹在风险得以有效规制的前提下有序运行和发展，实现价值最大化是本书的研究导向。

三、全民众筹的兴起与艺术品众筹

众筹在全球兴起是当前广大民众高度关注、发展非常迅速的互联网金融创新运行模式之一。近六年间，互联网金融（Internet Finance，英文简称"ITFIN"）以异常活跃的形态快速发展，不断创造新活力，给经济增

---

① 参见文化部文化市场司主编：《2012中国艺术品市场年度报告》，人民美术出版社2013年版，第4页；文化部文化市场司主编：《2013中国艺术品市场年度报告》，人民美术出版社2014年版，第6页；文化部文化市场司主编：《2014中国艺术品市场年度报告》，人民美术出版社2015年版，第7页。

添新动力,对传统金融带来积极变革和深远影响。特别是在网络交易成为中国增长最快的交易模式的背景下,从 2010 年到 2016 年,艺术品金融、互联网金融、移动互联网金融、众筹、区块链和金融科技的元年竞相到来,"互联网+"各行各业正在也必将开启和引领经济发展的新纪元。

　　早在 2010 年众筹便已开始了发展,2011 年 7 月以"点名时间"①上线作为我国首家众筹网站拉开了众筹这一新领域发展的序幕。随之,追梦网、天使汇、大家投、众筹网、中国梦网、微公益等多家众筹网站如雨后春笋般竞相成立,其中 2013 年 2 月上线的众筹网成为目前国内最具影响力的众筹平台之一。自 2013 年以来,阿里、京东等电子商务交易平台也相继增开了众筹项目,随之百度、奇虎 360 等互联网企业也纷纷参与其中,所涉内容日渐丰富广泛,包罗万象,涵盖了高新科技产品、农业、电

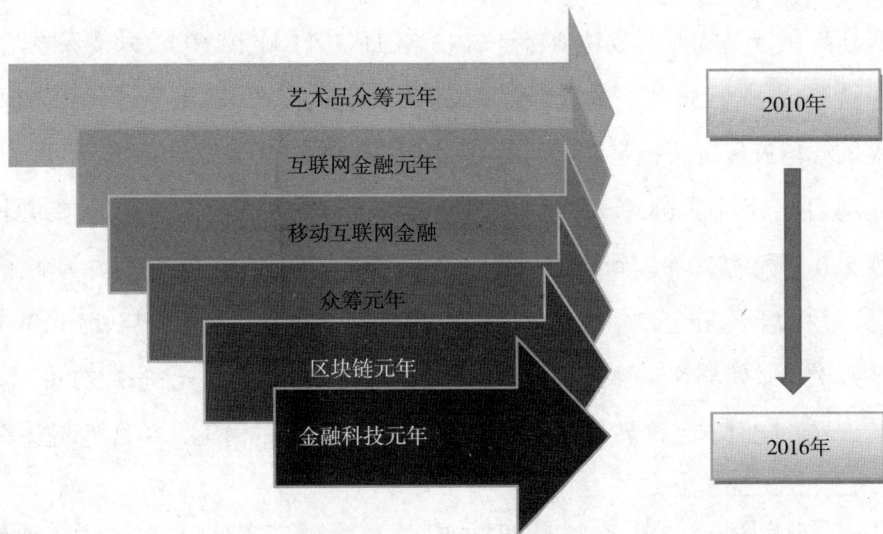

图 2　2010—2016 年元年图

---

① 参见杨东、黄超达、刘思宇:《赢在众筹:实战·技巧·风险》,中国经济出版社 2015 年版,第 10 页。

视影视娱乐、音乐、出版物、艺术品等众多栏目，人们从刚开始的接触观望到愿意参与其中，关注的热度越来越高。伴随互联网，特别是移动互联网的普及，老百姓参与众筹项目变得非常容易，不论是创意的开启，还是投资新兴的产品或服务，大众既可以简单而便捷的发起创意项目，自行创业，也可以更加容易投资理财，或是支持购买创意产品，极大丰富了消费者的选择。

根据大数据统计，截至 2014 年年底，国内奖励式众筹和股权式众筹平台的总数已达到 116 家，一年内新增平台就有 78 家，众筹募集资金的总额突破了 4.5 亿元。到 2015 年，众筹平台总数就增加至 211 家，半年就募集了 46.66 亿元，并主要分布在北上广地区。[①] 而且，众筹平台的更新速度较快，不断有新平台上线，也有老平台倒闭，2013 年的平台停运率为最高，占 34.48%。[②] 以知名的众筹平台——众筹网为例，其中一个筹到高额资金的典型成功项目是 2013 年 11 月 11 日上线的"爱情保险"，对满 18 周岁至 36 周岁的情侣售以每份 520 元的爱情保险，以 5 年后投保人依凭与投保时所指定对象的结婚证可获得 999 元的婚姻津贴作为回报，此项目共获得了 6459 人的支持，筹集资金 6211933 元，超过了预筹计划 520 万元的 20%。到 2015 年已有两个项目成功超出预计目标并筹集了百万元以上的资金，分别是海南的中信度假地产合伙人项目与郑州 1300 平方米"原始部落"联合办公社区项目，各筹得 5660024 元和 1222780 元。

与此同时，艺术品市场也正迎来一个快速发展的时期，并且呈现出多

---

① 参见时代周报：《中国互联网众筹 2014 年度报告》，载金融界网 2015 年 1 月 26 日，http://finance.jrj.com.cn/2015/01/26161818768151.shtml，访问时间 2016 年 1 月 15 日；参见《今年上半年我国众筹平台募集资金逾 46 亿元》，载中国广播网 2015 年 7 月 20 日，http://money.163.com/15/0720/08/AUV1781900254TI5.html，访问时间 2016 年 1 月 15 日。

② 参见《2016 中国互联网众筹发展趋势报告出炉》，载中国经济网 2016 年 1 月 12 日，http://news.163.com/16/0112/17/BD58FPM0000146BE.html，访问时间 2016 年 1 月 15 日。

样化的发展，恰逢互联网与金融的变革式融合发展，给市场增添了活力和创造了新机遇，艺术品也开始走向了与互联网金融紧密结合发展的探索之路。因此，从 2009 年天津文化产权交易所的艺术品"份额化交易"，掀起全国艺术品市场与金融结合的浪潮，引来老百姓对艺术品的推崇。到 2014 年，中国工艺品文化产权交易所，简称"艺交所"，作为国内第一家"国字号"的艺术品互联网金融平台正式成立并投入运行，使艺术品金融逐步走向规范化发展。在国内的各大综合众筹网站相继开设了艺术品众筹栏目，包括淘宝、京东等电商也在自己搭建的众筹平台上设有艺术方面的众筹项目。同时，艺术品市场开始进行专门艺术品众筹方面的探索。而且在事实上，艺术品与互联网金融的结合是日趋紧密。2014 年国内第一家专门做艺术品众筹平台——ARTIPO，艺筹网正式成立运营，艺术品众筹在国内开始了起步式发展。在伴随全球互联网、国内移动互联网的迅速普及，众筹模式在全球兴起浪潮，区块链技术等金融科技、监管科技的迅猛推进，在数字经济引领社会快速发展的时代，艺术品众筹也乘上了这趟飞速发展的快车，顺潮流而行，众筹模式的"普惠金融"实质让艺术品开始走进千家万户，更为文化艺术的复兴繁荣助梦飞翔！

第一章　什么是艺术品众筹

一、艺术品众筹的来源

1. 众筹浪潮漫天来席

众筹是近几年兴起的一种融资模式，探其根源，众筹早在 18 世纪就已初见雏形，从大众融资的行为发展而来。传统众筹主要体现在当时的文艺作品以"订购"（Subscription）的方式来实现。但众筹兴起于现代，特别是近几年，众筹如浪潮般席卷全球，伴随着互联网时代的到来迎接其黄金发展期。众筹最早起源美国，如果说早期的众筹受诸多因素的限制，那么现代众筹已成为一种商业模式，本质上属于金融产品的创新。因为互联网金融不是金融与互联网的简单结合，而是现代金融创新与科技创新的有机融合[①]。众筹模式是互联网金融的主要组成部分，其未来发展可能将成为整个互联网金融的核心，也可能会对整个金融市场的重构发生革命性的转变，较之其他金融形式更具价值[②]。

[①] 参见杨东：《互联网金融监管体制探析》，载《中国金融》2014 年第 8 期。

[②] 参见杨东、黄超达、刘思宇：《赢在众筹：实战·技巧·风险》，中国经济出版社 2015 年版，第 20 页。

从 2009 年 4 月美国成立的 Kickstarter，是最典型的众筹网站，截至 2014 年 3 月，Kickstarter 所经手募资的总金额就突破了 10 亿美元大关[1]，每天众筹融资的金额超过 100 万美元[2]。而众筹在世界各国呈"井喷式"发展，2013 年上半年，全球就有 1500 家众筹网站成立，美国居第一位，有 344 家；英国居第二位，有 87 家；法国居第三位，有 53 家。2013 年全球众筹网站成功融资的项目突破 100 万个，筹资总金额达到了 51 亿美元[3]。根据 Crowdsoucing.com 的统计数据，截至 2013 年 6 月，全球共计活跃运营着近 2000 多家的众筹平台[4]。我国的首家众筹网站点名时间是在 2011 年 4 月成立，是以团购、预售的方式发展起来的消费类众筹。随后两三年间，追梦网、天使汇、大家投、众筹网、淘宝众筹、京东众筹等多家众筹网站相继上线，2014 年年底，仅国内的奖励式众筹和股权式众筹平台总数就达到了 116 家，而这一年之内新增的众筹平台就有 78 家，众筹所募集资金的总额突破了 4.5 亿元。根据网贷之家与盈灿咨询联合发布的《2015 年众筹行业半年报》的数据显示在 2015 年上半年，统计截至 2015 年 6 月底，全国的众筹平台已达 235 家，处于正常营业中的平台有 211 家，仅上半年新增 53 家众筹平台，共筹集资金有 46.66 亿元。[5] 可见，国内众筹发展势头十分迅猛。并且，国内众筹的发展领域在不断地拓展中，从消费类众筹、服务类众筹，到 2014 年兴起的股权众筹，特许经营权等新型众筹，还有与公众日常生活相关的各式各样的项目所发起的众筹，以及在

---

[1] 参见汤姆：《Kickstarter 创始人：我们绝不会出售公司》，载腾讯网 2014 年 3 月 10 日，http://tech.qq.com/a/20140310/016721.htm，访问时间 2015 年 7 月 1 日。

[2] 参见杨东、黄超达、刘思宇：《赢在众筹：实战·技巧·风险》，中国经济出版社 2015 年版，第 6 页。

[3] 参见世界银行的《发展中国家众筹发展潜力报告》。

[4] 参见《国外众筹模式类型分类　发展状况及数年统计（以 Kickstarter 为例）》，载希财网 2015 年 4 月 18 日, http://www.csai.cn/zhongchouzixun/873948.html，访问时间 2015 年 7 月 1 日。

[5] 参见吴燕婷：《众筹上半年筹集近 47 亿》，载《中华工商报》2015 年 7 月 22 日，第 006 版。

未来有潜力发展的保险、金融行业的众筹等。世界上最大的公益众筹平台 Fundly 的 CEO Dennis Hu 在 2014 年首届全球众筹峰会上说"互联网众筹是一个金融革命"，并预测亚洲将成为众筹未来发展的"主要趋势"之一①。

众筹风潮如此迅速影响全世界，引来热度追捧和关注，其主要在于新兴的融资创新方式积极改变了传统金融服务的提供方式，旨在为客户提供公开性、交互性、便捷性的金融服务②，并以交易效率高、个体投资小、总量大、门槛低、成本低和影响广泛、普及大众与直接性等特点而备受喜爱。而且，众筹本身具有很大程度的创新性，不断创造出更多的个性化体验服务，促进文化创新，也顺应了我国金融体制改革的趋势。众筹是多层次资本市场的重要组成部分，符合了国际金融市场的发展格局，即一个以银行为主导的间接融资模式必然会转向成为以资本市场为主导的直接融资模式，以众筹为代表的众多互联网金融活动，促使居民存款通过各种各样的渠道转入到直接融资中③，成为未来发展的一个方向。

2. 艺术品众筹的兴起

谈及艺术品众筹，首先要追溯众筹的发展起源，正如上文追溯众筹渊源，出现众筹雏形的 18 世纪最初是文学作品以"订购"方式完成，并且，传统众筹主要集中在文学领域，以回报性作为筹集资金的对价，投资往往带有商业兼慈善的目的，有预付的性质或是赞助、资助的性质，而且获得

① 参见 Fundly CEO Dennis Hu：《互联网众筹是金融革命》，载腾讯网 2014 年 5 月 22 日，http://tech.qq.com/a/20140522/038596.htm，访问时间 2015 年 7 月 3 日。
② 参见杨东、刘翔：《互联网金融视阈下我国股权众筹法律规制的完善》，载《贵州民族法学学报》2014 年第 2 期。
③ 参见杨东、黄超达、刘思宇：《赢在众筹：实战·技巧·风险》，中国经济出版社 2015 年版，第 21 页。

成功的项目大都是当时社会具备较高声誉的筹资发起者。比如说英国诗人亚历山大·蒲柏成功运用"众筹"筹资将古希腊诗歌译制成英文版的《伊利亚特》，还有音乐巨匠莫扎特、贝多芬也曾经尝试采用这种方式来筹资，成功举办了自己的音乐会，并将资助者的名字刻在了手稿之上作为回报。

无独有偶，在历史上最具影响力的一个众筹项目也是与艺术相关，那是法国为纪念美国的百年诞辰，于 1885 年赠送给美国自由女神像，当时因为没有基座而无法放置在纽约港口，一名《纽约世界报》的出版商约瑟夫·普利策特为此发起了这个众筹项目，他把这个项目发布在他的报纸刊物上，目的在于筹集资金建造自由女神像的基座，并对出资者做出承诺：只要捐助 1 美元，就会得到一个六英寸的自由女神像作为奖励；如果捐助 5 美元，将会得到一个 12 英寸的自由女神像作为答谢。最终该项目获得了世界各地 12 万人以上的支持，所筹资金有十万美元，为自由女神像坐落纽约港口顺利竣工贡献了巨大力量。众筹，在西方已有悠久的历史，而且传统众筹主要集中在文学、艺术等创意类产品领域之中。

现代众筹的发展应从 2001 年开始，较之目前最知名的众筹网站 Kickstarter，世界上最早建立运营的众筹网站是 ArtistShare，曾誉称"众筹金融的先锋"，这家最早的众筹平台面对的主要是音乐界的艺术家及其拥护者。到 2005 年，ArtistShare 以其富有创造力地为艺术家服务的全新商业模式而备受赞誉。在 ArtistShare 上第一个由粉丝筹资的项目专辑《Concert in the Garden》成为格莱美①（Grammy Awards）历史上首张不经过零售店销售的获奖作品，而且该专辑的作者——美国作曲家 Maria Schneider 也因此获得了 4 项格莱美提名以及"最佳大爵士乐团专辑"奖。而纽约的艺术创意平台 Kickstarter，则是当下全球运营得相当

_____

① "格莱美"是指格莱美奖，美国录音界与世界音乐界的最重要的奖项之一。

出色的众筹网站之一，从其创建截至 2014 年 5 月，筹得资金已经突破 10 亿美元。[①]

在近几年里，国外越来越多的博物馆也通过众筹的方式筹集大量的资金支持。英国的"艺术基金"，一家专门为艺术筹款的慈善机构在 2014 年 6 月成立了众筹平台 Art Happens，但与当时 Kickstarter 的区别在于其为非营利性的，并是以发动广泛的民众参与为博物馆和艺术机构筹集资金。Art Happens 上线仅一周，英格兰东北部的"博斯"博物馆就在该平台上发布了艺术品众筹项目，为再展一件 15 世纪的雕塑作品而准备筹资 21 万英镑，通过回报捐赠者 5 英镑—1000 英镑的奖品，从小的纪念品到档案室的参观、VIP 待遇等，以此向大众筹资。法国的卢浮宫博物馆在 2010 年以来，也多次发起众筹项目，从 2 万名的支持者中筹集超过 400 万的欧元，并主要用于购买了一幅中世纪的油画和一批象牙雕像作品；在 2013 年 9 月，卢浮宫又通过众筹获得资金修复了号称"镇馆三宝"之一的雕像《胜利女神》[②]。同年 10 月初，奥赛博物馆为修复 19 世纪的法国画家库尔贝之名作《艺术家的画室》也发起了众筹项目，仅一周时间，博物馆就筹得超过 2 万欧元的支持[③]。

艺术品众筹虽最先从国外兴起，但传进国内后的发展也比较迅速，自 2014 年以来出现有众筹艺术创作时间，众筹定制创作艺术品及限量复制品等衍生品，众筹艺术策展和艺术机构等，各种创新融合的尝试正在进行，就好比调制鸡尾酒一般，互联网、金融、艺术品市场等多领域进行跨界融合合作，"调制"出愈加丰富的"品种""口味"，成就了越来越多艺

---

① 参见《Kickstarter 累计众筹金额突破 10 亿美元》，载新浪网 2014 年 3 月 5 日，http://tech.sina.com.cn/i/2014-03-05/1005921343l.shtml，访问时间 2015 年 7 月 1 日。

② 参见郑茜：《外国博物馆流行众筹》，载《中国文化报》2014 年 10 月 16 日，第 010 版。

③ 参见《国外博物馆众筹案例层出不穷，值得学习》，载阿尔法网 2014 年 10 月 16 日，http://www.arfa.cn/4286.html，访问时间 2015 年 7 月 2 日。

术品创意项目，激发了市场的活力和创造力。因此，从这股发展劲头来看，众筹似乎在诞生之初就与艺术或艺术品有着某种天然的联系，现代艺术品在"互联网＋"的时代带领下正走向与互联网金融日趋紧密结合的发展道路，艺术品众筹正在逐渐兴起，得到越来越多的关注与参与。从各大众筹网站开设艺术品众筹的栏目，到专门的艺术品众筹网站的成立运营，艺术品众筹为艺术品市场开拓了一条新道路，注入了发展的新动力，在全世界掀起了这阵潮流的旋风，当然在我国也不例外。作为国内艺术品众筹的"第一单"[①]，是 2014 年在江苏南京推出的"马子恺 1 号《四季平安·春》"艺术品众筹项目，两天内就卖出 300 多份，筹资近 20 万元，三个月内就吸引了千余人参与，共筹得 520 万元[②]，该项目后来参评为全国的"十大众筹创新奖"[③]。如果说在 2014 年对艺术品众筹持观望心态的人居多，那么到了 2015 年，参与艺术品众筹的人数就开始增多了，项目也相比前一年更具特色，正是在互联网金融的迅猛发展下，推动了艺术品众筹的前进，渐入角色。在 2015 年，美术馆、文化金融服务中心开始尝试艺术品众筹的运作，将艺术品展览以艺术品众筹的方式来实现，比如 9 月 18 日举办的"疯狂达利艺术大展"，以艺术品众筹助力于大型艺术展览，发起了"1 元门票疯狂抢筹"的项目。[④] 此外，上海某知名美术馆就发起了一系列的艺术品众筹项目，总标的额达 2000 万元，其发布的百万年薪来招聘总监的行为引来不少关注。还有一个"艺术丝绸之路"的艺术品众筹项

---

① 《"中国艺术众筹第一单"花落江苏 千余人参与》，载新浪网 2015 年 7 月 30 日，http://jiangsu.sina.com.cn/news/xfzn/2015-07-30/detail-ifxfpcyu4945195.shtml，访问时间 2015 年 10 月 14 日。

② 参见芦艳：《南京艺术众筹第一单》，载中国江苏网 2014 年 10 月 23 日，http://jsnews.jschina.com.cn/system/2014/10/23/022282147.shtml，访问时间 2015 年 7 月 15 日。

③ 参见马金：《南京企业艺术众筹年化收益 1.5 倍》，载《南京日报》2015 年 11 月 4 日，第 05 版。

④ 参见曹之光：《8.8 万元可众筹达利作品》，载《浦东时报》2015 年 9 月 24 日，第 03 版。

目在 7 天内就完成了目标金额 10 万元，筹得 13.2 万元的融资，该项目有些类似于"预消费"，在发起众筹项目时，艺术家的创意及相关信息同步公开，大众投资后以出资额的多少来获取原作，或是限量的复制品以及艺术衍生品等不同档次的艺术品。[①] 还有，实践中不少是慈善性质的艺术品众筹项目，比如帮助残疾人实现"艺术梦"或举办艺术展览的众筹等。截至 2015 年 9 月，根据盈灿咨询给《证券日报》所提供的一份数据显示，当前艺术品众筹的成功率接近于 50%，筹集金额累计在 3357 万元左右，可见国内的艺术品众筹处于刚刚起步阶段，一切发展正在路上，伴之国家相关政策的出台和法律制度的不断完善，其未来发展的空间很大。[②]

案例：古老的众筹故事：古希腊诗歌的英文译本《伊利亚特》

1713 年，一名英国诗人开创性的筹资和运行方式，体现出古老传统众筹的雏形。这名诗人就是亚历山大·蒲柏，他用 5 年时间将 15693 行的古希腊诗歌翻译成英文译本《伊利亚特》，在开启翻译工程前，蒲柏就创造性地做出了承诺，即当完成翻译工作后，会向每位订阅者提供一本六卷的英文译本《伊利亚特》。正是这一创造性的举措为蒲柏带来了 575 名客户的支持，并且总共筹集了 4000 多几尼（此为旧时英国的黄金货币），使其先获得了去完成翻译工作的资金，而当蒲柏完成了翻译工作后，将这些支持者（即订阅者）的名字列入了翻译的英文译本《伊利亚特》上。

---

① 参见李虎：《艺术众筹：艺术投资高风险地带？》，载《上海证券报》2015 年 7 月 11 日，第 008 版。

② 参见李冰：《艺术众筹现状调查："草根"路子难火爆　项目成功率仅为 50%》，载《证券日报》2015 年 9 月 19 日，第 B02 版。

可以说，诗人蒲柏的成功主要得益于这项古希腊诗歌翻译的创新性运作，他因此得到了不仅是经济上的丰收，也收获了荣誉，其所译的英文版《伊利亚特》被第一部现代英语词典编纂者塞缪尔·约翰逊博士称为"世界前所未见的高贵诗译作"，并荣登了英国桂冠诗人的宝座。

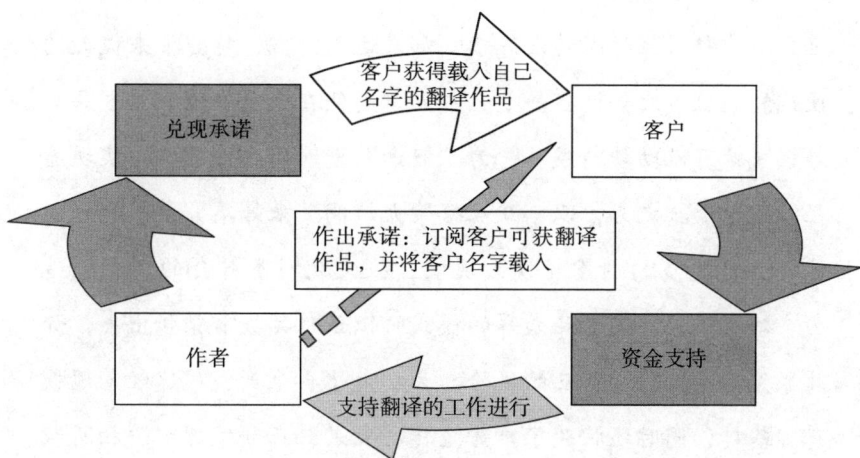

图3 《伊利亚特》的"众筹"流程图

案例分析：

尽管年代久远，但古老传统的诗歌"众筹"与现代意义上的艺术品众筹似有本质相通之意。同样是尚未完成的作品，同样存在创新的理念，通过阐明将古希腊诗歌译制成英文工程的具体项目内容，提前向不特定的多数人筹集资金用于投入创作，并且做出以提供印入了订阅者名字的古希腊诗歌英文译本为回报的承诺，与今日今时的艺术品"回报式"众筹是大致相同的，不同之处只是没有通过在互联网众筹平台上进行"筹资"，而主要依靠的是个人人脉、交友圈等。值得一提的是，在当时那个年代，诗人蒲柏的创新之举实属难得，可谓史上"众筹"模式运用于实践的开拓人之一，他一方面为自己投身《伊利亚特》的英文译制工程事先以"众筹"获得了资金支持；另一方面，他的"创新运作"提前推广和销售了自己即将译制英文的诗集，最终获得了名与利的大丰收。

通过这个古老的诗歌众筹故事，可见艺术品众筹的雏形，也可知晓这种引领时尚的众筹模式如果运用得当，将会带来极大的便捷和利益。比如说当一个艺术创意尚处在概念阶段，艺术品众筹模式就可以助梦想成真，为"概念"进入实践阶段提供实现途径，集合众人之力，以"众人拾柴火焰高"来筹集"第一桶金"，这样会让更多的创意转换为现实，极大激励了社会的创新创造力。不仅如此，艺术品众筹的模式可以让作品提前销售出去，如此显然会降低投资创业的风险，为扩大化再生产、扩建经营规模奠定基础，同时还收获了广告宣传的效果，正如案例中蒲柏所做所得的一切。

当然，这种众筹模式本身也是具有高风险的，假如作品不能完成怎么办？假如筹集的资金没有用在公开的项目上怎么办？假如投资人不能获得承诺中的回报又怎么办？案例中蒲柏能获得成功，还建立在他个人良好的信誉之上，和其他在早期历史上成功运用类似艺术品众筹模式而筹资投身艺术创作的人士一样，发起人一般都已具备一定的社会威望和信誉，这已作为"众筹"成功的必备条件之一。相比现在的艺术品众筹，对项目发起人的要求则相对宽泛许多，但对作为媒介的互联网艺术品众筹平台的信誉要求却较为严格。

案例：千和汇的文化精品"定制众筹"

"千和汇"，是于 2014 年年底由北京东方雍和国际版权交易中心联合综合金融服务平台千和集团在北京举办的"千和汇·首届文化投资与文化消费论坛"。随即在 2015 年 1 月，联合发起的"千和汇"文化众筹平台上线运行，着力打造的是文化精品的"定制众筹"。在同年 2 月，又推出了以"千和汇"为基础的文化金融 P2P 平台"千和投"。

"千和汇"主要定位在"定制众筹"，具体运营是项目的发起先以前期的样品作为展示来吸引投资，当出现有兴趣的收藏投资者，就可以通过平台下单进行定制，而项目发起人则会根据定制需求再投入生产。比如说在平台上线的项目为马未都的"观复九宫壶"、元华堂的"鸡缸杯"和武夷茗门的大红袍等，这些均是高端艺术消费的定制。具体以马未都的"观复九宫壶"举例来看，这一套壶有 9 把，定价为 9 万元，已成功定制众筹了 10 套产品。而且，"千和汇"通过"专家顾问委员会"和"内审委员会"两套机制规范平台上运行的众筹商品，以保证"定制众筹"的产品是"大师级"或"文化龙头企业提供"的限量真品，还做出了"独家、限量、确真、保值"等承诺。①

案例分析：

"众筹模式"虽是来自于国外，但传入我国后也很快扎根于本土土壤，各种创新创意的融合，艺术品众筹也在摸索中前进，

① 参见郑洁：《千和汇：文化消费品的定制众筹》，载《中国文化报》2015 年 3 月 21 日，第 002 版。

不断找寻新的发展方向。正是经过了 2014 年的起步阶段，众人对艺术品众筹多持观望的态度，真正投身实践的人群只占一小部分，直到 2015 年才开始渐进发展轨道，艺术品众筹项目的数量和品种也不断增多。从众筹艺术创作的时间，到众筹艺术品及其复制的衍生品，到众筹画廊等艺术机构等，再到本案例中艺术品"定制众筹"的出现，是从一般意义上的"回报式"艺术品众筹上演绎而来，是对该模式的进一步探索，"定制"元素的加入为打造个性独特的艺术产品提供了平台，有利于增进了艺术品的投融资交易，加速资金的流转。

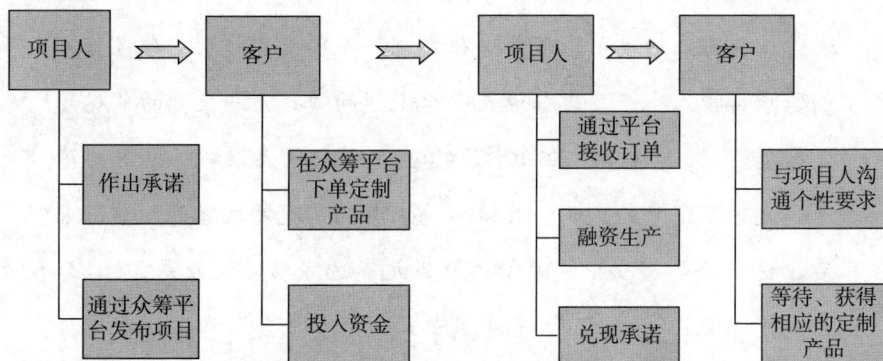

图 4　艺术品"定制众筹"的模式图

艺术品众筹发展以来，成功的项目大都以普通大众化的艺术产品居多，又以"回报式"的艺术品众筹模式居多，高端艺术品参与到艺术品众筹的只是其复制品等之类的衍生品，鲜见有高端艺术品直接参与众筹当中。一方面是因为此类艺术品的价值高，而艺术品的"确权""保真"的鉴定评估机制和配套的保险制度尚未确立，在互联网上对此类产品进行众筹的风险实在太高；另一方面，高端艺术品的需求和购买力的要求有相对的特殊性，也难以形成批量化的生产，所以进行大众化的众筹融资将受到种种制约。在本案例中，艺术品众筹有涉足中高端艺术品的趋势，"定制众筹"和版权中心的"确权"承诺在一定程度上为之奠定了实现的客观基础。然而，这一融资模式有待进一步发展，如何扩大需求和影响力，让资金融通"活"起来，让更多的人群参与是未来探寻的方向。

从目前的艺术品众筹实践来看，成功完成的单个项目众筹总金额上百、十万者，数量稀少，参与人数上千者就已颇有成果了。而在京东众筹2015年12月初的一组数据显示，其中单个项目成功众筹的最高金额为7202万元，而单个项目的最高支持人数有35.9万人，以高新科技产品和农业产品的成功众筹项目居多。艺术品众筹的发展虽然刚起步，但未来发展的前景是空间广阔的，2013年比前一年在互联网上的艺术品交易额就增至近一倍，达到30亿元。[①]艺术品众筹的发展首先需要解决"确权保真"的问题，"望而却步"的人群大多受其困扰，所以交易平台、文交所等纷纷推出与艺术家签订保真协议、电子认证、艺术品的信息数据库建立等办法应对，如案例中的版权中心也在积极想办法解决这个首要问题。还有，艺术品的品质问题也是艺术品众筹模式发展需要突破的方向，如何运用艺术品众筹向大众推广的力量，助力于优秀艺术品的创作和融资的进行。市场实践中，真正优秀的艺术品是难以实现批量生产的，一般商品众筹的"价廉物美质更优"策略难以套用，艺术品众筹最先带动了手工艺制品的繁兴，对传统书画的影响相对有限。但无论如何，艺术品众筹模式的向前探索，也是多层次资本市场的发展之趋。此外，艺术品众筹要获得长远的发展，还需更多的创新，不能

[①] 参见文化部文化市场司主编：《2013中国艺术品市场年度报告》，人民美术出版社2014年版，第6页。

局限在"预售＋团购"的框架之中。

尽管前进的道路很曲折，艺术品众筹只有不断完善和突破，才能促进艺术品市场产业的升级和变革，发挥其应有之力。借助互联网的平台，艺术品众筹为艺术品的推广宣传的确有明显的效果，但是因为大都是创新创意产品，艺术品的展示通过互联网平台面向全世界，因此对艺术品众筹中艺术创意、项目宣传、艺术品设计等知识产权的维护需要格外关注。

案例：艺术品"股权众筹"的收藏新模式

2015 年 7 月 12 日，内蒙古新商圈文化产业发展有限公司和中铁诺德龙湾主办，宜信财富呼和浩特公司和呼和浩特风景画研究院参与协办的"赵福油画收藏品鉴私享会"，在此发布了赵福油画的首批股权众筹作品。该项目是通过精选出十幅经典的赵福油画推出了艺术品股权众筹项目，这些挑选出来的作品大多是艺术家的代表作，并具有升值空间，然后根据油画价值的上升，通过新商圈艺术品中心的平台实现艺术品的再交易。这种艺术品"股权众筹"的收藏新模式主要是为了实现艺术品投资的增值回报，不仅获得高品质的艺术品衍生品，还享有艺术品原作升值所带来的利益。①

案例分析：

目前市场的艺术品众筹实践中，较常见的是艺术品的"回报式众筹"和"捐赠式众筹"，艺术品"股权众筹"在国内尚不多

---

① 参见刘铁鉴、李艳：《内蒙古呼和浩特青年创业服务中心引入"众筹"》，载中国质量新闻网 2015 年 10 月 19 日，http://www.cqn.com.cn/news/zgzlb/diwu/1085895.html，访问时间 2015 年 11 月 10 日。

见，但显然这一创新模式引来众多的关注。只是特别需要指出的是，"股权众筹"在我国语境中的含义有别于传统众筹的概念，主要是面临着多项法律风险，因为在现行法律的规定下，上市公司公开发行股票是典型而又"唯一"得到认可的能够向公众筹集资金的行为，其他任何形式向公众公开筹股的行为则被认作是"非法集资"之过，受法律严格监管①。所以艺术品股权式众筹同样会面临触及"公开发行证券"或"非法集资"的"禁区"之嫌，面临着存有"投资合同欺诈"和"股权众筹平台权利义务模糊"等法律风险。②因此，"股权众筹模式"相比其他融资方式只是尚处于起步阶段，受诸多问题的困扰，直到2013年才诞生了国内的第一个正式的股权众筹案例，到2014年才出现第一个有担保的股权众筹项目。③而当艺术品众筹在国内兴起以后，艺术品"股权式众筹"的发展一直相对较缓。

在本案例中，赵福油画所推出的艺术品股权众筹项目正是尚不多见的实践与尝试，事实上，目前的"股权众筹"仅是公开进行广告宣传的"私募"，这种模式还非真正意义上的"公众筹资"④，还需要完善的法律制度来规制风险，需要健全的信用体系环境，并特别需要对股权众筹投资人的合法权益予以充分保护，维护交易的安全。⑤案例中艺术品的"股权式众筹"，如果运用

---

① 参见杨东：《股权众筹是多层次资本市场一部分》，载《中国证券报》2014年3月31日，第A05版。
② 参见杨东：《股权众筹的法律风险》，载《上海证券报》2014年7月31日，第A01版。
③ 参见杨东、黄超达、刘思宇：《赢在众筹：实战·技巧·风险》，中国经济出版社2015年版，第5页。
④ 参见杨东、苏伦嘎：《股权众筹平台的运营模式及风险防范》，载《国家检察官学院学报》2014年第4期。
⑤ 参见杨东：《股权众筹的法律风险》，载《上海证券报》2014年7月31日，第A01版。

得当，将会促进艺术品市场与互联网金融的深度融合，为艺术品市场的发展带来更广阔的天地，也会因艺术品未来上行升值的空间获取比其他投资更为丰厚的利益回报。这种融资模式与2009年在天津文交所开创的"份额化交易"似有相通之处，但众筹融资模式显得更为直接便捷，为"中型""小微"企业的生产及扩大化再生产融资难的困境提供了多种解决途径。

同时，艺术品"股权式众筹"是四种艺术品众筹模式中风险系数最高的一项，其中所暗藏的风险不容忽视。艺术品本身就有"确权""保真"的鉴定评估之难，加之互联网虽开放性高却隐于线后的特点，艺术品"股权式众筹"的模式因"涉众"也会加剧投资交易的风险。结合我国目前的实践状况，艺术品"股权式众筹"在法律上处于一个"困扰"之地，容易触及"非法集资"的红线，而且假如项目真的涉及法律"禁地"，依照"先刑事后民事"的诉讼程序，投资者将会面临合法财产利益受损之威胁，更有甚者难以追回，血本无归。再者，艺术品"股权式众筹"的投融资过程，因信息的不对称性使投资者处于相对弱势地位，艺术品相关信息的真实性难以确证，而投融资后的大量资金在运作上难以得到相关机制的有效监督，使风险加倍。如果出现恶意串通、合同欺诈的行为，就会使大量的投资人遭受重创。还有，我国的"股权众筹模式"也只是处于"初创阶段"，[1] 不论是纯粹的艺术品"股权式众筹"平台，还是综合性的股权众筹平台，对权利义务关系的界定均不明确。一般平台相当于媒介的所用，为投资者与融资者建立某种联系的桥梁，以促成交易等服务以及获取一定比例

---

[1] 参见杨东、黄尹旭：《合理监管　促进中国式股权众筹发展》，载《中国社会科学报》2015年3月4日，第07版。

费用为盈利点,还有限制账号使用、删除地址内容等功能,但因没有相应的组织或机构的监督管理,当出现法律纠纷时会给解决问题带来难度。① 所以,艺术品"股权式众筹"未来要完善的道路还很漫长,需相关法律制度的建立健全,以规制诸多风险的发生。

但是,尽管潜在风险种种,艺术品众筹已是"互联网金融时代背景下重要的金融创新"的形式之一,艺术品"股权式众筹"的兴起发展是一种趋势,但对参与其中的"金融消费者"、投资者的合法权益之维护,应是艺术品"股权式众筹"风险规制、法律完善的首要出发点。

二、艺术品众筹的概念

如果要给艺术品众筹下一个定义,那么最先应从众筹的实质内容着手分析。艺术品众筹是世界众筹浪潮中极具个性和特色的一丛浪花,是"大文化时代"背景下的产物,兼具艺术品市场与互联网金融对接下的创新发展,带动艺术品市场经济活力和社会文化的传承、传播、宣扬的作用。

1. 众筹的概念

"众筹"最初引自于英文"Crowdfunding",是"公共搜索"② 或"众

---

① 参见杨东:《股权众筹的法律风险》,载《上海证券报》2014 年 7 月 31 日,第 A01 版。
② 参见杨东:《股权众筹的法律风险》,载《上海证券报》2014 年 7 月 31 日,第 A01 版;参见《国外博物馆众筹案例层出不穷,值得学习》,载阿尔法网 2014 年 10 月 16 日,http://www.arfa.cn/4286.html,访问时间 2015 年 7 月 2 日。

包"（Crowdsouring）和"微型金融"（Microfinancing）两个词组的结合①，简言之是面向公众筹集资金，即大众筹资或群众筹资，中国香港译作"群众集资"，中国台湾译作"群众募资"。还有，众筹特别是指以资助个人或公益慈善组织以及商事企业为目的的小额资金募集。美国将众筹划分为捐赠众筹和股权众筹两种，以是否寻求获得回报和净资产的增加作为区分。而现在实践中所主要运营的众筹模式有四种：股权式众筹（Equity Crowdfunding）、P2P 债权式众筹（Peer-to-peer Lending Crowdfunding）、捐赠式众筹（Donation Crowdfunding）和奖励式众筹（Reward Crowdfunding）。当然，还有不断创新的模式，比如特许经营权的众筹模式，众筹平台以特许经营权作为交易，投资者不占有公司股份，但以获得公司一定比率的收益为回报。众筹的发展，为初创业者或企业、非营利性组织获得项目融资取得了极大的便利，也有人称之为"预消费"的模式②。

在 2013 年，世界银行发布的《发展中国家众筹发展潜力》（Crowd-funding's Potential for the developing world）的报告中是这样定义众筹的，它认为众筹是以互联网科技为基础，利用大众媒体的力量，以出售创意、筹集资金为目的，为创业者提供创业的平台和融资的基地，同时，众筹运用社区和公众的判断得到处于起步阶段的项目的实时反馈信息，来决定创业项目或是计划可获得多少市场的关注、多少资金的支持③。

开启一个众筹项目，作为筹资者，首先将需要对众筹的项目做一个详细描述，然后通过众筹平台进行公布展示，其中有些众筹平台还有一定的

---

① 参见杨东、黄超达、刘思宇：《赢在众筹：实战·技巧·风险》，中国经济出版社 2015 年版，第 6 页。

② 参见刘兴成：《众筹与非法集资有多远》，载法制网 2014 年 6 月 4 日，http://www.legaldaily.com.cn/xwzx/content/2014-06/04/content_5569094.htm，访问时间 2015 年 7 月 1 日。

③ 参见杨东、黄超达、刘思宇：《赢在众筹：实战·技巧·风险》，中国经济出版社 2015 年版，第 7 页。

门槛限制，或须以约定获得最后成功众筹金额中的一定比例作为要求，或是事先要进行审核。而现在的发展趋势是众筹项目可以越来越灵活便捷地发布，门槛要求逐渐放宽。至于投资者而言，主要是通过浏览网页，从各众筹平台中选择感兴趣的项目，进而支持赞助或是投资。众筹之所以风靡全球，是因其借助了飞速发展的互联网科技为依托，以大众媒体的力量，广泛传播，使筹资者将尚处于起步阶段或是概念中创意的项目可以通过向广大用户筹资，虽然个人的投资金额虽小，但积少成多，百川汇海，从而最终获得成功的众筹项目就可以获得所需资金。[1]众筹运用了互联网科技，为筹资者和投资者搭建了一个互联互通的平台，也为广大创业者提供了一个集宣传、创业、融资为一体的广阔平台。

所以，众筹的特点也显而易见，高交易效率的优势具有不可比拟性，而运作成本的低廉使远距离的资金快速转移成为可能，利于实现向大众对象的大规模融资，还有就是高度开放的投融资平台，有利于互联网的文化创新。[2]众筹平台对高新科技的充分利用，特别是运用大数据，收集、分析海量数据得到有价值的信息以帮助新的商业模式的形成[3]。

2. 艺术品众筹的概念

时下艺术品众筹正兴起，一切都是不断的创新发展模式，所以学界尚未有明确定义。但顾名思义，艺术品众筹（Art Crowdfunding），是将艺

---

[1] 参见杨东、黄超达、刘思宇：《赢在众筹：实战·技巧·风险》，中国经济出版社 2015 年版，第 6 页。

[2] 参见杨东、黄超达、刘思宇：《赢在众筹：实战·技巧·风险》，中国经济出版社 2015 年版，第 17—20 页。

[3] 麦肯锡全球研究院：《大数据的下一个前沿：创新、竞争和生产力》，载中国经济网 2014 年 8 月 27 日，http://intl.ce.cn/specials/zxgjzh/201408/27/t20140827_3436534.shtml，访问时间 2015 年 7 月 1 日。

术品以众筹的方式，即通过互联网众筹平台向社会公众公开筹集资金，或实现艺术品的销售，或是艺术品的推广宣传，或是筹资艺术品的展览，或是筹建艺术品机构、销售艺术品的衍生品等相关活动。艺术品众筹从本质上讲，是艺术品与互联网金融有机结合下的产物，以艺术品及其衍生品作为对象吸引大众的投资，实现价值的流通和借贷、资金的流转①的金融实质功能，利用了互联网及其社会性网络的应用服务（Social Network Site，SNS）广泛传播的特性，让艺术家或从事艺术品行业的相关人员、艺术爱好者或个人等展现艺术作品或是相关创意，最终获得了项目资金，也收获了艺术品及艺术家在互联网上广泛宣传、推广的无形价值，而这部分附加值往往对艺术品的意义更为深远。

艺术品众筹最大的特点是因"艺术品"的特殊性所导致的其与其他众筹项目与众不同。常言道"艺术无价"，艺术品并非如一般的商品那样可以用经济学计量单位来简单地明码标价确定价值，艺术品是凝结了人类精神创造的特殊商品，有时，优秀的艺术作品其创造的财富价值是不可估量的，好的艺术品更会随着时间的积淀如同美酒陈香而价值与日俱增。时至今日，艺术品已成为继股票、房地产以后最热的三大投资领域之一，所以全球的艺术品热持续升温。而现代国内的老百姓因生活条件的日益提高，开始追求精神层面的消费与享受，越来越多的人乐于关注高雅艺术，在遭遇了"股票跳水"和"房地产泡沫"等危机后，不少投资者转向艺术品的投资，作为长期投资收藏的保值和升值。而艺术品众筹的兴起无疑是机遇，但也更是挑战。

---

① 参见徐孟洲：《金融法》，高等教育出版社 2007 年版，第 3 页。

三、艺术品众筹与传统交易

作为艺术品金融的创新发展，艺术品众筹可以说是为艺术品交易开辟了新的道路，因为应用了互联网高新科技等手段，又结合了金融领域创造出新生交易方式，无疑是艺术品市场繁荣的助推器。上文已对艺术品众筹的概念做出了一定分析，接下来将通过与传统艺术品交易的比较，具体明晰艺术品众筹的诸多特点。

传统艺术品交易常见于画廊和拍卖行，以及发展相对晚一些的艺术品博览会，艺术家往往要通过中间人，这里常指画廊经营人、拍卖商或代理商、收藏家等，或签订合约，或合作经营，或代理销售，以此实现艺术品的买卖交易。艺术品众筹是最新兴的艺术品金融创新方式之一，是金融在艺术品领域的大胆尝试与拓展，是继艺术品份额化交易的文化产权交易所、艺术品基金、艺术品信托之后又一创新之举，将艺术品的发展融合于金融化的进程中，借助运用金融的创新工具和手段，结合时下先进的互联网信息科学技术，促进艺术品资金的流转运通。简言之，艺术品众筹是对传统交易的继承与创新。

从交易形式上来看，传统艺术品交易是通过画廊和拍卖的渠道进行的，形式比较单一，交易主体大致上都是中间人、代理商，极少数是艺术家本人直接进行交易，受到限制较多。而艺术品众筹则不然，提起艺术品众筹项目的主体极为多元化，可以是艺术家本人，也可以是艺术品事业的经营人，还可以是收藏家以及艺术品的爱好者，只要有艺术创意，就可以申请提起。而且艺术品众筹的交易形式是灵活多样的，不只限于线下的交易，结合线上的交易的"双线"，加上互联网金融交易的灵活，增进了艺术品的交易量。

在交易的实现方式上，传统艺术品交易主要依靠经理、经纪人、管理人的人脉资源和公司的广告宣传，以促进艺术品买卖的成交。艺术品众筹则是运用金融创新业务和互联网的技术手段快速推进艺术品的交易，主要通过众筹平台的实时发布来实现，现在已有专门的艺术品众筹平台，极大便利了消费者、投资者的选择与投资。

因为以上两种特点，艺术品众筹较之传统交易有着承载海量艺术品相关信息的优势，伴随互联网信息技术的不断更新，信息的储存容量不断扩大，信息的传播速度也不断提升，因此艺术品众筹通过网络平台的实时发布，利用互联网将丰富的艺术品信息快速而便捷地传播给世界各地的需求者，速度之快，影响之广，直接面对的是全球的客户。而投资者便可以用最便捷的方式将艺术品的市场行情了然于心，从中找寻自己心仪的艺术品投资项目，所以在此之下，吸引了大量民众参与其中。而传统的艺术品交易主要通过人脉和广告的力量，易受地域、时空等诸多客观因素的局限，在信息的承载量、传播速度、影响的范围和民众参与度远远不及互联网作用下的艺术品金融。

艺术品众筹借助互联网所独有的优势作用，让消费者、投资者可以足不出户就能够实现艺术品的投资、交易，其效率与传统交易一比便可见高低。高效是艺术品众筹对传统交易的一种突破式发展。

与艺术品众筹运用金融创新下的交易平台和互联网作用下实现在线及时沟通交流，使用电脑鼠标便可以完成电子支付的交易方式相比，传统艺术品交易则需要寻求卖家、当面议价、签订合同、履约付款等多种程序，较为复杂、花费的时间和人力也大为增加，成本明显更高[①]。

---

① 参见杨静：《中国艺术产品交易模式研究》，湖南大学博士学位论文，2012 年。

此外，传统艺术品交易对于艺术从业者和投资、消费者的要求较高，对艺术品的知识了解不多和鉴赏能力不强的投资者来说潜在比较大的风险，以往艺术品的投资买卖一般针对的是高端客户人群，普通的民众较少会选择此种投资方式。而在互联网金融创新模式下的艺术品众筹，则大大地降低了艺术品的投资门槛，而对象主要是面向广大的普通民众，即便不熟悉艺术品也可以参与投资，并能有一定的回报，且分散的投资风险也相对分散，所以大众参与艺术品交易的热情大幅高涨，艺术品融资的渠道和来源因互联网金融的灵活性而极为广泛。

对于收藏者而言，金融创新下的艺术品众筹可以将尚未成型的艺术作品提前到商品销售环节，而且艺术品众筹含有艺术创意、艺术作品、艺术衍生品、艺术展览等包罗万象的丰富内容，有奖励回报式众筹、捐赠式众筹，也有艺术品的股权众筹，消费者、投资者的选择方式多样化，交易方式快捷而便利，所以流动性也更强。反观传统交易却只有画廊交易或拍卖行拍卖，藏品的变现时间周期较长、难度较大，流动性也就较差。

表 4 艺术品众筹与传统交易的比较

类别	交易形式	实现方式	艺术品信息量	传播速度和影响范围	民众参与度	交易效率	交易成本	融资渠道	艺术品流动性	风险程度
传统艺术品交易	单一性	人际资源、传统的广告宣传	小（容易受地域、时空限制）	慢、窄	有限	一般	高	少	小	适中
艺术品众筹	灵活多样性	互联网众筹平台，实时发布	非常大（借助互联网信息技术）	快、广	广泛（普惠金融）	较高	低	多	大	较大

但更为重要的是，艺术品众筹却因线上交易不能见到实物，艺术品本

身在分辨真假和价值评估上存在很大难度，而且艺术品众筹的项目还有是否能及时兑现承诺否能将创意作品交付，以及能否达到消费者、投资者对艺术作品的满意度等潜在的诸多风险。还因为目前国内的艺术品的互联网金融创新机制尚不完善、交易秩序缺乏明确有效的法律规范，并因互联网交易本身的风险系数，所以艺术品众筹存有较大的风险，对高端艺术精品未必适合这种方式，但普通艺术品及艺术品的衍生品则是一条不错的发展之路。反观传统的艺术品交易，画廊和拍卖的发展已经有一定的历史基础、制度上较为完善，也有了一定的法律规范交易，且基于熟人间信用的买卖成分所占不少，因此相较于艺术品众筹的风险要小。

四、艺术品众筹与互联网金融

艺术品众筹，是当下艺术品市场与现代众筹融合创新的一种商业模式，实质上就是艺术品与互联网金融的有机结合体，是互联网金融的创新方式之一，也属于金融产品的创新。艺术品众筹是众筹发展的趋势所然，也是艺术品市场发展到一定程度，社会化发展的趋势引导其与互联网、金融的自然对接。

互联网金融是多层次资本市场的重要组成部分[1]，而众筹模式作为整个互联网金融的核心[2]，是顺应了国际金融市场的发展格局和中国金融体

---

[1]　参见《证监会：互联网金融是多层次资本市场组成部分》，载网易财经网 2014 年 8 月 3 日，http://money.163.com/14/0803/22/A2OOD2P600253B0H.html，访问时间 2015 年 7 月 1 日。

[2]　参见杨东、黄超达、刘思宇：《赢在众筹：实战·技巧·风险》，中国经济出版社 2015 年版，第 20—21 页。

制改革的趋势，即"一个以银行为主导的间接融资模式必然会转向以资本市场为主导的间接融资模式"①。艺术品众筹作为众筹模式之一，具备了众筹的所有特点，同时也兼具艺术品所独特的属性，但其根本上是符合了金融从间接融资模式走向直接融资的这种发展趋势。以艺术品众筹为代表的互联网金融活动，当民众参与其中时，居民的存款资金，包括货币基金，就会通过这些渠道流向直接融资，从而顺应了这一趋势。

互联网金融将市场的双向性发挥到了极致，将投资者、消费者直接面对市场，近乎"零距离"的接触，而艺术品众筹也正是基于此，彻底颠覆了传统艺术品市场的经营运行模式，给整个艺术界也带来了极大的挑战，乃至包括对艺术的创作。

本书主要是以艺术品众筹为研究对象，立足于法学的视角来深入分析探索其中的价值与问题。艺术品众筹的出现，的确是对艺术品市场的创新开拓，为艺术衍生品带来了新机遇，挑战了传统金融体系②和传统艺术品市场交易方式，也加速推进整个金融市场重构的"革命性转变"③。

具体来看，艺术品众筹的价值和创新优势归结于以下几点。

第一，艺术品众筹为艺术家事先筹集了艺术创作的资金。艺术品不是普通的商品，无法批量化生产，量化的只能是复制品等艺术衍生品，艺术品因其独特性而显得格外珍贵，价值因"稀"而高。但艺术品众筹可以为刚刚起步的艺术家或是艺术创业者、企业等获取筹资的"第一桶金"，用来支持未来艺术事业道路的发展，为全民追求梦想的实现，为"大众

---

① 参见杨东、黄超达、刘思宇：《赢在众筹：实战·技巧·风险》，中国经济出版社 2015 年版，第 20—21 页。

② 参见杨东：《互联网金融推动金融法体系变革》，载《中国社会科学报》2014 年 1 月 22 日，第 A06 版。

③ 参见杨东、黄超达、刘思宇：《赢在众筹：实战·技巧·风险》，中国经济出版社 2015 年版，第 20—21 页。

创业、万众创新"的实现提供了便利，也为今后获得更多的融资创造了机会。

第二，艺术品众筹让投资者、消费者参与到艺术品的创作与诞生，可以与艺术家共同完善设计，创作出全新、优秀的艺术作品。互联网为"零距离"的沟通提供了高效、便利，让投资者、消费者与艺术家直接"面对面"的洽谈接触，从而便于提出自己的想法和要求，让"个人定制"艺术品的实现更为容易，以获得更为心仪的、独具特色与含义的艺术品。同时，艺术本就来源于生活，好的艺术作品是要经得起大众的检验，而投资者、消费者参与其中，可以为艺术家带来更多的创作灵感，最终能够创作出全新的、特色性强的艺术作品，这无疑是对文化艺术事业的开拓，也为艺术品市场交易带来更多商机。

第三，艺术品众筹符合"大文化时代"[①]背景下的发展要求，特别是实现艺术品的"传播文化价值"。艺术品众筹借助互联网高新科技的便利优势与金融的影响作用，为艺术品所承担的文化传承、推广传播中国优秀艺术的重任的实现提供了便利、快捷和成本低廉的方式。艺术品众筹的宣传推广作用不可小觑，因为互联网拥有庞大的用户群，突破了传统交易中客户在地域、时空上的限制，还有互联网拥有强大的信息交互性，让信息的传播极为迅速，影响范围广泛，公开直面全球的用户。艺术品众筹不仅能够筹资项目资金实现融资功能，还具有广告性、低成本、大众性等特点，推动艺术品市场交易的繁荣，也在无形中传播和推广艺术品文化艺术内涵的价值，并为艺术品增添上行升值空间，为艺术家、项目发起人创造了更多无形价值的财富。

第四，艺术品众筹为艺术品的复制、授权、衍生品行业创造了新的增

---

① 参见文化部文化市场司主编：《2013 中国艺术品市场年度报告》，人民美术出版社 2014 年版，第 9—10 页。

长点，为普惠金融和普惠艺术的实现开辟了一条新道路。2013 年国内的艺术复制品、授权品和相关衍生品的交易额约为 200 亿元。[①]2015 年仅故宫的艺术衍生品就年销近 10 亿元，带动了文物的创新式发展，助推了文化创新、文化消费。[②]受高新科技的推动、经营方式的多元化、人民日益增长的对精神文化的需求，使未来这一领域的发展潜力巨大，艺术品众筹为之创造了条件。艺术品的复制、授权、衍生品与艺术品原作本身是有机一体的，艺术品众筹为艺术品的复制、授权、衍生品创新开拓了交易方式和销路，在推广的过程中，也在不断为艺术品原作本身积累附加值，从而实现双赢。艺术品众筹是聚集广大民众的点滴参与，以"星星火"汇成"燎原势"，融资筹资，也为民众走进高雅艺术、艺术融进生活创造了条件。还有，艺术品众筹为艺术品市场带来变革式发展，艺术品众筹的不仅是资金，还有文化的众筹，知识、资源、智慧的众筹，更加放开了行业竞争，激励艺术品市场去创新改变，最终受惠的就是人民，普惠金融、普惠艺术是其中的最高价值和追求，这种对社会变革性的力量，其影响意义必定是深远的。

五、艺术品众筹与"区块链"

2016 年以来，区块链成为时下最热门的技术，用区块链开发二级市场逐渐成为一种潮流，自区块链技术从比特币独立出来后，逐步运用到越

---

① 参见文化部文化市场司主编：《2013 中国艺术品市场年度报告》，人民美术出版社 2014 年版，第 8 页。

② 参见经济之声：《故宫文创产品超 8700 件　一年营业额超 10 亿元》，载央广网 2016 年 12 月 18 日，http://www.cnr.cn/list/finance/20161218/t20161218_523354861.shtml，访问时间 2017 年 3 月 22 日。

来越广泛的领域中，同样，对艺术品市场的未来发展也必将带来巨大的变革。作为艺术品与互联网金融融合下的创新产物，艺术品众筹的创新发展面临着诸多风险问题的挑战，在艺术品市场的交易过程出现的"乱象"，艺术品确权、保真、估值"难"等问题的困扰会因互联网的特性而被"放大"影响，这无疑会给互联网金融创新下的艺术品众筹增加不确定性的风险因素。而未来，结合区块链技术建立新的信用机制，将区块链技术的不可篡改性等优势充分运用到艺术品交易信息录入等多个方面中，那么这些长期困扰艺术品市场发展的风险因素就有望得到有效根治，因此，未来区块链技术在艺术品市场领域的运用前景是值得期待的。

1. 区块链技术

区块链（Blockchain）伴随着比特币出现，是比特币的底层技术，后独立出来运用于多个领域的一项"强有力"的技术，就好比一台"创造信任的机器"。① 区块链近似于公共信息的密码记账本，因其"去中心化"、

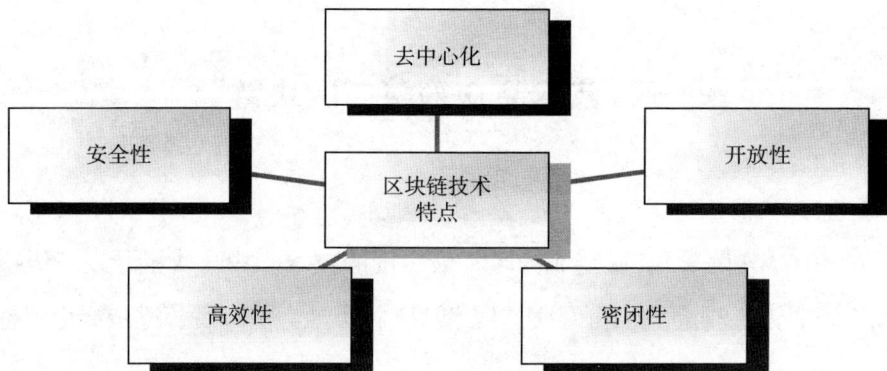

图 5　区块链技术的特点

---

① 参见李政藏：《区块链技术将如何改变生活》，载中国共产党新闻网 2016 年 2 月 16 日，http://theory.people.com.cn/n1/2016/0216/c49154-28126471.html，访问时间 2016 年 10 月 11 日。

兼具开放性与密闭性、直接便捷高效且具安全性等特点而受青睐，发展极为迅速。所以，2015 年成为区块链的元年，而在 2016 年区块链得以深化发展并开始与广泛领域融合探索。[①] 区块链技术让全体参与"记账"，集体来维护数据库，其时间戳是不可篡改的，其技术的分部式结构特点去掉了中介成本环节，这对于信用防伪，[②] 追求市场信息客观真实的透明度意义深远，有很多的创新融合点有待发掘。

2. 区块链与众筹

其实，区块链技术走向二级市场，与众筹模式有着密不可分的"关系"，在 2016 年 6 月间，区块链技术进行了众筹场景化的试验，"The DAO"（全称为"The Decentralized Autonomous Organization"，即"分布式自治组织"）[③] 去中心化的众筹项目上线，并最终成功获得了 1.6 亿美元的融资，刷新了众筹项目的最高纪录，成为全球最大的众筹项目。由此可见，众筹模式成就了区块链技术的融资传奇，而区块链技术的深入运用也将会推进众筹模式的升级优化，提高运行的效率，增进市场的透明度和信用度，提高交易的安全，推动众筹模式续写新的纪录。区块链与众筹之间的关系甚为微妙，两者互为促进，而区块链技术将有助于将众筹模式推进到新的高度。

然而，区块链技术仍处在不断探索的阶段，有很多领域有待开发，其本身技术的成熟性也影响其发展的现状。因此，区块链技术与多领域的

---

① 参见顾雪琳:《关于区块链技术的新进展　你需要知道的一切》，载网易科技网 2016 年 10 月 6 日,http://tech.163.com/16/1006/13/C2MSARGQ00097U7T.html，访问时间 2016 年 10 月 11 日。

② 同上。

③ 参见南湖互联网金融学院:《关于 The DAO 众筹模式引发的思考》，载东方财富网 2016 年 8 月 17 日, http://finance.eastmoney.com/news/1670,20160817656078541.html，访问时间 2016 年 10 月 11 日。

融合创新也是存在风险与挑战的，受到其技术本身容量性的考验，这在"The DAO"项目后来因漏洞而被劫持 360 多万的以太币，折合人民币近5亿元的重大事故①中得到了充分体现。在金融科技（FinTech）的时代下，互联网金融交易过程中，包括支付、清结算等环节都会产生大量的信息数据，关于这些数据的保护问题，一方面需要依靠法律制度的完善予以规制，而另一方面则要运用不断提升自身技术的成熟度作为支撑。②

3. 区块链 + 艺术品众筹

当区块链技术得到进一步的推广，运用到艺术品众筹领域带来深刻的影响，因为区块链技术将会促进整个艺术品市场与互联网金融更为紧密的结合，还会为艺术品众筹，乃至整个艺术品市场带来变革与升级。区块链技术的"去中心化"、透明化、电子化将对艺术品的确权，艺术品信息的记录以及交易的安全有着深远的影响作用。

所以，区块链技术致力于提升金融系统的安全性保障，无疑会加快构建社会信用机制，有助于为艺术品众筹的发展营建良好的交易环境。区块链技术在系统中，每个节点享受相等的权利也承担均等的义务，因此每个节点掌握的数据信息具有一致性，而且区块链节点的数据信息需要至少修改达到半数以上才会产生影响，即便发生了故障或是网络的入侵攻击等威胁，一般情况下难以对整个系统造成损害，而当数据更新的周期到来时，每个节点会同步更新达到一致性。还有，区块链在系统的每个节点进行数据更换的主体须遵循公开而固定的算法规制，如此参与交易的各节点在算

---

① 参见胡又文文：《The DAO 事件的相关解读：区块链在创造一个什么样的世界》，载零壹财经网 2016 年 6 月 20 日，http://www.olcaijing.com/article/4192.htm，访问时间 2016 年 10 月 11 日。

② 参见众筹金融研究会：《众筹与区块链的结合　理想化的"乌托邦"》，载搜狐财经网 2016年 10 月 12 日，http://business.sohu.com/20161012/n470057445.shtml，访问时间 2016 年 10 月 15 日。

法下记录的信息是真实可靠的，也会随着整个系统的数据更新而传递至互联网的各个节点之中，信息的真实准确性就会得到大大提高，也就可以为互联网金融的交易提供可靠的安全保障。[①] 如此，结合区块链技术旨在提升安全与效率、透明度等功能特点，艺术品确权保真的问题就很可能用技术从源头来解决，推进社会信用体系的健全完善，就能将艺术品众筹的欺诈风险、交易过程中的信息和资金安全的风险控制在有限范围，最终推动整个艺术品市场向着健康有序发展。

案例：IBM[②] 用"区块链云服务"打造安全网络

2017 年 3 月 19 日，IBM 基于 Hyperledger Fabric 开源项目开发推出了区块链云服务"Blockchain as a Service"。IBM 通过提供"成套的云服务，帮助顾客创建、部署和管理区块链网络"，为客户提供可供利用的安全网络，实现在安全网络中自由分享信息。同时，区块链云服务还采取"环境隔离""建立安全容器以防未经授权的访问""提供篡改相应硬件"等多种措施以保护运行。[③]

---

① 参见众筹金融研究会：《众筹与区块链的结合　理想化的"乌托邦"》，载搜狐财经网 2016 年 10 月 12 日，http://business.sohu.com/20161012/n470057445.shtml，访问时间 2016 年 10 月 15 日。

② "IBM"是国际商业机器公司（International Business Machines Corporation）的简称。

③ 参见 Ron Miller：《IBM Unveils Blockchain as a Service Based on Open Source Hyperledger Fabric Technology》，载 Techcrunch 网 2017 年 3 月 19 日，https://techcrunch.com/2017/03/19/ibm-unveils-blockchain-as-a-service-based-on-open-source-hyperledger-fabric-technology/，访问时间 2017 年 3 月 21 日；参见网易科技：《IBM 推出区块链云服务　可打造更安全网络》，载网易网 2017 年 3 月 20 日，http://tech.163.com/17/0320/14/CFVQ251D00097U7T.html，访问时间 2017 年 3 月 21 日。

案例分析：

本案中，IBM 运用区块链技术打造安全网络，正是发挥区块链比传统系统更为强大的优势，其"公共密码账本"运用了先进的加密技术以保障信息的传送、验证和交流，"抹去中间人的需求"，从而降低互联网面临黑客入侵的安全隐患。[1] 区块链技术具备了公开透明性、高效性、安全性和可追溯性等特点，因此，运用区块链技术加强网络安全将是未来发展的走向，借助区块链打造的安全网络将惠及艺术品众筹等互联网金融、科技金融等创新活动，有利于营造健康的运营环境。"Patreon 艺术众筹平台遭黑客袭击事件"[2] 所反映的问题是安全风险问题亟待解决，艺术品众筹等艺术品与互联网结合创新的健康发展需要以防范互联网的网络安全风险作为前提和保障。而区块链技术的未来运用正是"对症良方"，其与多领域跨界融合的广阔发展前景将对艺术品众筹的风险防范的影响意义深远。

案例：全球首笔基于区块链技术的贸易结算

根据英国巴克莱银行 2016 年 9 月 7 日的报告了解，其与以色列的一家初创公司 Wave 共同完成了全球的首个运用区块链技术完成的贸易结算。该笔贸易是巴克莱银行下属的 Wave 公司研发的区块链平台上执行完成的，通过此平台推动了贸易文件的转移，为价值为 10 万美元的从爱尔兰 Ornua 公司出口，向位于离

---

[1] 参见共享财经：《这些公司案例告诉你，区块链将在哪些领域大显神通》，载搜狐网 2016 年 4 月 14 日，http://mt.sohu.com/20160414/n444210492.shtml，访问时间 2017 年 3 月 21 日。

[2] 参见 cnBeta 网站：《众筹平台 Patreon 遭攻击　用户被要求支付赎金换数据》，载众筹之家网 2015 年 11 月 23 日，https://www.zczj.com/news/2015-11-23/content_4873.html，访问时间 2015 年 11 月 24 日。

岸群岛塞舌尔的进口商 Seychelles Trading 公司发货的奶酪和黄油产品提供了担保结算，整个过程仅不足 4 小时。这首个基于区块链技术完成的贸易结算实现了"无纸化"担保，颠覆了传统贸易交易中通过银行提供"纸质"信用证结算。传统的信用证体系在实际操作中过程相当繁琐，需要将出口单据邮寄传递于进出口双方的银行与客户之间，以这一全球的首个区块链技术完成的贸易结算为例，依照传统交易处理的流程需要耗费 7 至 10 日，而借助区块链技术可以提升贸易的结算效率，并实现贸易追踪。①

案例分析：

区块链技术在全球兴起，自 2015 年以来全球范围内不断展开对区块链技术的开发探索，因此本案例作为全球首个区块链技术的"落地案例"，意义深远。从本案例中，明显可见区块链技术运用所带来的高效性、便利性，实现了加密电子传递，这对贸易清算交易有变革性的推动作用，防范了传统纸质信用证邮寄丢失的风险，且区块链技术的可溯及性也能有效防范贸易单据造假的风险。

本案例虽是区块链技术运用到贸易结算领域的实践，但观之可举三②，区块链技术必将运用到多个领域并推动创新发展。因此，艺术品众筹的未来也将会受益于区块链技术带来的变革与影响，正如本案例中贸易清算的效率升级，用区块链技术可

---

① 参见顾雪琳：《关于区块链技术的新进展　这里有你要知道的一切》，载网易科技网 2016 年 10 月 6 日，http://tech.163.com/16/1006/13/C2MSARGQ00097U7T.html，访问时间 2017 年 3 月 25 日；招商证券：《全球首笔区块链贸易结算完成点评：打响落地第一枪》，载腾讯财经网 2016 年 9 月 9 日，http://finance.qq.com/a/20160909/026461.htm，访问时间 2017 年 3 月 25 日。
② "举三"是取用举一反三之意，以案中实践思考探索区块链与多领域的未来发展。

以致力于艺术品众筹的未来发展，提升艺术品交易的效率，保障艺术品众筹运营的安全性以及建立难以造假的艺术品信息信用体系。

简言之，区块链技术与多领域的融合本身就是创新，创立到成熟需要时间，技术的推进是"一个从场外到场内"的过程，需要不断探索，而我国的法律环境对技术创新是"最宽容的"。① 所以，艺术品众筹乃至整个艺术品市场与区块链技术的结合是一个新的研究点，此处仅是简述区块链技术对艺术品众筹可能带来的影响，还有许多值得研究的地方留待笔者今后更深入地结合实际进行研究。

六、艺术品众筹与金融科技 FinTech

如果说"众筹"像风暴一样席卷全球，引来人们的热切关注，那么"金融科技"就更像是一道闪电，将带来金融领域"颠覆性"的创新变革力量，是对互联网金融的"优化"与"升级"。2016 年迎来金融科技（FinTech）的元年，自此，金融科技的投资价值越来越被世界范围所认可，发展迅速。② 业内人士认为金融科技将成为 2017 年投资、创业的新风向，为金融创新注入更大动能。艺术品众筹，作为艺术品与互联网金

---

① 参见众筹金融研究会：《杨东教授受邀参加 2016 陆家嘴区块链金融高峰论坛发表演讲：区块链应用的法律问题与实践分析》，载搜狐财经网 2016 年 10 月 11 日，http://business.sohu.com/20161011/n469948852.shtml，访问时间 2016 年 10 月 15 日。

② 参见田野：《FinTech 最新趋势：从"颠覆"向"合作"的重心转移？》，载微信网 2016 年 5 月 24 日，http://mp.weixin.qq.com/s?__biz=MzA5MjQyMjEwOA%3D%3D&idx=1&mid=2652535072&sn=716af52992d2c229e85f6e0b0b846abe，访问时间 2017 年 3 月 20 日。

融的结合创新，金融科技的发展无疑会促使加快金融创新的步伐，而艺术品众筹在创新运营过程中出现的诸多高风险问题，亟待"优化""升级"来防御风险，提升服务品质和参与者的体验，而接轨金融科技将是有益的选择。

1. 金融科技的迅速兴起

金融科技，英文称为"FinTech"，由金融（Financial）与科技（Technology）创新结合而成。此概念来自国外，2016 年在国内兴起，其强调的是用技术作为核心驱动力来推动金融的发展、提升金融的效率和优化金融的服务。[①]

图 6

依数据统计，2014 年全球对金融科技领域的风投是 2013 年的三倍，达到 122.1 亿美元。[②] 根据埃森哲（Accenture）知名管理咨询机构对金融科技的研究报告，以 CB Insights 的数据显示，2016 年全球对金融科技的投资总额升至 232 亿美元，比上年度增加 10％，而亚太地区的投融资规

① 参见洪偌馨：《"金融科技" FinTech：伪标签还是真风口？》，载第一财经网 2016 年 7 月 18 日，http://www.yicai.com/news/5045522.html，访问时间 2017 年 3 月 20 日。

② 参见周永林：《金融科技：新金融生态下的机遇与挑战》，载今日头条网 2017 年 3 月 18 日，http://www.toutiao.com/i6398825223306609153/，访问时间 2017 年 3 月 20 日。

模翻倍，首次超过北美，其中中国的投资额为 102 亿美元，所占比例达亚太的 90％，是全球投资总额的 43％。[①] 美国花旗银行的研究报告中显示金融科技吸引投资从 2010 年的 18 亿美元到 2015 年的 191 亿美元，增至 10 倍有余，近五年吸引投资累计达 497 亿美元。[②] 英国《经济学人》在 2017 年 2 月 25 日的一篇报道中指出中国金融科技的发展之快，规模之大居世界首位，中国的数字支付占全球市场规模的将近一半，网络借贷占全球的四分之三，而且中国有四家创新的金融科技公司占据全球前五的地位，以蚂蚁金服（ANT）作为国内最大金融科技公司为例，其 600 亿美元的估值能与瑞士最大的银行瑞银集团（Union Bank of Switzerland，UBS）相比肩。[③] 通过这一系列的数据可见，金融科技的兴起势头迅猛，必将成为中国乃至世界的未来发展方向和经济的新增长点。

2. 金融科技是对互联网金融的优化升级

金融科技晚于互联网金融走进国内人们的视野，两者相似却是不同的概念。有别于依赖现有技术促进多领域与互联网相结合的互联网金融，可以是金融机构通过互联网展开业务，也可以是互联网的科技企业提供金融的服务，而金融科技是为了实现"金融功能"[④] 的优化，并建立在移动互

---

① 参见埃森哲：《埃森哲研究：中国领跑全球金融科技投资》，载中国外包网 2017 年 3 月 6 日，http://www.chnsourcing.com.cn/outsourcing-news/article/108359.html，访问时间 2017 年 3 月 21 日。

② 参见李欣：《盘点金融科技发展的十大趋势　中国或超越英美成"老大"》，载金融之家网 2016 年 12 月 01 日，http://www.jrzj.com/173859.html，访问时间 2017 年 3 月 20 日。

③ 参见平悦：《英媒：中国金融科技规模全球居首　主导数字支付、网贷领域》，载参考消息网 2017 年 3 月 20 日，http://www.cankaoxiaoxi.com/finance/20170320/1788225.shtml，访问时间 2017 年 3 月 20 日。

④ "金融功能"是指金融机构、产品和市场等金融要素可能实现的融资、投资、支付清算和风险管理等功效。参见杨涛：《以金融科技引领新金融六大变革》，载《上海证券报》2017 年 1 月 16 日，第 007 版。

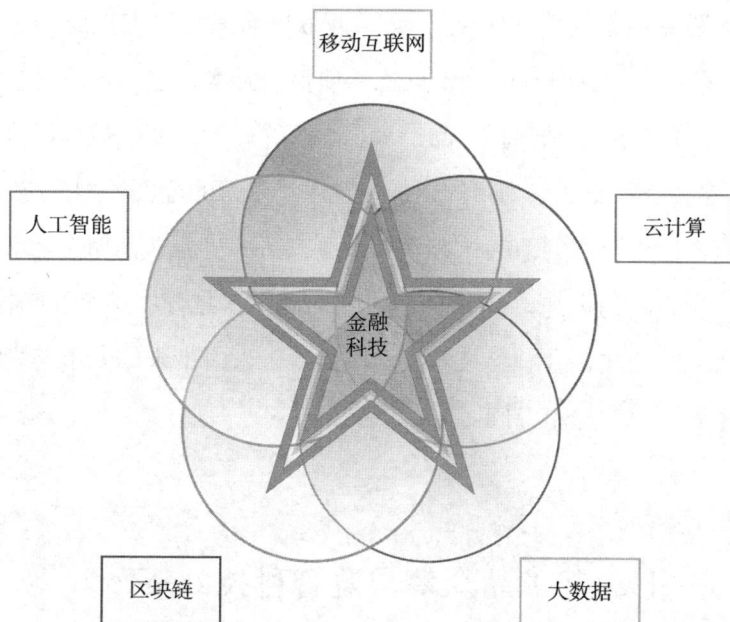

图 7　金融科技的技术基础示意图

联网、云计算、大数据、区块链和人工智能等创新金融技术进步的基础之上，以技术促进金融创新发展，通过多元金融业态和专营机构来支持创新科技企业。[①] 因此，金融科技将推动互联网金融进行提高效率、防控风险、践行普惠金融等多方面优化升级。

3. 艺术品众筹的未来与金融科技

金融科技大力推进了支付、借贷和投资管理等领域的优化改革，为人们带来更优质、高效、便利和安全的金融服务，这与艺术品众筹对普惠金融价值的追求是相一致的，并助力于普惠金融体系的深化建成。自 2016 年相继出台了《网络借贷信息中介机构业务活动管理暂行办法》《股

---

① 参见周永林：《金融科技：新金融生态下的机遇与挑战》，载今日头条网 2017 年 3 月 18 日，http://www.toutiao.com/i6398825223306609153/，访问时间 2017 年 3 月 20 日。

权众筹风险专项整治工作实施方案》《互联网金融风险专项整治工作实施方案》① 等一系列针对互联网金融的专项整治方案，这些新政对艺术品众筹等艺术品互联网金融创新活动带来了深远的影响，要求规制风险，防控"劣币驱逐良币"的现象为目的，加速艺术品众筹的全面转型升级。② 而金融科技可以运用技术创新的核心动力去适应新形势需求，加速艺术品众筹的优化升级，营造健康的运营环境，以期识别、监管、预警和防控风险，是大势所趋。因此，金融科技对艺术品众筹未来所带来的变革与影响也将是笔者今后研究的一个方向。

七、艺术品众筹与监管科技 RegTech

自 2016 年金融科技元年的到来，FinTech 已成为金融领域高频出现的"热词"，2017 年则迎来了人工智能应用落地的元年，科技驱动创新成为助推社会发展的巨大力量，既带来了无限机遇，也面临着诸多风险问题的挑战。在此期间应运而生的监管科技 RegTech，因其有助于应对金融科技 FinTech 创新所产生的风险等问题，迅速发展并走到金融创新舞台的中心所备受瞩目。而且，RegTech 对监管手段的丰富与监管模式的重构，无疑会加速信用体系的建设完善，推进对金融创新风险的规制，这将有利于艺术品市场与金融结合的创新发展之路，为艺术品众筹的良

---

① 参见《网络借贷信息中介机构业务活动管理暂行办法》2016 年 8 月 24 日；《股权众筹风险专项整治工作实施方案》2016 年 10 月 13 日；《互联网金融风险专项整治工作实施方案》2016 年 10 月 13 日。

② 参见黄隽：《互联网金融新政对艺术品金融市场的三个影响》，载和讯网 2016 年 10 月 18 日，http://tech.hexun.com/2016-10-18/186465789.html，访问时间 2017 年 3 月 21 日。

性运营而助益。

1. 监管科技 RegTech

RegTech，译为监管科技，简单来说就是由监管（Regulatory）和科技（Technology）的创新结合，其实质是技术驱动型监管，英国的金融市场行为监管局（Financial Conduct Authority, FCA）对 RegTech 的描述是"运用新技术"以"促进达成监管要求"。[①]RegTech 是金融科技 FinTech 的一个分支，其产生背景是在于金融机构从 2008 年金融危机发生以后因金融监管加强而致遵守监管法令成本提高，运用 RegTech 主要是为了提高"合规效率"。伴随着与人工智能（AI）技术的结合发展，RegTech 可以实现自动化分析海量数据、对风险进行检测和即时监控，用新兴的"数字技术"来协助金融机构遵守监管制度，也为监管机构提高效率、更好地监控防范系统性金融风险的发生带来便利。[②]

2017 年 7 月召开的全国金融工作会议上，习近平总书记发表重要讲话，强调金融工作需要把握的四大原则"回归本源，优化结构，强化监管，市场导向"，并指出金融工作围绕三项任务"服务实体经济、防控金融风险、深化金融改革"以促进经济和金融的健康发展。因此，树立穿透式的监管理念，借助监管科技 RegTech 重构金融监管的模式，将技术治理和法律治理结合起来，运用丰富的金融监管体系手段以防范与化解金融的风险、守护金融的安全，意义深远。中国银行在 2017 年 5 月成立了金融科技委员会，并首次提出了"强化监管科技在金融监管中的应用实践"。可见，监管与法律是保障金融科技 FinTech 等创新发展的

---

① 参见 Cornelius Nandyal：《RegTech：金融科技创新的新星》，胡宁译，载未央网 2016 年 7 月 20 日，http://www.weiyangx.com/194298.html，访问时间 2017 年 9 月 20 日。

② 参见孙国峰：《从 FinTech 到 RegTech》，载《清华金融评论》2017 年第 5 期。

核心要件。①

不仅如此，身处全球金融科技高速发展的浪潮中，致力于在金融科技领域搭建"全球化的跨境监管平台"是对未来的期望。② 现今，中国拥有世界上发展最迅猛的金融科技市场，在科技驱动发展的时代，监管科技有着广阔的发展空间，这对普惠金融的实现有着极大的利好。③

2. 艺术品金融创新的健康发展与 RegTech

艺术品金融的创新发展是艺术品市场顺应时代"互联网＋"，紧跟移动互联网、大数据、云计算、区块链、人工智能等金融科技创新风潮的大势所趋，艺术品众筹是应此机遇而生，为艺术品市场带来创新发展的新活力，但也随之产生诸多风险问题，乃至互联网金融、金融科技等在创新高速发展的过程中，也备受风险的制约，比如说 e 租宝、中晋系、泛亚有色金属等风险事件的发生让人们深刻认识到防范金融风险的重要性。还有，艺术品市场的"保真""确权"等固有风险问题也会因与互联网金融、金融科技等创新的结合过程中不仅被放大，还增加了新的风险因素。

因此，监管科技 RegTech 对监管模式的重塑、树立"穿透式"的统合监管对于艺术品金融创新的未来发展意义重大，RegTech 可以应对金融科技相伴随的"数据安全与信息科技风险""信息不对称问题"、冲击传统

---

① 参见杨东：《杨东教授解读全国金融工作会议：运用监管科技，加强统合监管体系》，载微信网 2017 年 7 月 16 日，http://mp.weixin.qq.com/s/DQXQ8uSJXsDQcsMhoRe8MA，访问时间 2017 年 9 月 22 日。

② 参见众筹金融研究院：《杨东教授率团赴英考察报告之三：金融科技中英闭门对话》，载微信网 2017 年 8 月 12 日，http://mp.weixin.qq.com/s/xHJwbupwmYCTKgBsvT8Oxw，访问时间 2017 年 9 月 23 日。

③ 参见众筹金融研究院：《杨东：证监会应强化 RegTech 监管，尽快出台股权众筹试点办法》，载微信网 2017 年 7 月 11 日，http://mp.weixin.qq.com/s/gu1WpFUNQVK4EXw_bBXHcg，访问时间 2017 年 9 月 23 日。

立法产生的"合规性风险""跨行业和跨国境的金融风险"等，并为传统的金融风险管控提供有效解决途径。[①] 如此，信用体系的建设与完善将会提速，金融的风险能得到更好的防控，那么，艺术品众筹在运营过程中的风险与问题也能得到有效而及时的规制与防范，健康良性运营的艺术品众筹将会得到更好的发展，为促进艺术品市场的繁荣而发挥作用。

八、艺术品众筹与数字经济

在互联网引领时代发展的潮流中，数字经济作为继农业经济、工业经济之后的一种新经济形态，是社会未来发展的一个重要方向，随着科学技术的日新月异，信息技术高度渗透，在近十年间，每个人都可以切身感受到数字经济给传统产业带来的变革、对社会的极大影响。数字技术被广泛运用到各行各业中相融合以创新发展，因此，"经济的数字化"特征愈发突显，数字经济推进了全球的产业结构的优化升级，促进了全球贸易的高效增长。艺术品众筹作为艺术品市场与互联网金融的创新结合，其本身自带"数字"属性，溯及本源是文化产业与数字经济的融合，艺术品众筹需要数字技术的支撑，需要数字经济所营造的广阔贸易环境。数字经济让人们的生活越来越便利，让信息跨越地域国界在全世界广泛传播，这无疑将会助推文化的传播，艺术的繁荣，艺术品众筹将搭乘数字经济的快车而加速艺术品市场的繁荣，将本国的文化艺术传播到世界大舞台，让普惠金融

---

① 参见杨东:《杨东教授解读全国金融工作会议：运用监管科技，加强统合监管体系》，载微信网 2017 年 7 月 16 日，http://mp.weixin.qq.com/s/DQXQ8uSJXsDQcsMhoRe8MA，访问时间 2017 年 9 月 22 日。

深入人们的生活。

1. 数字经济

数字经济，英文原词是 digital economy，从动态的角度上来看，即经济的数字化（economy digitalize）。从普遍的理解上，数字经济被定义为"建立在现代信息技术和计算机网络基础上的经济运行系统，其本质特征是商品和服务的数字化，商业管理模式的一体化和经济交易活动的网络化。"[①]简言之，数字经济是以互联网科技为基础，以信息技术的高效使用为核心，不断融合大数据、云计算、区块链、人工智能等金融科技，具有商品形态无形化、服务提供方式远程化和交易方式的数字化特点的一系列经济活动。数字经济更新优化了经济结构和商业模式，并带来根本性的变化。

在 2016 年，二十国集团 G20 的主席国——中国首次将数字经济作为一项重要议题列入"G20 创新增长蓝图"中，G20 杭州峰会上通过了中国首次主持起草的《二十国集团数字经济发展与合作倡议》。[②]同年 10 月，在中共中央政治局第三十六次集体学习会上，习近平总书记强调"加快推进网络信息技术自主创新，加快数字经济对经济发展的推动，加快提高网络管理水平，加快增强网络空间安全防御能力，加快用网络信息技术推进社会治理，加快提升我国对网络空间的国际话语权和规则制定权，朝着建设网络强国目标不懈努力"[③]。2016 年里，我国出台了《国家信息化发展战

---

① 参见廖益新：《应对数字经济对国际税收法律秩序的挑战》，载《国际税收》2015 年第 3 期。

② 参见王丽、杨洪涛、王新明：《数字经济开启发展"大时代"》，载新华网 2017 年 5 月 29 日，http://news.xinhuanet.com/yuqing/2017-05/29/c_129620775.htm，访问时间 2017 年 9 月 23 日。

③ 参见新华社：《习近平：加快推进网络信息技术自主创新 朝着建设网络强国目标不懈努力》，载新华网 2016 年 10 月 9 日，http://news.xinhuanet.com/politics/2016-10/09/c_1119682204.htm，访问时间 2017 年 9 月 23 日。

略纲要》《中国制造 2025》《促进大数据发展行动纲要》等一系列文件从政策、技术等方面来保障数字经济的发展。在 2017 年，数字经济首次写入了《政府工作报告》中。我国高度重视数字经济，且发展非常迅速，世界上越来越多的国家达成共识对于数字经济成为创新增长的"新引擎""新动力"，并以此致力于未来的社会发展。[①]

2. 数字经济与数字文明

以大数据、云计算、物联网、区块链、人工智能等金融科技为支撑的数字经济给传统产业带来变革性的发展动能，信息技术被广泛运用到社会的各个领域，各行业的跨界融合不断深入，文化也因数字经济的快速发展而繁荣。经济的数字化促使文化与数字技术也走向融合探索，社会向着数字化发展加快了经济模式、社会结构等创新变革，也使人的发展向数字化前进，如此，人类将会走向数字文明。数字文明以"信任与共享"作为本质特征，区块链技术致力于形成社会的信用机制，重构互联网的秩序，为"共享"的实现而创造条件。数字文明是为了"实现人的全面自由发展"，而建设信用社会是前提和保障，数字经济的迅猛发展正推动着这一文明的演进。[②]

3. 艺术品市场的未来与数字经济

"互联网＋创新"的时代，艺术品市场的未来有着广阔的发展前景，在互联网金融、金融科技创新的浪潮中，以艺术品为代表的文化领域必将

---

① 参见央视网：《数字经济　中国经济转型升级新引擎》，载新华网 2016 年 11 月 13 日，http://news.xinhuanet.com/fortune/2016-11/13/c_1119902565.htm，访问时间 2017 年 9 月 23 日。

② 参见贵阳网：《〈块数据 3.0：秩序互联网与主权区块链〉：数字文明，迈向人类命运共同体》，载黔讯网 2017 年 5 月 24 日，http://news.qx162.com/gy/2017/0524/186850.shtml，访问时间 2017 年 9 月 24 日。

是与之同舞并交融碰撞出的美丽浪花。艺术品与互联网金融、金融科技的融合是所处时代创新发展的必然，艺术品金融化是艺术品市场发展的一个趋势，艺术品众筹就是在这样的背景下产生的，艺术品市场在不断与互联网金融、金融科技等融合探索。而数字经济是正在迅速兴起并将引领未来经济发展的新经济形态，其蓬勃发展也必将促进文化艺术的繁荣。数字经济以信息技术为依托，信息的传播跨越国界，商品的交易更加便捷高效，服务趋于无形化，使人们的生活与思维方式发生着极大转变。这正与文化艺术的传播理念是相一致的，可以说，艺术品众筹等艺术品互联网金融创新活动因数字经济的兴起而获得更广阔的发展空间，数字经济促进社会走向数字文明，促成互联网的有序、规范的秩序，建设信用社会，那么一直困扰艺术品众筹等创新乃至整个艺术品市场发展的风险与问题就有望从源头上得以规制与防控。

九、艺术品众筹与非法集资

艺术品众筹带来了无限商机，但其所伴生的交易高风险是不得不重要考量的因素。首先，需要明确的是何为非法集资？再者，艺术品众筹与非法集资之间的"红线"界限是什么？接下来，本书将作深入的研究分析。

1. 非法集资

我国现行《证券法》第二章第十条规定："公开发行证券，必须符合法律、行政法规规定的条件"，"未经依法核准，任何单位和个人不得公开发行证券","有下列情形之一的，为公开发行：(1)向不特定对象发行证券的；(2)向特定对象发行证券累计超过二百人的；(3)法律、行政法规规定的其他发行行为。非公开发行证券，不得采用广告、公开劝诱和变相公开方式。"

根据中国人民银行《关于取缔非法金融机构和非法金融业务活动中有关问题的通知》(银发〔1999〕41号)，以依法惩治非法吸收公众的存款、集资诈骗等非法集资犯罪活动为目的，对"非法集资"作出这样的定义："非法集资是指单位或者个人未依照法定程序经有关部门批准，以发行股票、债券、彩票、投资基金证券或者其他债权凭证的方式向社会公众筹集资金，并承诺在一定期限内以货币、实物以及其他方式向出资人还本付息或给予回报的行为。"

2010年11月22日所通过的由最高人民法院作出的《关于审理非法集资刑事案件具体应用法律若干问题的解释》，是以《刑法》第一百七十六条的"非法吸收公众存款或者变相吸收公众存款"及"非法吸收公众存款罪"的处罚，并结合第一百九十二条"集资诈骗罪"，第一百七十九条"擅自发行股票、公司、企业债券罪"，第二百二十条的"虚假广告罪"和第二百二十五条的"非法经营罪"等来对非法集资犯罪活动做出更进一步解释。其中还专门指出"未向社会公开宣传，在亲友或者单位内部针对特定对象吸收资金的，不属于非法吸收或者变相吸收公众存款"，即是指是否针对"特定对象"的筹集资金，是衡量非法集资的一个重要标准。

2014年3月31日最高人民法院、最高人民检察院、公安部联合发布了《关于办理非法集资刑事案件适用法律若干问题的意见》，从非法集资的行政认定，"向社会公开宣传"的认定，"社会公众"的认定，共同犯罪的处理问题，涉案财物的追缴、处置，证据的收集，涉及民事案件的处理和跨区域案件的处理八方面来更加深入界定非法集资。

综合来看，非法集资的特征主要是：第一，集资者是不具备集资的主体资格的，或未经有权限部门的依法批准，或审批部门超越审批权限；第二，承诺在一定期限内对出资人还本付息，主要是货币的形式为主，也有实物的形式及其他形式；第三，是向社会"不特定的对象"筹集资金，而"不特定的对象"是指社会的公众，不是特定的少数人，结合《证券法》的规定，数量上以200人为限；第四，以合法的形式掩盖非法集资之实质，犯罪分子为了掩饰其非法目的，与投资人签订合同伪装为正常生产经营活动，其最终目的是最大限度地"吸金"、骗取资金。

2. 艺术品众筹多种模式与非法集资风险

众筹，业内人士已将其划分为互联网金融的重要创新模式之一，艺术品众筹则是艺术品与互联网金融的创新结合体，兼备艺术品与众筹的特点。再者，风险与创新是同生同长的，界定艺术品众筹与非法集资风险之间的界限，防范触及"红线"，是非常重要的，所以，其具体的界限问题也应从众筹的四大类别来分析。

（1）奖励式艺术品众筹

这是一种最常见的艺术品众筹模式，又称作"回报式"艺术品众筹，广泛存在于现在的艺术品众筹实践活动中。这种模式类似于"团购＋预售"，艺术品通过这种方式可以达到预先销售的效果，实现事先获得艺术品创作的资金，并预探市场行情的走向，对产品的生产投入做出正确预估。可以说，这是相对而言比较安全的众筹模式，艺术品通过这种方式交易在一般情况下是不会触及非法集资的"红线"，但是以虚假回报的集资诈骗犯罪则会涉及非法集资的风险。奖励式艺术品众筹需要考虑的风险是艺术品的创意、创作作品能否实现完成，项目的回报承诺能否最终兑现等问题。

（2）捐赠式艺术品众筹

此类艺术品的众筹模式，主要是公益性质的，帮助艺术人士或是项目的发起者实现梦想，与传统的募捐活动所不同，基于捐赠的艺术品众筹，一般是明确了所募捐资金的具体用途，捐赠者知晓资金的用途而更加乐意参与其中，因此也为非营利性组织搭建了一个具有公信力的平台[①]，通过这一平台为更多有帮助需求的人获得捐赠资金开拓了途径。所以，只要是运作规范，信息真实，则从事与艺术品相关的公益慈善或是梦想帮助是没有法律障碍的。但是，假如冠以公益慈善之名，实则诈骗敛财，就必然会触犯非法集资的"红线"。所以众筹平台上的信息真实与否，会致使艺术品的众筹增加非法集资的风险。

（3）股权式艺术品众筹

股权式艺术品众筹与其他众筹模式相比，在国内尚属于刚刚起步，有许多大胆创新，正处于初期摸索阶段，但正基于此是目前存在最大法律风险的众筹模式，就股权式的众筹而言，也是于近几年呈迅猛发展之势。股权式艺术品众筹，主要是项目发起人（有的是艺术家本人，有的是从事艺术品行业的相关人员）出让艺术品的一定比例的股份，通过投资人的出资认购入股来获得收益，即创业者或项目发起人将艺术品以股权的形式回馈投资者的筹资融资方式。

研究股权式众筹之根本，其发展突破了传统"公募"与"私募"的界限划分，传统线下的筹资活动转到线上，而线下的私募也会转到线上进行"网络私募"，由此逐渐涉足于传统"公募"的领域，其行为的性质类

[①] 参见杨东、黄超达、刘思宇：《赢在众筹：实战·技巧·风险》，中国经济出版社 2015 年版，第 54 页。

似于公开发行证券①，因此难免会触及非法集资的禁地。②但为了不触及法律，众筹平台也想尽办法，往往通过一系列线上的实名认证或投资资格的认证，将"不特定的投资者"转换为"特定的对象"，即具有一定资质条件的投资者，且融资过程中累计投资者的人数也严格控制在不超过200人的限度内。尽管如此，这些转换行为是否具有效果学界的意见尚未统一，"特定"与"不特定"之间似是而非，在概念的界限上不甚明确。根据最高人民法院《关于审理非法集资刑事案件具体应用法律若干问题的解释》第六条的规定，其中的"向社会不特定对象发行、以转让股权等方式变相发行股票"可解释的空间较大，股权式众筹融资方式以一定的解释方法是可能会囊括在内的，所以股权式艺术品众筹是存在一定的非法集资风险的，假若真的触及"红线"，那些投资者的合法财产则会面临极大的威胁并且有可能血本无归。③股权式艺术品众筹在我国目前发展的现状是处于"初创"阶段，就单纯股权式众筹而言，好投网的创始人户才和分析认为"股权式众筹市场的成熟至少还需要5到6年时间"，④因此这种创新模式的发展之路将会很漫长。

（4）债权式艺术品众筹

债权式众筹，就是P2P网络借贷，是在互联网的发展下因"民间借贷的兴起而出现的一种金融脱媒的现象"，即通过网络众筹平台向若干的出资者借款⑤。对于此，2013年11月，在银监会组织的九部委参与"处

---

① 参见杨东、苏伦嘎：《股权众筹平台的运营模式及风险防范》，载《国家检察官学院学报》2014年第4期。

② 参见杨东：《股权众筹的法律风险》，载《上海证券报》2014年7月31日，第A01版。

③ 参见杨东：《股权众筹的法律风险》，载《上海证券报》2014年7月31日，第A01版。

④ 参见汤浔芳：《股权众筹蹒跚探路》，载《中国文化报》2014年2月28日，第005版。

⑤ 参见杨东、黄超达、刘思宇：《赢在众筹：实战·技巧·风险》，中国经济出版社2015年版，第77页。

置非法集资部际联席会议"，将网络借贷（P2P）和民间借贷、中介机构、农业专业合作社、私募股权领域及银行业金融机构个别工作人员的非法集资一同列为需高度关注和防范的六大风险领域。[1] 而针对如何界定 P2P 与非法集资之间的界限问题，央行作出了较为明确的界定。以理财—资金池模式、不合格的借款人和庞氏骗局三大类作为假借 P2P 之名，实则进行非法集资行为的典型代表。

因此，债权式艺术品众筹的运行必须限定众筹平台不得提供担保、不许搞资金池，以免非法吸收公众存款之嫌；限定众筹平台的经营者须尽到核实借款人真实身份的审核义务，进行充分的信息披露及潜在风险的提示；限定众筹平台的经营者不能实施集资诈骗。而且，债权式艺术品众筹还因艺术品本身的特殊性而更添风险系数，艺术品的价值真伪往往难以估量，无统一定价的法律标准，尚无全国性的权威鉴定机构，所以进行债权式艺术品众筹活动时，需要格外注意防范非法集资的风险。

综上所述，无论哪一种具体类别的艺术品众筹，始终存在着触及非法集资"红线"的潜在风险，这似乎与众筹的形式有关。但从实质要件和立法的原意来看，众筹并不是法律所要打击的对象，众筹是以鼓励创新和促进民间融资发展为目的的。在互联网金融快速发展的时代背景下，在众筹日渐蓬勃发展的趋势下，我们更需要加强防范众筹不利风险因素的防控，特别要警惕不法犯罪分子利用众筹平台所进行的诈骗吸金、扰乱金融正常秩序的活动。[2]

---

[1]　参见王安宁:《六个领域的非法集资风险亟须警惕》，载中国新闻网 2013 年 11 月 26 日，http://www.chinanews.com/fz/2013/11-26/5549470.shtml，访问时间 2015 年 5 月 2 日。

[2]　参见杨东、黄超达、刘思宇:《赢在众筹:实战·技巧·风险》，中国经济出版社 2015 年版，第 205—206 页。

十、艺术品众筹与其他众筹项目

艺术品众筹和一般的众筹项目相比，有着自己显著的特点，就艺术品而言，本身就是"特殊的商品"，众筹旨在出售创意和筹集资金，艺术品的创造性使其似乎与众筹模式有着某种天然的联系，更具灵活多样性。

艺术品众筹基本上具备了一般众筹模式的所有特点，富有创造性、广告性、多样性、大众性、直接性、低门槛、主体身份叠加等特色[①]，在实质上艺术品众筹就是众筹中独具特色的一种类别，是兴起的创新众筹融资模式之一。

艺术品因承载着文化、精神、艺术等多种元素，所以运用众筹模式不仅可以实现融资，为艺术创作获取创作资金，在活动过程还能起到对艺术品的推广，附加艺术品的无形价值，提升艺术品升值的上行空间等作用，有利于艺术品走进国民大众，普惠于民。从目前来看，艺术品众筹主要针对的是一般大众化、装饰类型的艺术品，特别是为艺术品的衍生品提供了无限创新机遇。但是，顶级高端的艺术品是否适合艺术品众筹，这是值得考究的问题，在艺术品众筹还鲜有顶级艺术品的运作实践，因为顶级艺术品是稀缺资源，艺术品的真假难辨一直是困扰艺术品市场发展的重要风险问题，而顶级艺术品因为价值很高，千万至上亿元不等，众筹潜在非法集资的风险，所以运用众筹模式来融资顶级艺术品，就必然会加剧风险的产生。

---

① 参见杨东、黄超达、刘思宇：《赢在众筹：实战·技巧·风险》，中国经济出版社 2015 年版，第 13—15 页。

作为"特殊商品"的艺术品，其真假、价值需要专业权威的鉴定评估，不然艺术品众筹的规模发展会受到制约，而一般的普通众筹项目则不存在这样的要求。还有，运用艺术品众筹的艺术作品有时是满足投资者要求的"私人定制"产品，众筹项目中所达成的作品承诺是否能最终实现，所创艺术作品是否达到消费者或投资者的合意，这都是艺术品众筹需要考虑的风险问题。

第二章 艺术品众筹如何交易运行

通过上文的介绍，想必大家对艺术品众筹已有了初步的认识，接下来，由表及里，笔者将在本章中从艺术品众筹的运作实践展开更深入研究，让艺术品众筹的整个运行过程清晰明确地再现。

一、艺术品众筹的运作方式

艺术品众筹，具体是指艺术家、艺术品的创作者、艺术爱好者、从事艺术或与之相关事业的人员或团体在充分利用互联网信息技术的前提下，将艺术创意、艺术作品、艺术衍生品及艺术品展览等相关活动创立成一个个融资项目，通过互联网众筹平台公开发布，以期获得广泛民众的关注和支持，从而筹得所需资金，是一种创新的金融融资方式。

述及艺术品众筹的现实运作，奖励式众筹的模式似乎更具优势，实践中更多一些，而艺术品的股权式众筹或是募捐式众筹中也可以融入该元素，所以艺术品众筹呈现多元化发展，运行形式灵活。艺术品众筹的成功运作与否，完全离不开艺术品众筹平台、筹资人、投资者等多方的参与，所以，要明晰艺术品众筹是如何具体运作的，那么就从艺术品众筹平台、筹资人、投资者等构成方面入手来深入了解探析。

1. 艺术品众筹平台

艺术品众筹平台，目前主要分为两大种类，一类是专门做艺术品众筹的专业平台，实践中的数量相对少一些。比如艺筹网，它是国内第一个专门的艺术品众筹网站。另一类是综合性的众筹网站，存在的数量较多，其中又细分为专门的众筹网站和电子商务平台上的众筹栏目，主要经营的是综合性的众筹项目，包罗万象，无奇不有，艺术品是其中的类别之一。如众筹网，它是国内最具有影响力的众筹网站之一，网站内设有艺术品专栏；还有如淘宝、京东电子商务平台上的众筹栏目等。艺术品众筹网站从 2011 年开始在我国发展，有了快速的增长，根据清科发布的《2014年中国众筹模式上半年运行统计分析报告》，截至 2014 年 8 月，我国的众筹平台超过 90 家，其中预售众筹平台 63 家，股权众筹平台 23 家，预售众筹和股权众筹兼营的混合平台 9 家，而以上的众筹平台大都有涉及艺术品众筹的项目。根据该报告可知，我国 2014 年上半年综合性众筹平台完成募集 1682.04 万元，实际发起项目为 708 起；垂直性众筹平台完成募集 1546.03 万元，实际发起项目为 285 起。总体来说，我国的众筹行业发展很快，但整体规模还比较小，其发展仍处在初始阶段，未来的发展前景

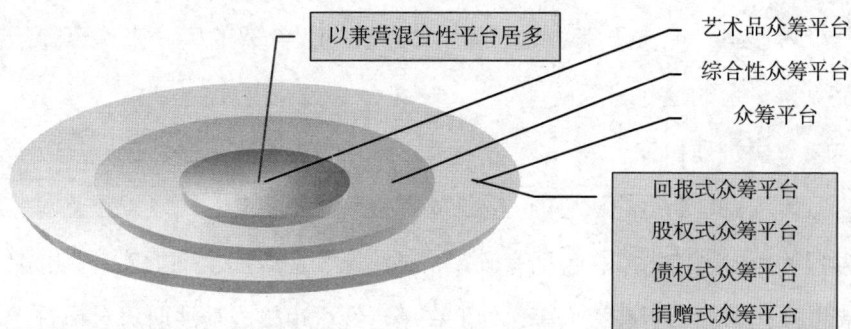

以兼营混合性平台居多　　　　　艺术品众筹平台

综合性众筹平台

众筹平台

回报式众筹平台
股权式众筹平台
债权式众筹平台
捐赠式众筹平台

图 8

很广。

但不论具体到哪一种类，艺术品众筹平台是重要的媒介，一头牵着有融资需求的艺术家或是艺术的相关人员，简言之就是艺术品众筹项目的发起人；另一头连接着艺术品众筹项目的投资者、消费者，通过艺术品众筹平台的牵线搭桥，艺术家、项目发起人可以更容易便捷地向大众筹集自己需要的资金以进行未来的艺术创作和艺术宣传推广，而消费者、投资者有了更多的投资选择。在奖励式的艺术品众筹中，不仅可以获得艺术品及其相关的实物投资回报，也可以参与到创作的过程中，受艺术熏陶，提升对艺术的欣赏水平。

艺术品众筹平台的主要功能是通过该平台为项目发起人筹集资金和为支持者投资艺术品而创造机会，使两者各得其所的过程中促使艺术品创意的梦想得到实现。艺术品众筹的类别可以是奖励式众筹、股权式众筹、债权式众筹和捐赠式众筹，而在国内艺术品众筹主要是通过奖励式众筹的方式，即回报性艺术品众筹，即便是股权式和捐赠式的艺术品众筹也是综合了回报式的模式来进行的，其次是债权式众筹和捐赠式众筹。还有，在公益事业不断兴起的过程中，艺术品的捐赠式众筹也成为新的增长点，比如说当前在众筹网平台的公益板块上，是不收取项目佣金的，换句话说，就是为捐赠式众筹免费提供项目展示的空间，给予众筹资金的技术支持和筹资转化等服务。而接下来，本书将主要以奖励式众筹的模式来综合介绍艺术品众筹平台的运作方式。

（1）引进项目

众筹项目是众筹的核心内容，艺术品众筹也不例外，可以发起艺术品众筹项目的主要是艺术家，包括有画家、书法家、音乐家、手工艺者、电影工作者以及艺术品的所有权人等，他们在平台经过审核成功注册成会员后，将自己的艺术品或技艺变成创意性项目，发布在平台上。项目发布前众筹平台要对项目进行审查，审查的内容主要是项目是否有法律禁止的事项、是否属于平台规定的众筹类别、是否符合平台规定的内容等，而一般而言平台会对拟发布的项目进行两次审核，第一次是初审，第二次是再审。初审是一般性的审核，主要看是否符合法律规定、是否属于平台的类别等；再审是实质上的审核，主要看项目的资料是否完整、内容是否符合平台的规定等，这个过程中可以对材料进行补充和完善，通过审核后众筹平台与项目发起人就有关事项达成共识，双方签订有关的协议，项目方能在平台上发布。

（2）吸引投资

众筹平台引进项目后最重要的是吸引支持者对项目的投资，为了能有更多的人去关注众筹项目，平台就要增加平台的人气，以此提升项目的数量和成功率。平台要增加人气，需要对平台准确定位、扩展其功能、经常维护、做好广告宣传等工作。此外，平台吸引进来了投资人，要对投资人的注册申请进行信息审核、身份验证等工作，通过审核和验证后申请人才能成为会员对众筹项目进行投资。投资人对项目确定投资后，投资人可以通过银行卡、支付宝等渠道将投资资金转划到平台指定的第三方支付公司，平台一般不直接掌控筹集资金以确保资金的安全。

（3）监督管理

项目成功发布后，平台会将支持者的相关信息和联系方式发给筹资人，以便筹资人履行其回报承诺。平台也继续对项目进行管理，当发起人对项目内容进行更新后，更是如此。平台会对项目更新的内容、发布的留言等进行审查，评估其是否有违反法律规范、平台规则、协议规定的事项，对一些违反规定的项目会对发起人进行劝告、规制甚至是删除，以维护平台和投资人的利益。众筹项目成功后，平台一般将筹集资金分作两次划拨给筹资人，防止筹资人不正当地使用资金。通常的做法是平台会扣除5%和1.5%的总筹集资金作为众筹平台居间费和向第三方支付公司支付渠道费，剩余的筹集资金将每次划拨百分之五十给筹资人，也有的平台是70%与30%的比例来划拨给筹资人。

（4）跟踪履行

众筹项目筹资后成功，跟踪筹资人回报承诺履行也是平台的重要职责。平台对众筹项目筹得的资金分成两次划拨给筹资人，其中第二次是需要在筹资人履行承诺后才会划拨，这是促使筹资人积极履行自己的回报承诺的重要方式之一，如果筹资人不履行或不适当履行其回报承诺，筹资人就会不能获得第二次划拨的筹集资金。若在平台的警示后筹资人还不兑现其回报承诺，平台将会把第二次要划拨的筹集资金直接支配来兑现筹资人的回报承诺，以保护投资人的权益。若在履行承诺阶段筹资人与投资人对于回报产生纠纷，平台也会作为第三方为两者进行调解、协商，提供帮助以促成承诺的适当履行，但平台对于调解、协商不成功，而产生的权益纠纷，平台声明不对此负法律责任。

2. 艺术品众筹筹资人

艺术品众筹的重要作用是筹资人通过在艺术品众筹平台设置众筹项目，表达自己筹资的目的和回报方式，投资者对项目感兴趣加以对项目支持，项目成功后，筹资人便按项目的要求对投资人实现其回报承诺。通过此方式，筹资人便可获得自己所需要的资金并进行艺术创作或者融资。这种模式既使艺术品实现其价值、促使更多艺术品诞生，也使投资者分享艺术美感和获得应有回报，实现创作者与投资者的双赢。

（1）适合的筹资人

回报式的艺术品众筹中，如果你是一名艺术家或者是一名艺术品的持有人，你想要成为一名艺术品众筹的筹资人，平台并没有太多的限制。但如果你要发起的是股权式众筹，则可能需要进行资格、项目可行性、实质性财产等方面的审查，甚至还有筹资的最低额、最高额的限制。艺术品众筹的筹资人主要有几类，一是艺术创作者本人；二是艺术品持有人；三是企业、法人、团体等。艺术品持有人基于艺术品的价值可以运用的众筹方式是回报式众筹、债权式众筹、股权式众筹和捐赠式众筹。艺术品众筹的运作模式从它最重要的理念来说，它是为艺术家搭建的一个艺术创作互动的平台来帮助更多的艺术家——尤其是缺少经济来源的青年艺术家——用自己创作的作品获得资金来更好地继续他们的艺术创作道路，这也是不少艺术品众筹网站的一个重要理念，企业、法人、团体等作为艺术品众筹的筹资人情况数量较少，本书以艺术创作者为筹资人作为介绍的主要对象。

　　我国艺术品的流动主要有两种渠道，一种是传统的画廊交易，另一种是拍卖行的拍卖。由于现今我国的画廊行情比较低迷，作为一级市场的作用并没有充分发挥，对于没有多少名气的青年艺术家来说要想通过此渠道将自己的艺术品交易出去并不是一件容易的事。艺术品拍卖市场上，青年艺术家因为没有名气，市场价值不高，他们创作的作品要想通过拍卖更是不易。但艺术创作本身来说是一件要具备很高成本的事情，没有充分资金来源的青年艺术家要平坦地在艺术创作的道路上走下去其难度是可以想象的。当前国内艺术院校在扩招的大背景下，大批的艺术学院的学生毕业进入社会，他们在社会上的生存状况也是可想而知的。艺术品众筹恰好可对这样的青年艺术家打开用自己的创作作品和技能在网络上筹得自己所迫切需要的资金的大门，让他们在艺术品众筹平台上既有一个很好的交易平台，同时可以免费宣传自己的创作、扩大自己的名气，还为以后的市场积累潜在的买家，艺术品众筹平台对青年艺术家来说无疑是一个再理想不过的平台。

　　当然，艺术品众筹平台对于有一定名望的艺术家来说也是一件利好的事，他们在艺术品众筹网站上发起项目，如果项目成功除了能筹得资金外，还起到宣传、预售的作用，并且在与众多投资人、消费者的交流、互动中也可以提升自己的影响力。对著名的艺术家而言，他们除了上述艺术品众筹所带来的益处之外，因为他们本身具有的特有影响力，更能吸引更多的投资人和消费者的关注，能引来更多的投资人的支持，这是他们所独有的优势。但另外，因为著名艺术家的作品已有很高的市场价格，一般来说作品的单价都比较高，这对于目前我国艺术品众筹在初始发展阶段，参与艺术品众筹的人数还相对较小的情况下，众筹投资人还相对较少，投资金额也相对较小，著名的艺术家要想达到几百万元甚至几千万元的众筹目标，实现的难度会较大。如果达不到筹资额度的目标，众筹项目便会失败，而失败的风险对著名艺术家所造成的名誉上的损失，也许得不偿失，毕竟对已经声名在外的艺术家来说，并不用因作品的流通而发愁，选择画廊、拍卖、私下交易等渠道比当前的艺术品众筹初步发展阶段是更好的选择。当然，项目的设置新颖、有足够的回报，著名的艺术家发起大额的筹资目标并不是完全不能实现的事。综上所述，艺术品众筹在初始发展阶段，它的出现最适合青年艺术家，对有一定名气的艺术家来说也是一个理想的场地，但对于名气大、市场价值高的艺术家来说，为防止筹资失败的风险应慎重发起众筹项目。

（2）选择众筹标的

众筹标的即是众筹投资指向的对象，艺术品众筹的投资指向的对象毫无疑问就是艺术品。作为艺术品众筹的载体——艺术品，它可分为普通艺术作品和顶级艺术精品。基于国内外艺术品众筹平台的实际运作情况来看，参与众筹的艺术品主要是以普通艺术作品为主。这样的情况首先是由于众筹的特点所决定的，众筹最大的特点是集众人之力去办好一件事，有积沙成塔的功效。它面向的主要投资群体与以往的投资群体是不一样的，传统的投资人是以富裕的精英群体为主，众筹的投资群体则是以普通大众的草根力量为主，这就决定了众筹的投资人每次的投资额度并不会很高，因而普通艺术作品才比较容易达到筹资的目标。其次，普通大众一般对大众的、装饰性的艺术品才会比较感兴趣，这样的艺术品也才符合他们的消费需求，而这些大众的、装饰性的艺术品都属于普通艺术作品。另外，我国民众对于艺术品知识的了解普遍还是比较缺乏的，大部分人对艺术品众筹的投资还是处于比较迷惘的状态，他们大多数是出于受项目回报的吸引，而并非是因为深入了解艺术品的价值去作决定投资的，对于艺术众筹的投资还是冒着不小的风险的，而普通艺术作品风险相对还是较小，如果是顶级艺术精品，在很难确定其价值的情况下进行大额的投资，风险会比较大，所以在风险可控的范围内，大众投资人还是比较倾向于支持普通艺术作品项目的众筹。有些筹资人利用高端艺术品的名气和价值进行众筹，而投资人的回报方式就是这样顶级艺术精品的衍生品的所有权，这更多的应该看作是用顶级艺术精品的衍生品来参与众筹，而并非是高端艺术品其本身。最后，我国的艺术品鉴定机制、价值评估机制和信用体制还不太完善的情况下，确定顶级艺术精品权属、真伪、价值的论断并不容易使投资者信服，这也使得投资者对顶级艺术精品的投资产生了一定的顾虑。以上四个方面的因素，在当前的艺术品众筹初步发展阶段很大程度决定着艺术品众筹更适合普通艺术作品的参与，顶级艺术精品在艺术品众筹的发展潜力，还有待于艺术品众筹自身在不断发展壮大的过程中去挖掘。

（3）设置众筹项目

艺术品众筹的项目，它是艺术品众筹最主要的内容，投资人是否愿意投入资金予以支持，艺术品众筹能否成功，最重要的就是看众筹项目是否有足够的吸引力和可行性了。筹资人有意向发起艺术品众筹项目，须先在合适的艺术品众筹平台上进行注册，成为其一名会员。在平台上作为筹资人填写自我简介、项目介绍、筹资目标、筹资期限、回报方式等相关内容，不一样的平台其要求是不一样的，但基本内容基本相似。完成后便可以进行项目发布，在平台上进行筹资，取得投资人的支持。有的艺术品众筹平台还设置了一个预展期，让筹资人的众筹项目和艺术品对潜在的投资人先进行展示，预展期结束后，再进入项目的发布环节。

3. 艺术品众筹投资人

要成为一名艺术品众筹投资人，回报式众筹中只要你是一名成年人，平台并没有其他在资金、财产等方面的限制。如果投资的是股权式众筹则会有一定的财产、收入等方面限制，所以要成为一名普通意义上的艺术品众筹投资人并不是一件难事。当然，在平台上进行投资的操作需要通过一定的流程。首先选择一个你感兴趣的艺术品众筹平台进行注册，在平台上填写好相关的信息，注册成功后，在平台中的众多众筹项目中甄选出符合自己投资意愿的项目，并从项目的回报等级中选择一个你乐意投资的等级并确定进行投资，然后在平台上汇转投资额，平台将会发送投资凭证。该投资项目成功后，便等待筹资人在约定的期限内履行承诺。若该投资项目没有成功，平台将会把你的投资额返还给你，不收取任何费用。虽然成为一个众筹项目的投资人相对简单，但若要想在投资中降低投资风险，从投资中获得应有的收益，则需要有不少注意事项。

（1）投资前期要充分了解

艺术品众筹投资是一种新兴的事物，尤其在中国还只是处于初始发展阶段。在平台制度、监督管理、责任追究、法律定位等很多方面还不完善的情况下，它与其他的投资一样都具有风险，甚至不比其他方面的投资风险小，所以在决定进入艺术品投资前，为了资金的安全，应对艺术品众筹有一个全面了解。

①了解艺术品众筹的风险。艺术品众筹平台通过互联网将艺术品、艺

术家和普通的消费者组成一个生态链，分工协同、各得所需。它的诞生为艺术品的创作、销售带来新的渠道，同时也伴随着不少风险，比如筹资人的信用风险、项目失败的风险、诈骗风险、不能按时履行风险等。要想成为一名投资人对艺术品众筹风险既要看到它有利的地方，也要看到它存在的巨大风险，再考虑自己的实际情况和自己对存在风险的承受能力，然后你再决定是否要涉足艺术品众筹，决定投资艺术品众筹的资金额度大小。只有更充分地了解艺术品众筹的优缺点，才能更理性地面对艺术品众筹投资所带来或喜或忧的结果。

②了解艺术品相关知识。艺术品众筹是一个涉及有专业性质的众筹，能对艺术品有一个基础性的了解，更有助于自己的投资。比如了解国画与油画的市场行情、现代画与古画的定值机制、精品画与普通画的价值区别、艺术品衍生品的类别、艺术品衍生品的价值等。了解到这些知识更有助于在眼花缭乱的项目中挑选出有投资价值的项目。因为在众筹平台审核条件少、入市门槛低的情况下，不少滥竽充数、以次充好的项目混杂其中，如果不具备一定的知识和一定的审视眼光，可能会投资一些没有多少价值含量的项目，不仅自己损失了财产，还助长一些投机取巧、浑水摸鱼分子的不健康心理。

③了解艺术品众筹平台。依"盈灿咨询"互联网金融咨询机构的数据统计，截至 2015 年 7 月底，在国内有 224 家正常营运的众筹平台，股权式众筹平台 107 家，奖励式众筹平台 66 家，混合类众筹平台 47 家，公益众筹平台 4 家。[1] 其中存有的艺术品众筹平台，既包括艺术品的综合性众筹平台，也包括艺术品的垂直性众筹平台，但这些平台参差不齐，在功能、特色、服务、品质、信誉等方面都有不小的差别，投资艺术品众筹当

---

[1]　参见方小明：《全国众筹平台超 200 家》，载《深圳特区报》2015 年 8 月 17 日，第 A13 版。

然要选择资金有保障、服务有信誉的众筹平台。一般来说，综合性众筹平台它的类别多，人流量也较多，潜在的投资人必然也多，但因为面广，专业性不够强，艺术品众筹类的投资转化率会比较低；而垂直性众筹平台人流量可能相对较少，潜在的投资人也较少，但因为平台的服务、功能更加专业，浏览项目都是对艺术品投资有所兴趣的人，所以这些人流量的投资转化率会更高。作为一个投资者你是热衷于综合性众筹平台还是垂直性众筹平台，这也是见仁见智的事情了。但如果选择一个有知名度、实力强的众筹平台也许是更明智的，毕竟在开创众筹平台门槛并不高、监督还不到位的情况下，选择一个信誉度不高、项目成功率低的平台，投资的风险会大大增加。

（2）投资决定前认真审查

一个项目的优劣决定了投资回报的品质，在众多的艺术品众筹项目中选择出好的优质项目，这需要投资人的眼光，需要投资人对项目的好坏进行认真的审查、评估。

①审查项目的内在价值。艺术品众筹平台中的项目多种多样，但真正能够成功地筹得资金的项目并最终取得成功的却不多，甚至还有不少是无人问津，从中就说明有些项目并没有什么艺术内在价值，明眼人一看就明白。项目的内在价值首先主要是看项目本身对发起人存在哪些潜在的未来价值，这是最基本的一个判断方向，如果对项目发起人除了资金以外并没有其他内在的价值，那么这样的项目大多都是为了在众筹平台上圈钱，圈了钱之后便是去享受、挥霍，并不会产生社会价值，所以基本上没有投资的价值。其次是看项目对该行业有没有存在哪些潜在的未来价值，如果答案是肯定的话，那么这种项目是值得考虑的，因为有潜在的内在价值就会产生相应的社会价值，对项目的支持则就会有存在的价值甚至有相应的回报。当然，如果有些项目对个人、对社会都是有益的，那么更值得考虑。

②审查艺术品的品质。通观艺术品众筹平台上的艺术品，可谓是良莠不齐、纷乱混杂，甚至还有以次充好、以假冒真的情况，所以投资人需要格外擦亮眼睛，仔细鉴别艺术品的品质，了解其内含的虚实和价值。艺术品是艺术品众筹中最重要的价值载体，如果艺术品这个价值载体都是没有多少价值的，那么此项目的实际价值又从何体现呢？但对艺术品的鉴别并不是任何一位投资人都能具备这样的艺术眼光，这需要长期的学习和积淀，而且这里面也没一个统一的标准，是见仁见智之事。对艺术品价值的评定是需要综合考虑多方面因素，如设计美感、创作技法、创作年龄、创新程度、精神内涵、时代价值、在画廊或拍卖行的估值定价、参展经历、市场评价和定位等。

③审查艺术创作者的身份。艺术品众筹项目中不少是艺术创作者自身发起的，艺术创作者的身份对于艺术品的价值是相当重要的，一个有名气的艺术家与一个没有名气的艺术家他们的创作成品其市场价值是不能相提并论的，而一个身份真实的艺术家与一个身份不真实的艺术家他们的作品更是有天壤之别。所以在艺术品众筹项目中，尤其是投资高价值的艺术品的项目，艺术家的身份显得尤为重要。笔者在此并不是提倡投资人要选择有名气的艺术家发起的众筹项目，而是建议投资人要选择身份真实的艺术家发起的艺术品众筹项目。审查艺术品创作者的身份，先看他项目发起人的介绍，然后到网上、朋友圈等寻找他的资料，如果有相关机构还可以到该机构网站查找此人的信息，从中可以核实该艺术创作人的真实身份、艺术水准、特别技艺、师承情况、以往艺术品市场价格、市场潜力等情况，并从众筹平台上的交流互通功能键上向其询问有关疑问，最终确定其艺术品众筹项目是否有投资的价值。

（3）投资后应该随时跟进

投资人对艺术品众筹项目进行投资后，并不等于所有的事情都完结了，只要等着筹资人履行自己的承诺就可以了。投资人确定投资后，项目还可能会发生项目失败、退回资金、项目变动、履行不能、卷钱跑路等风险，投资人确定投资后应该随时跟进项目的进展和变化，对发生了的变化及时采取措施，维护自己的权益，减少不必要的损失。

①跟进项目的进度。投资人进行投资后，应经常关注项目的进行程度，尤其是那些还没有到最后期限的项目。首先关注项目的筹资完成情况，若筹资达到预定目标，筹资成功则要及时确定有关投资凭证和权利证书；若筹资没有达到预定目标，筹资失败则根据众筹平台的规则，及时查看自己投资的资金返还的情况。再是关注筹资人在平台上的一些新信息的发布和其与投资人互动留言，了解项目的进展情况与变化，根据项目的变化和疑问及时与筹资人沟通，如果发现存在问题则应当及时采取措施避免发生风险。

②跟进承诺的履行。艺术品众筹项目达到预定筹资目标成功后，投资人应当清楚地知道自己投资项目的档次及其承诺履行的时限，及时了解承诺履行的进程。期限到期后筹资人还没有履行其承诺，投资人应及时与筹资人沟通，了解原因，如果原因合理双方可以就解决方式进行协商，最终达成合议。若是承诺履行后，投资人发现收到的艺术品或艺术品衍生品不符合承诺的要求，投资人可以向筹资人反映并要求予以解决，但通常这种情况不容易解决好，因为艺术品都是独一无二的，每个人都有每个人的判断标准，不容易达成一致的意见。倘若发生筹资人不履行承诺，携款跑路的情况，而投资人的出资金额比较大的话，则要考虑报案的方式来维护自己的权益。

4. 提升众筹项目的成功率

虽然艺术品众筹的进入门槛不高，但要想发起的众筹项目取得成功，

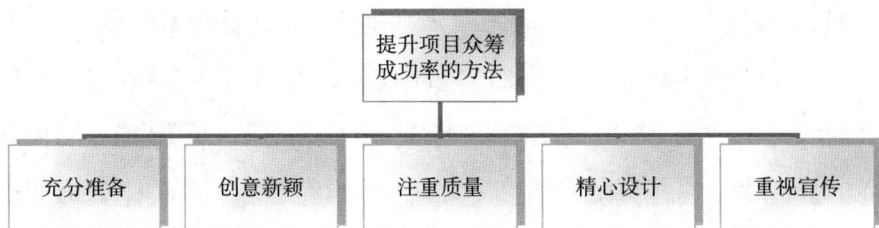

图 9

还是要花费不少的心思，毕竟艺术品众筹还存在不小的失败风险，国内知名的众筹网的艺术专栏里的众筹项目的失败率达到百分之三四十，其他的艺术品众筹平台的失败率则更高。要使自己的艺术品众筹项目有更大的成功率，在此有几个建议也许有所助益。

（1）充分准备

首先要对众筹进行初步的了解，了解艺术品众筹的相关知识，这样才更明白它会带来什么样的益处和存在怎么样的风险，结合自身的实际情况，选择好合理的众筹方式、筹资目标，策划好艺术品众筹项目的内容，争取项目能更大程度上取得成功，避免冒不必要的风险。其次要对众多的艺术品众筹平台进行调查了解，随着众筹在我国蓬勃发展，可以选择的众筹网站是越来越多，但这其中也是良莠不齐，选择一个好的众筹平台，它的服务质量更高，带来更多的潜在投资者，众筹成功的机率就增加不少。

（2）创意新颖

众筹是一个十分讲究创意的舞台，奇特的新意、出彩的创意对艺术品众筹项目的成功也是有不小的帮助。一个项目只有具备好的创意才能吸引投资者的关注，也才能引起他们进行投资的兴趣。除了艺术品本身的创造性，项目的创意还体现在众筹项目目标和回报方式的设计上，比如一种新的艺术手法，一种新的回报方式等，如"澜沧江计划"项目其众筹的目标就是援助藏区盲童的疾病，因其众筹目标定位是爱心，做公益，其一经发布引起不少投资人的关注，最终 5 天时间就达到目标资金 2 万元的一半以上。如"何成瑶生命每一秒"① 的艺术品众筹项目，艺术家以售卖自己的创作时间为项目标的，因回报方式的"特殊"而引人注意，项目也在 3 天内完成了筹资目标，最终获得了 20 多万元人民币的资金支持。可见，良好的创意、新颖的主题更能吸引投资人的目光，最终容易获得更多投资人的支持。

（3）注重质量

注重质量主要是指要重视项目中艺术品和投资回报作品的质量。艺术者创作艺术品的优劣可以有天壤之别，即便是一位艺术家，其用心耗时的作品与粗制滥造的作品相比起来在艺术价值的含量上是不可相提并论的，所以，艺术创作者应该要保证自己艺术品的品质和价值，创作优秀的艺术作品才能让更多的投资者、消费者看到诚意，才会更愿意对项目进行投资。对艺术创作者而言，创作高品质的艺术品才能更体现出一个艺术家的水平，才能真正赢得信任，树立起好名声。假如当一个艺术品众筹项目成功后，以创作艺术品作为回报承诺，而创作者不去注重自己作品的品质，认为质量的优劣都不太影响承诺的履行而敷衍了事，这种做法是得不偿失的，在互联网的传播上最终失去了价值连城的声誉。艺术品众筹平台本身就具有广告的功能，好名声会从此传播，坏名声当然也会永久留存。因为项目发布之后，有些平台会将项目长久留存在平台上，成功与失败、质好与质坏都将会被清晰地记录在平台上。因此，注重质量是至关重要的，创作者不负责任的做法，损失的不仅是自己的名声，还有自己的艺术品未来的市场。

（4）精心设计

当然，只有好的方案和创意是不够的，还需要让投资人能简单明了地明白项目的创意和亮点，否则在浩如烟海的众多项目中就难以最先吸引投资

---

① 参见《行为艺术家何成瑶众筹卖时间：2000 元一小时》，载艺术国际网 2014 年 3 月 21 日，http://news.artintern.net/html.php?id=43625，访问时间 2015 年 9 月 23 日。

者的眼球。简单明了，却不仅仅是简单介绍项目，设置内容，明了也十分关键，就是如何让投资人一看就明白你要表达的意思、清楚你的亮点和创意，要让人一目了然地看明白众筹项目的内容并产生兴趣，这需要对项目的网页进行精心设计。在科技如此发达的今天已有不少的方式可供选择，比如采用视频、照片、绘画以及简短的文字等多元素结合的方式，清晰、直观地表达艺术众筹项目的意图、亮点。还有，虽然视频、照片、绘画等可以很直观地表达艺术创意，但如果设置的视频时间过长、照片或绘画的张数太多也会适得其反，因为考虑到投资者要花费很长地时间在网络上去打开、浏览项目的视频、照片、绘画，在快节奏生活下的人们很难具有如此耐心。所以项目在网页设计发布时要考虑既简单明了又控制好视频的时间和照片、绘画的数量，让投资者快速便捷地获得有用信息。除此之外，还需对筹资的目标金额有合理的额度和设置回报承诺有合理的阶度。筹资金额太低可能会耗时而收益少，筹资金额太高则会导致较高的失败风险，因此应根据自己的实际情况订立一个合理的额度。从实践中可以看到，国内的艺术品众筹平台上成功的众筹项目大部分的目标资金在五千至一万元人民币之间，而国外的艺术品众筹平台上成功的项目资金大多数在五千至一万美元之间。所以，设计一个好的回报承诺能够满足不同层次投资人的要求，将会对项目的成功起到画龙点睛的作用。好的回报承诺虽然是可以满足不同层次投资人的要求，但并不是说要对项目设置很多的回报等级，等级过多也会使投资者难于快速、准确了解项目回报的优点、亮点，等级也应该在合理的范围内，比如分成五六个档级，如果分成十个以上数量就可能过多了。同时，把握不同层次投资者的心理，设置他们可能会投资的等级，把回报的内容简明扼要地表达清楚，这样就更容易达到众人拾柴火焰高的效用。

（5）重视宣传

艺术品众筹项目成功发布后，仅仅以为坐享其成就可以了，其实这样是不可取的。因为项目的发布有一定的期限，如果在期限内达到预期的筹资目标，只是被动等待投资者的支持，成功的概率就只能掌握在他人的手里，往往收效不佳。筹资人自己需要采取一定的有效措施来提高项目的成功率。措施主要是指对艺术品众筹项目进行宣传推广，当然这种宣传并不是要求你花钱去做广告，除非是大型活动的大额度筹资，否则基本上没有这样的必要。这种宣传主要是指充分利用互联网的资源，利用好自己已有的人际资源，在熟人与朋友圈子内通过社交网络去宣传众筹的项目，让感兴趣的朋友对项目进行支持，也鼓励他们为众筹项目进一步宣传，追求"一传百，百传千"的效应，这样让你的项目有更多的人知道，增加吸引投资的可能性。所以当人际网络人数较多，项目的成功率就会更大。还有，在我国信用体制还不完善的情况下，相比陌生人更多人愿意与熟人进行投资。此外，众筹平台上有一个筹资人和投资人可以交流的功能，筹资人对于潜在的投资人应该要特别重视，因为这些来了解项目情况，询问相关问题的投资者，他们正是因为对项目产生了兴趣才会花工夫来了解他们对项目的疑问的，如果他们的一些疑问能得到很好的解决，他们对项目投资的可能性就会很大，因而筹资人对来咨询问题的投资者要有足够的耐心去解答他们的疑问，这样才会更赢得他们对你的信任，而且在以后的其他众筹项目中他们就很可能再次成为你的项目投资人。

二、艺术品众筹的利弊博弈

艺术品众筹 2011 年开始进入我国后，引起了民众广泛关注，也有不少的普通民众对艺术品众筹进行了支持，四年来艺术品众筹在我国有了不小的发展。艺术品众筹的金融模式，兼具投资与消费于一体，为艺术的创意、创新和艺术梦想提供了舞台，也为普通民众提供了一个了解艺术、参与艺术品创作的平台，对艺术市场的发展有很好的促进作用。但艺术品众筹是一个新生事物，它的诞生与发展还存在着各式各样的风险和问题。在此就艺术品众筹的存在价值和潜在的弊端进行分析。

1. 艺术品众筹的价值

艺术品众筹产生后之所以会受到许多民众的欢迎，也有不少大众乐于参与艺术品众筹的投融资，是因为艺术品众筹其自身制度存在不少合理的因素，它的运行方式一定程度上符合了社会的发展需求，有一定的存在价值。

（1）低门槛

艺术品众筹平台对于筹资人和投资人的资格要求，除了股权式众筹有一定的资金和收入要求，其他形式的众筹资格要求很少，只要有行为能力、能承受其中所存在的风险，任何人都可以参与艺术品众筹。这就是说绝大多数的普通老百姓如果有兴趣都能参与艺术品众筹，这对于普通大众来说，以往难以企及的艺术品融资、投资、收藏，因为有了艺术品众筹此类金融模式，投资艺术品成为一种容易成为现实的事了。这对于许多艺术创作者和艺术品持有人来说多了一个融资、交易的渠道，对于当下缺少投资渠道的艺术品市场，艺术品众筹也为普通投资者提供了一个投资平台。

（2）低成本

发起人在艺术品众筹中在平台上发布众筹项目，向普通大众筹集资金，除了要制作项目内容的介绍、制作视频等外，其需要花费成本的方面不多。若项目成功后，需要缴纳的费用也只是融资总金额5%的平台居间费和1.5%的第三方支付平台支付渠道费，这相对于艺术家将创作的艺术品交给画廊大概需要50%利益分成或在拍卖行拍卖需要缴纳成交价的10%—30%不等的各项费用相比，所需要花费的成本是比较低的。另外，艺术品创作人在不少预售或定制的回报方式中，还可以先获得资金然后再进行创作，这对艺术创作者来说是一个相当有利的资金运转方式。

（3）免费宣传

艺术品市场上艺术创作者的艺术作品有没有市场，除了需要作品的品质高之外，还需要创作者有一定的知名度。但对于许多的青年艺术家来说，知名度就是他们所最欠缺的。艺术品众筹因为它的平台是在网络上运行的，网络上有庞大的用户和受众，而且信息方便快捷，有利于艺术品众筹项目的推广，也利于艺术创作者名声的传播。同时，艺术创作者在与支持者的交流互动和留言之中，也会给不少的消费者和收藏家留下印象，这对于挖掘艺术创作者的潜在交易群体是很有利的。可见艺术品众筹的方式是不仅成本花费不高，而且还可以为艺术创作者产生免费广告宣传的作用。

（4）助力艺术创作

一方面艺术品众筹的出现，给艺术品的流通交易增加了一条渠道，而且这个渠道的入市门槛很低，普通的艺术创作者要进入该平台都不会有所限制，这相比画廊、拍卖行等传统的艺术品市场入市限制条件更少，有利于艺术创作者寻找到交易场所，为更多的艺术创作提供更大的可能。尤其是一些青年艺术创作者，他们缺乏名气、缺乏市场、缺乏资金，更缺少交易艺术品的渠道，艺术品众筹的出现为他们提供了一个方便、理想的平台；另一方面，在一些艺术品众筹项目中，艺术创作者根据支持者提出的定制要求去创作艺术品，这有利于创作者开拓创新、推陈出新去搞创作，而艺术创作者在创作艺术的过程中，也能够在与支持者、消费者的交流互动之中，集思广益，汲取更多有益的建议去创作，可以产生出更多新颖的艺术作品。

（5）提高艺术欣赏水平

艺术品的投资收藏在艺术品众筹出现前，要求投资者要有一定的经济实力和抗风险的能力，有比较高的门槛，一般普通民众难以涉及。艺术品众筹的出现因为它的低门槛，只需要少许的资金就可以参与到艺术品投资中来，这为普通民众打开了一扇投资艺术品的门。普通民众在艺术品众筹投资的过程中，可以了解艺术品相关知识，认识艺术品的价值，感受艺术品的美，从而提高普通民众观赏艺术品的能力，这对于提高我国国民的文化素养，提升民众对真善美的追求是有益处的。

2. 艺术品众筹的弊端

艺术品众筹对于艺术品的创作、艺术梦想的实现、艺术品市场的发展带来很多的益处，但因为艺术品众筹其本身还存在一些机制上的不足、艺术品市场故有的缺陷、社会投资环境的不完善，艺术品众筹还存在它的弊端。

（1）风险涉面广

艺术品众筹由于它的低门槛使得许多以往难以投入到艺术品投资的普通民众，也有了投资的机会，虽然这给艺术品市场带来了更多资金来源，但也使得一些抵抗风险能力不强的大众投资者直面艺术投资所带来的巨大风险，使得原本在一定范围内的艺术品投资的高风险也扩散到大众投资者身上。更需要注意的是，艺术品众筹是一种新兴的产物，它本身在制度上还有不够完善的地方，而在国内的投资环境和社会的信用体制还存在一些不足的情况下，艺术品众筹的风险随着网络快速、便捷的投资、交易方式，大大增加了艺术品众筹的风险向普通大众扩展。这种风险伴随着艺术品众筹的进一步发展，投资人数大量增多，机制和法律没有进一步完善，艺术品众筹所带来的风险更加深远，2014 年一些 P2P 债权式众筹平台的"跑路"现象，足以给投资者和社会带来深刻的警示。

（2）容易欺诈

由于国内的信用体制机制还没有完全建立，投资环境中社会信用还不完善，致使低门槛的艺术品众筹投资会混进一些投机、诈骗分子。而因为艺术品众筹平台机制的不完善、信息不够透明、监督制度欠缺、法律责任追究难，更助长了投机、诈骗分子的不正之心。同时，艺术品因为其权属不易确定、真假难以辨明，尤其是价值不易评估的特性，更使得一些不法分子以假冒真、以次充好，隐瞒真实信息，人为地大大提升艺术品的价格，骗取投资人的投资，获得不当得利。事毕，即使投资人有所发现，也因为平台机制的不完善，法律责任追究难，而使投资者的利益损失难以挽回。

（3）风险高

有投资必然就会有风险，新兴产业高效益，同样也高风险。艺术品众筹的风险主要在于艺术品本身真假难辨、价值难估的特性，因此就存在较高的风险系数。同时，艺术品众筹因为其自身发展还处于初级发展阶段，许多机制不完善，尤其是审查机制、监督机制还不完善，艺术品众筹的风险不容易管控，其风险并不亚于一般投资的风险。艺术品众筹中，平台对项目发起人、项目内容的审查要求的条件不多，也不够严格，多数人都可以发起项目，发起人可以说是良莠不齐。投资人对筹资人的信息情况不容易掌握，项目进展、资金使用的透明度也不高，投资人难以进行监督，也没有专门的机构对项目进行监督，使得筹资人容易将资金挪作他用。一旦筹资人不兑现自己的回报承诺，投资人又难以追究他们的责任，平台也不会为此而承担责任，造成一些浑水摸鱼的不法分子有可乘之机，大大增加了艺术品众筹的风险。

（4）易侵犯知识产权

艺术品应属于劳动密集型产业，因为其生产创作的过程必须依靠人工劳动力。艺术品凝结了人的智慧创造和丰富精神内涵，其中承载了知识文化涵养等多种元素，特别是优秀的艺术品是世界的文化财富，因稀缺性而弥足珍贵。艺术品众筹借助互联网而使艺术创意或艺术作品得以广泛而迅速地传播，同时也容易滋生对其模仿、抄袭、复制和仿造等侵犯知识产权的行为。此外，因为艺术品的确权确值难度较大，所以艺术品众筹将项目上线公布于众时，就会面临着比普通商品更容易遭受仿造复制泛滥、盗用抄袭艺术创意、设计等权益侵害的风险，并且消费者、投资者还易遭受艺术赝品损害其利益却难以判断、维权的困境。

（5）易产生纠纷

艺术品众筹最容易产生纠纷的阶段是在履行回报承诺的阶段，一者是因为项目发起人对完成项目内容的风险估计不足，回报承诺的相关标的不能在规定的时间内完成后交付给投资者；二者是投资者对筹集人履行的回报承诺标的物认为与承诺不相符而产生纠纷，原因可能是两者对标的物的质量和价值认识、评估不一样，也可能是因为筹资人不适当地履行自己的承诺所致；三者是在艺术品的运输过程中，因为缺乏专业的运输方式，艺术品有可能在运输的过程中被损失，而艺术品尤其是订制的艺术品是个性化物品，不是标准化产品，所以很难有代替的标的来适当履行，对于回报承诺中艺术品的给付容易产生纠纷。一旦在承诺回报过程中产生了纠纷，解决的办法可以是协商、重新履行、赔偿等方式，但因没有适当履行或延迟履行而给投资者带来的损失，却很难获赔。

三、艺术品众筹突显的问题

艺术品众筹是艺术品与互联网金融相结合的创新产物，作为新兴事物，其具备相当的活力成为激发市场经济前进的动力，但万物的一体两面性也使其弊端日益突显。在现阶段，艺术品众筹在国内正刚刚起步，处于发展的初级阶段，各方面仍不成熟，且与之相适应的配套环境也不完善，所以在国内的发展过程中，阻拦前进道路的困难、问题慢慢突显出来，这正是本书所要研究的重点，从现实实践中寻找艺术品众筹运营相关的症结所在，并以期取得有效的治理规制。

1. 法律定位的不明确

2013 年是我国互联网金融的元年，2014 年又是移动互联网金融的元年，众筹引入我国的时间不算很长，但它在国内迎来了一个快速的发展时期，在实践的过程中，有些问题影响了其前进发展的道路。首先，在国内的法律规范中还没有给艺术品众筹一个明确的定位。其次，国内还没有一套完整法律规范来界定众筹平台的性质、平台的准入门槛、法定许可经营范围、法定监管机构等。还有，在上文所述艺术品众筹有可能容易触及的非法集资、非法公开发行股票等法律红线和欺诈行为的道德底线，现阶段尚未对其作出一个明确的界定。此外，有一些业内人士质疑艺术品众筹是否为变相的"份额化交易"，各种争论不一。还有，一些评论者将艺术品众筹形容成"团购＋预售"艺术品的消费模式，但论其实质，现行法律未对艺术品众筹或是众筹平台作出明确定位，而且基于实践中艺术品众筹所产生的高风险性，法律上缺乏有效的监督和规制。

2. 艺术品众筹发展的不成熟

尽管目前已有专业的艺术品众筹平台，但是运营成功的艺术品众筹项目数量不多，专业众筹平台虽是专门以艺术品的众筹项目来发起筹资融资，但是刚起步的平台显现的专业性有所不足，纯粹的艺术品和艺术品的衍生品以及手工工艺制品等项目在分类上有些杂乱，不够明确。同时，艺术品众筹在国内的初步发展，引来不少的关注，但也有不少人持观望的心理，所以艺术品众筹项目的实际参与人数还并不是太多，特别是专业的艺术品众筹平台，众筹成功的项目不过十余个。从艺术品众筹平台来说，其自身发展仍不够充分，宣传力度不够，还没有形成较好的"品牌效应"，在项目的监管上显然是不够的，市场上的艺术品众筹的项目有"鱼龙混杂"之嫌，优劣难辨。

同时，艺术品众筹的过程中所出现对于资金的使用缺乏有力监管，项目的执行力度也不足的问题，致使投资环境风险难控，稍不注意，就会涉入非法集资的灰色境地，甚至涉及犯罪的风险，因此有待规制、提升投资融资的环境。目前，在艺术品众筹的项目中，高品质高价位的艺术作品鲜见，一方面是此类艺术作品众筹的风险较高，因为艺术作品的确权保真、价值定位本就是一个制度完善和配套设施健全以待攻关的难题；另一方面，目前艺术品众筹的项目创意有些不足，吸引大众投资的力度有待加强。

3. 艺术品市场自有的缺陷

艺术品市场在 2010 年迎来了艺术品的金融元年，艺术品市场整体活跃，艺术品的发展前景较好，但是制约快速发展的主要原因在于艺术品市场自身的缺陷问题，一直以来，艺术品的"真假难辨""价值难估""权属难分"都是困扰市场发展进步的难题，艺术品的赝品伪造严重损害了艺术家的权益，更阻碍了艺术品市场的健康有序发展，给艺术品的拍卖、交易安全带来了负面影响，而在艺术品走向与金融结合发展中所出现的有关艺术品基金、信托的诈骗行为，也正是艺术品市场自身缺陷的显现。所以，在艺术品与互联网金融结合下而创新发展的艺术品众筹方式，无疑会使风险加剧，而缺乏配套的保障措施使参与艺术品众筹的投资者、消费者的权益难以保护，比如艺术品的保险、物流保险以及相关配套保险设施的发展相对滞后，再加上缺乏对艺术品众筹的有效监管，会给投资交易带来许多不特定的因素，直接危及艺术品众筹的有序进行和发展。

4. 艺术品众筹投资人存在的问题

目前艺术品众筹的信用体系尚未建立完善，因此众筹投资人的信用问题，是资金安全的重要影响因素之一，特别是债权式的艺术品众筹，投资人的信用直接影响着众筹项目的进行和成功与否。同时，艺术品众筹比一般的众筹项目对投资人的要求相对更高，因为艺术品的投资是需要一定的艺术鉴赏能力，盲目的投资易致投资风险增大，甚至血本无归，而艺术品的众筹风险本就高于普通艺术品的交易，所以现实中投资人的艺术鉴赏能力的不足成为制约投资交易获益的短板，由此抗击风险的能力也会相对不高。因此如何提升投资人艺术鉴赏的内在"软实力"以增加对抗投资风险正是重要的研究方向。此外，在艺术品众筹的项目中，对投资人的保护有待完善，监管体系有待建立完善。因为当艺术品众筹项目启动后，所筹集的资金在后续的使用、运行中难以监管；如果当项目不能完成而无法兑现承诺或是商品、服务无法合意时，鉴于众筹平台上缺乏有效的维权方式，投资人难以伸张权利，一般与项目发起人或筹资人"私了"解决，甚至可能无法解决而招致血本无归；因此，对投资人的投资风险规范和权利保护是亟需解决的问题。

第二章 从法律视角看艺术品众筹

艺术品众筹是否能运营得当，最终需要放到法治社会的市场经济环境中经受检验。艺术品众筹在国内的兴起，是艺术品与互联网金融相融合的最新创新发展方式，是继艺术品份额化交易之后艺术品市场又一次的开拓创新。上文的论述中，已将艺术品众筹的交易运行状况进行详尽的介绍和分析，也对艺术品众筹运行过程中所出现的问题进行了一定的论述，当我们欣喜地看到这种艺术品与互联网金融有机结合的新型交易方式带来了新的机遇和发展动力，也为互联网的虚拟性和跨地域性导致的艺术品众筹风险剧增担忧，更为实践过程中所反映的诸多问题困扰，因此寻找问题的症结所在就成了当务之急。在本章中，笔者将着手从法律的视角来深入分析艺术品众筹交易产生风险之高的成因。

案例点评：国外艺术品作品真伪辨别——市场与法律的判定之争[①]

一切要从 2011 年年底发生的案件说起，依据《纽约时报》的报道，美国抽象表现主义的绘画大师杰克逊·波洛克（Jackson Pollock）下面的这幅作品，因一名比利时的收藏家耗资 1700 万美元购买后质疑其真伪，起诉了纽约曼哈顿的经销商

---

① 参见廖冬云编译：《市场 VS 法律 艺术品的真伪性判定之辩》，载艺术中国网 2012 年 8 月 8 日，http://art.china.cn/market/2012-08/08/content_5227516.htm，访问时间 2015 年 5 月 7 日；参见《"假画大案"与上海画家的"美国梦"》，载艺术中国网 2013 年 12 月 19 日，http://art.china.cn/huihua/2013-12/09/content_6521757.htm，访问时间 2015 年 5 月 7 日。

科诺德勒（Knoedler）画廊，让法庭去判定并解决艺术作品真伪存疑的问题。这场"假画"风波很快被公众所知，拥有百年历史的科诺德勒画廊也因此而关门。在报道中还刊载了评论者的观点，引发了对通过法律判定艺术品真伪的意义与价值的讨论与思考。究竟法庭对艺术品的真伪所作出的判定对市场有怎样的影响？目前而言，现实所遇问题是没有艺术史背景的法官们肩负着为艺术品的真伪作出评辨、裁决的职责，他们需要去评判以艺术研究为业并长期致力于此项研究的专家们的言论。在案件中，法官所需要做的是对法律合同中错综复杂的关系作出判断，而不是真正去鉴定艺术品的真伪。在法庭上，法官组织当事人双方就艺术品的真伪进行辩论，由双方请艺术史研究的专家们或鉴定师来提供证据，但是，法庭和艺术界对艺术品真实性的界定有着不一样的评判标准。法庭的判决是以大量的事实依据为基础，最终是以"51%的倾向"为标准来作出的评判，所以得出的结论是艺术作品"很可能"是真或假；而对市场来说，往往所需求和偏好的是"肯定式"评判，因为艺术品在市场销售时很难说是"很可能"是"真"而售出，这样买家是难以接受的。[①] 就本案来说，在后续的调查和报道中所了解，至 2013 年 8 月，《纽约时报》的另一篇文章刊载了一名艺术家涉嫌卷入高达 8000 万美元的艺术品制假大案，其中，就涉及了此前波洛克的那幅作品。[②]

现在，笔者并非想对此案件本身作出何种评述，而只是聚焦于艺术品

---

① 参见廖冬云编译:《市场 VS 法律　艺术品的真伪性判定之辩》，载艺术中国网 2012 年 8 月 8 日，http://art.china.cn/market/2012-08/08/content_5227516.htm，访问时间 2015 年 5 月 7 日；参见《"假画大案"与上海画家的"美国梦"》，载艺术中国网 2013 年 12 月 19 日，http://art.china.cn/huihua/2013-12/09/content_6521757.htm，访问时间 2015 年 5 月 7 日。

② 同上。

真伪判定这一过程。在西方确有不少通过法庭来解决艺术品真伪评判问题的案件，正说明艺术品市场所存在的"确权难""保真难"等固有弊端，通过法庭来确权定真伪也是有相当的难度，不足以满足市场的内在需求，而且飞速发展的艺术品市场，特别是与互联网金融的相融对接，无疑会将这些问题更加放大，风险剧增，从而影响了投资交易的进程，更妨碍了艺术品市场创新的健康发展。在上文的案件中，可以看到艺术品真伪的鉴定是十分艰难的过程，特别是稀缺的、价值高昂的、历史悠久的艺术作品，鉴定的难度只会有增无减，有时即便艺术家在世，也曾出现过因为个人的情感左右或是其他因素而对艺术作品的权属作出不实的界定。还有，随着现代科技手段的不断提高，在提升了艺术品的鉴定水平的同时，也出现了一些技术含量更高更为仿真的艺术品赝品混杂在市场中，所以，如何解决

图 10 真伪存疑的波洛克艺术作品[1]

---

[1] 参见廖冬云编译：《市场 VS 法律 艺术品的真伪性判定之辩》，载艺术中国网 2012 年 8 月 8 日，http://art.china.cn/market/2012-08/08/content_5227516.htm，访问时间 2015 年 5 月 7 日。

艺术品的确权保真问题依然是研究的重点。

引此案例，意在抛砖引众人之思，法官判定艺术品的真伪尚且如此之难，遇到大的争议，也只是作出"倾向性"的裁定，然而，艺术品市场的真正需求在于建立良好的信用体制，规范市场交易运行的秩序，并致力于提升艺术品确权保真的鉴定水平，以期最大程度的实现对艺术品真伪"确定性"的评判结论。艺术品众筹的出现对此只会要求得更高，那么我们就不得不从强而有力的途径上寻源，即从法律的视角来研究艺术品的"确权""保真"问题。

案例点评：艺术品鉴定的信用危机

早在 2008 年的"金缕玉衣"案，就引起了艺术品鉴定业的一次巨大震动。当时北京燕山华尔森集团的董事局主席兼总裁谢根荣托人自制了"金缕玉衣"和"银缕玉衣"[①]，后由故宫博物院副院长杨伯达等 5 名古董鉴定专家仅凭空"隔着玻璃柜"看看，就开出了"金缕玉衣价值 24 亿"虚假鉴定书[②]，并以此"天价"鉴定骗取了银行两位高管的信任，后续获取 4.5 亿余元承兑汇票的银行贷款，最终造成银行 5.4 亿元人民币未归的巨额经济损失。[③] 这是艺术品鉴定方面所遭遇的严重信用危机，艺术品因稀缺性而显珍贵，真品与赝品的价值相差甚远，虚假的鉴定，不

---

① 参见刘杰：《专家隔玻璃估出 24 亿天价假玉衣》，载《京华日报》2011 年 9 月 6 日，第 A14 版。

② 参见陈一鸣：《"金缕玉衣"骗贷：谁之罪》，载南方网 2011 年 9 月 19 日，http://finance. southcn.com/f/2011-09/19/content_30093536.htm，访问时间 2015 年 5 月 7 日。

③ 参见周昊：《中国当代艺术品市场乱象梳理》，四川音乐学院博士学位论文，2012 年；陈根发：《文物鉴定交易和保护中的法律问题》，载法制网 2013 年 2 月 19 日，http://www.legaldaily. com.cn/Frontier_of_law/content/2013-02/19/content_4209271.htm?node=34808，访问时间 2015 年 5 月 7 日。

诚实的欺诈行为，只会给艺术品交易带来巨大风险，造成银行的坏账，招致巨大的财产损失。

　　还有，在 2013 年被广泛报道的一起艺术品官司——乾隆御笔的《嵩阳汉柏图》"贱卖"案，虽然不涉及艺术品的真伪问题，但却是艺术品鉴定乱象丛生的反射镜，由此可窥见艺术品交易风险的所在，损害巨大。案件缘起于 2009 年 9 月，郑州市的市民朱云和兄弟带着外祖父传下来的《嵩阳汉柏图》专门到河南电视台参加了其举办的"华豫之门"鉴宝节目，在海选现场请专家鉴定，也就在此遇上了负责古书画类的嘉宾鉴定专家刘岩，据朱云描述当时刘岩对该画的评价是"古旧"，并告之不是乾隆的真迹，也就值 3 万元，随后又说他能找个人来购买此画，还帮着多卖几万块钱。在这过后没多久，2009 年 10 月 21 日的上午刘岩果然来了，还和一位北京的程先生，在刘岩的斡旋之下以 17 万元的价格与朱云达成一致成交。而本案之争的起因在于随后所发生的意想不到之事，在 2010 年 12 月北京保利公司的拍卖会上，那幅《嵩阳汉柏图》竟拍出了 7800 万元天价，加上了佣金，成交价高达 8736 万元之多，当时的朱云对此天价拍卖并不知道，心想 17 万元成交已值，直到 2011 年知道拍卖实情后方觉受骗，同一幅画作前后近 500 倍的价格之差让朱云感觉遭受鉴定专家的"双簧计"的欺骗，他于 2012 年 8 月将专家刘岩和买家一起告上法庭，请求认定交易无效和退回传家之宝。① 此案一出，引来社会一片哗然，我们姑且不去追问案件的结局如何，此案直接反映了艺术

---

① 参见刘岩：《乾隆御笔被 17 万卖后拍出 8736 万　原主人起诉鉴宝师》，载中国新闻网 2013 年 1 月 8 日，http://www.chinanews.com/cul/2013/01-08/4470343.shtml，访问时间 2015 年 5 月 7 日。

品鉴定中的问题，虚假鉴定可以带来巨额的经济损失，无疑对艺术品市场交易的发展是极其不利的。

不论是"金缕玉衣"案，还是乾隆御笔《嵩阳汉柏图》之诉，都是艺术品鉴定乱象的表现，而此类事件在艺术品的交易过程中并不少见，主要原因在于目前的艺术品鉴定市场监管的缺失，在法律上没有对此的相应规范、监管，民间的文物鉴定既无机构的监管，也没有对艺术品鉴定环节的责任承担方面有所规定。文物部门也只对其所批准设立的相关文物司法鉴

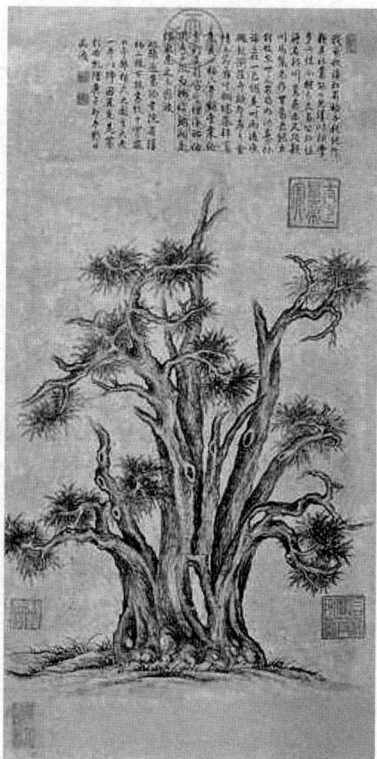

图 11　《嵩阳汉柏图》①

---

① 图引自艺术版权:《"乾隆御笔〈嵩阳汉柏图〉贱卖案"的诉讼策略分析》，载雅昌艺术网2013年3月6日，http://auction.artron.net/20130306/n314757_2.html，访问时间2015年5月8日。

定机构进行了管理，其他在社会中大量存在的民间艺术品鉴定机构处于自由生长的状态，所以，当在艺术品的高额经济利益的驱使下，各种鉴定乱象也就随之而生。归根结底，艺术品市场的问题要从法律来着手解决，特别是与互联网金融相结合的艺术品金融更加需要法律的规范与维护才能顺利健康发展。

一、艺术品的特性与法律问题

艺术品的独特性，造就了艺术品市场交易与其他商品交易的大相径庭，时下正处于艺术品继房地产、股票之后成为第三大投资领域的兴盛之期，众人翘首以盼能从艺术品的投资中获得丰厚收益，但是交易过程产生的高风险却成为艺术品投资和发展的"绊脚石"，特别是当下的艺术品市场正进入了一个高速发展时期，借助互联网金融的强大引擎，一系列的艺术品与互联网金融结合下的创新发展方式成为新的动力，推进艺术品市场走向繁荣扩张。然而发展的速度过快，原有的艺术品市场交易规制已无法适应创新浪潮的瞬息万变，加之我国现阶段的经济特征也处在转型期，多样性和变动性的特点给交易的进行增添了风险。

艺术品交易，是商品经济的产物，艺术品众筹是艺术品与互联网金融的创新结合，属于"市场型的间接性金融"，也是新时期商品经济高度发达下的产物。其丰富了融资渠道、加速了资本流动的优势具有不可比拟性，但是，较之普通商品经济的确更具复杂性。而现有的法律尚未将这些金融创新纳入规范，各种艺术品投资产品的法律关系不明晰，整个艺术品市场的管理缺乏统一的规范、系统的设计，以致招来艺术品交易的各种乱象，司法的监管却难以有效进行，让交易的风险加剧。所以，艺术品的问题解决须寻求法律的助力。接下来，笔者将最先探析艺术品的特性与突显的法律问题的关系。

1. 艺术品的特性与入市进关"物""价"的不对等性

艺术品作为特殊的商品，享有物权上的一切权利，但是在艺术品金融创新模式的运行下，人们不再以占有艺术品、获得所有权为唯一目的，而是把艺术品的权益"打包"，交到市场的文交所、基金、银行等金融中介机构，经过一定程序上市后，通过募集投资和融通资金来获取利益，更或者是通过互联网金融的电子商务平台，发起更多形式灵活多样且富有潜在影响力的众筹项目来实现更广泛的融资、交易，以期推进艺术品的发展，投资者有些并非直接占有艺术品，而是为了取得增值的收益。从物权的角度来说，艺术品应是一种特殊的"动产"①，艺术品的金融创新交易依靠的是艺术品作为"物"的价值，将艺术品的产权分离出来做成类似证券的权证，这也体现在艺术品众筹类别中的股权式艺术品众筹和债权式艺术品众筹。

艺术品的"价"，即为价格，是在市场交易中形成的，艺术品的互联网金融创新交易主要风险的形成原因是艺术品通过上市入关"物"的价值与"价"的价格的不对等性。根据市场运行的价值规律，商品的价格因供求关系而围绕价值波动，但是始终以商品的价值为依托。我国艺术品金融创新的交易中，因为市场缺乏统一的制度规范，各种创新产品的法律关系不明确，所以当艺术品上市发行或是进关交易，"价"的虚高严重脱离了价值规律运行的轨道，与"物"的真实价值相违，往往带来的就是交易的

---

① 参见王利民主编：《民法》，中国人民大学出版社 2007 年版，第 134 页。

高风险，反而制约了资本市场的流通与艺术品的健康发展，伤害了其他艺术家以及投资消费者的权益。

2. 艺术品的价值判断缺乏法律依据

艺术品金融创新交易的核心终究还是要回归到艺术品的真正价值，不论是艺术品的份额化交易，或是拍卖、基金、银行和网络交易等，再或是艺术品众筹，都要以艺术品的价值为依据来核定是否上市、是否投资、是否买卖。作为目前处于我国投资市场三大领域之一，艺术品金融创新交易面临的首要难题是为艺术品的价值作判断，因为艺术品市场缺乏一套统一而有效的艺术品评估定价法律标准，也缺乏机构进行统一的管理和监督，还有严重缺失的是没有全国统一的权威鉴定机构，民间各式各样的鉴定组织，充斥着一些"伪专家"或为一己私利而"假鉴"，或因资历尚浅而"误断"，如此就让艺术品的价值判断上没有法律依据可循，而且在艺术品互联网金融创新的各项事业与项目中就没有明确的市场价值可供参考，这样就加剧了交易风险，让哄抬艺术品市价、虚假炒作的行为便有机可乘。

（1）艺术品的定价无统一法律标准

根据一般性原理，艺术品的价值取决于"美、真、精、稀"[1]，诚如上文所述，艺术品不是普通的商品，其非批量生产而成，因此不可以用一般商品的衡量标准来为其定价估值。艺术品除了满足人的美学欣赏以获得精神满足，其含金量更在于其富含了艺术家所独特的精神、意念、智慧以及融合了文化的元素。一位艺术家一生创作的作品是有限的，作品的创新、创意的程度和表现效果也是不同的，尤其是人生的巅峰之作或是能够评为

---

① 参见王征：《艺术品投资与市场法律法规》，四川大学出版社2011年版，第9页。

精品之作的，就更加稀少，而且还要看其是否得到世人的公认，是否有"真正"的市场，这往往通过展览、比赛，还有拍卖等市场的需求来衡量。常言道"物以稀为贵"，加之艺术品给人特殊的精神愉悦和享受，还有较之一般商品，艺术品更具保值的相对稳定性，这一切决定着艺术品的内在价值。

但是，在结合了互联网金融业的艺术品创新交易中，我国相配套的规范制度和标准尚未建立，因而发生了天津艺术品文化交易所上市的艺术品份额化交易的暴涨暴跌、拍卖中的假拍、基金中的虚假操作和内幕交易、艺术品众筹的炒作等艺术品交易的乱象。没有统一定价的法律标准，艺术品与互联网金融的结合似乎难以健康长久地运行下去，因为资本市场，特别是加上艺术品本身的特点，必要以艺术品的真实市场价值为基础来进行融通资金和投资收益的。还有艺术品既然也是"特殊"的商品，其定价也必须遵循市场的客观规律，而缺乏一定的法律标准来规范艺术品的统一定价，让原本就有风险的艺术品金融创新交易更难以正常运作，掣肘了艺术品领域的道路拓宽。

（2）艺术品鉴定评估无全国统一权威机构

目前，在我国艺术品的交易领域，艺术品的"真"与"假"一直长期困扰着市场的有序进行，倘若无法解决艺术品的保真和确权问题，那么以非实物交易为特征的艺术品金融创新交易就寸步难行，艺术品众筹的运行只会风险交加。全国尚没有统一而又具权威的艺术品鉴定机构，这是问题根源之一。现阶段的实践中，我国存在的公立鉴定和民间鉴定的两类艺术品鉴定机构，都无法出具有法律效力的估值鉴定证书。而且这些艺术品的鉴定机构，乃至登记机构大多是民间的个别组织、个别盈利机构或者地域性政府来建立完成的，在执行程序上有较大的随意性，所以鉴定结果的真实性就无法得到可靠的确认，因此就没有公信力，也无法获得法律保障和维护。

艺术品互联网金融的创新交易对艺术品信息的准确性、交易透明度和真实性的要求极高，而我国没有全国统一性的权威鉴定评估机构，就不能确保艺术品的真实性，也不能确定价格的客观准确性，这给艺术品与互联网金融结合下的艺术品众筹带来不稳定性和信用危机，交易也会产生高风险。

二、艺术品众筹的"确权"问题

艺术品的所有权归属确定是首要解决的问题，在通常的艺术品市场交易中就易产生纠纷，以互联网信息技术为依托的艺术品众筹是处于开放而广阔的环境中进行融资交易，影响范围更广。因为互联网的虚拟性也使其具有隐蔽性的特点，为艺术品的"确权"问题带来更多的不便。

在当下的实践中，因为法律缺乏对此的明确规范，艺术品市场更缺乏统一的管理，大多数的艺术品交易是私下完成的，交易记录不明，权属复杂难辨，而拍卖行的拍卖记录也是真假混杂，艺术信息数据的不全面，让艺术品的"确权"难以进行。对于在世的艺术家而言，对其所创作的艺术品作品进行"确权"相对容易，但对于不在世的艺术家，特别是年代久远而又珍贵的古书画、珍玩摆件等艺术品，"确权"的难度最大，当此类艺术品发生盗窃、遗失的特殊情况，权属纠纷自然而生。艺术品论其性质应属于"物"中的动产，根据我国《物权法》的规定，被盗或遗失的艺术品有权追回，除了在公开的艺术品市场交易，如公开拍卖或是在文化交易所等平台上，艺术品的原所有权人追回该艺术品需支付购买者所付的费用，其他在私底下进行的艺术品交易，追回时则不需支付任何费用，如此在于保护投资者在市场的公开交易，一定程度上减少了艺术品被无偿追回所带来的风险，保护善意第三人的权益。然而这类"风险作品"，权属难定，没准哪一天就有被追回的可能，其价值必然受到"牵连"而"大打折扣"。在国外，一些组织和机构长期致力于为偷盗的艺术品和伪造艺术品建立健全数据库信息档案以期实现对风险的管制，比如艺术研究国际基金从 1968 年起就开始了针对"风险艺术品"的工作。①

对我国艺术品众筹的发展而言，显然是需要整合大量真实的数据信息作为基础，更需要市场统一而规范的管理和健全的法律体制来保障交易的实现。"确权"问题不能有效地解决，艺术品进行互联网金融创新的交易就实难进行，否则潜在的风险将招致纠纷不断。目前在艺术品众筹的实践中主要是以当代艺术品为主，鲜见有古代书画、工艺品或是价值很高的艺术作品拿来众筹，一方面原因是受制于艺术品市场的运营现状，另一方面是因为人们的接受程度，对于网上参与艺术品的投资交易心存疑虑。因此，未来有大量的工作有待去完成，也将催生健全的市场环境与艺术品互联网鉴定确权产业。

三、艺术品众筹的"保真"问题

艺术品的真实性是艺术品投资交易最起码的条件，"保真"就是"保价"的奠基之石，艺术品的真假是交易的最大风险。现在的艺术品市场赝

---

① 参见庄毓敏、陆华强、黄隽：《中国艺术品金融研究报告 2014》，中国人民大学出版社 2014 年版，第 259—270 页。

品混杂，不仅在国内，国外也存在这一现象，因为当下伪造艺术品的水平很高，以致一些艺术品金融创新的交易对象限定在当代的艺术家作品，比如说艺术品基金目前就只卖当代的作品。作为艺术品与互联网金融结合的新探索，艺术品众筹更需要对艺术品的"保真"确定，因为经互联网进行的交易，在虚拟的空间，面向世界的开放式平台，艺术品金融创新的交易风险比一般方式要高得多。艺术品众筹，平台的作用是相当大的，所有的众筹项目由此公布于众。从互联网的网页上，民众所能看到的仅仅是图片和项目内容详情介绍，艺术品的真伪鉴别是难以从直观上得到确定的，还有艺术品在网上交易售出，一般再想退换是比较难实现的，所以艺术品众筹的风险首先就在于艺术品"真假"的风险。

艺术品众筹所面临的"保真"问题，一方面源自伪造技术的不断提高以致大量的艺术赝品充斥市场的现状；另一方面是我国具有权威认证资质的第三方鉴定机构相当的缺乏，专门的从业人员的水平有待提高，鉴定的诚信度也有待提升。正如本章开篇的案例所反映的问题，艺术品"真假"鉴定的环节存在较大问题，艺术品众筹的发展明显受到这一因素的制约，高端经济价值大的艺术品尚不适合运用艺术品众筹来融资交易，风险实在太大，人们普遍所能接受认可的只是一般的、艺术家在世的、价格在千元百元之间的艺术品众筹项目，零散、低价的小投资最受欢迎，因为风险最小，此类项目的参与人数最多，以"回报式的艺术品众筹"为例，项目里百元内的投资档最易售完，只不过艺术品众筹的潜力在于广泛的投资人以"众人拾柴火焰高"之势来赢取艺术品的融资交易。因此，艺术品众筹的未来发展之路须首先解决艺术品的"保真"问题，由此也会进一步催化为艺术品众筹的鉴定认证产业的发展与完善。

四、艺术品众筹缺乏保险的风险防控

艺术品因其独特性和唯一性而尤显价值珍贵，但其在置放、运输、卸载、展览、保管、交易的过程中却面临着无处不在的被损毁、丢失的风险。艺术品的保全和保值对艺术品金融创新的交易方式无疑是至关重要的。艺术品保险，不仅能为艺术品遭受损毁时挽回损失，更重要的是，被投保的艺术品在安全上多了保险公司专业的技术支持和安全防护，对艺术品的保全、保值和风险的防控也有积极作用，这对艺术品众筹而言是极为重要的，也是其融资交易顺利进行的保障。同时，对艺术品的投保需要对艺术品进行鉴定和估值的程序，从另一角度完成了对艺术品价值的一次认证，在西方国家的实践中则对保险单具有仅次于鉴定证书的效力。因此，艺术品保险通常被看作是艺术品市场杜绝赝品的第二道防线。由此可看出，艺术品交易金融创新的各种方式的健康发展都离不开艺术品保险的保驾护航。

目前，我国艺术品交易蓬勃发展，2011 年成为世界最大的艺术品市场，但艺术品保险业的发展在我国仍处于初始阶段，艺术品众筹没有艺术品保险作为后盾，其发展过程曲折不平。国内的第一款艺术品保险产品是由中国人民保险集团公司在2011年推出的"艺术品综合保险"[1]，至今国内还鲜有专业的艺术品保险公司，也未制定出专门的艺术品保险法，所以，艺术品保险只能依据普通的保险法进行运作。我国艺术品保险业发展不成

---

[1]　参见邵嘉晖、陈永祥、窦莉梅、王璐、查丽娟：《西方艺术品保险市场及其风险控制研究》，载《上海商学院学报》2012 年第 5 期。

熟的原因是多方面的，缺乏统一的定价标准和权威的评估机构是首要的因素，"保真难"和"估值难"让保险公司无法准确地为艺术品计算保费，风险因素居高却难以得到有效控制，使保险公司大都不愿意贸然承保，以免承担过高的责任，由此打击了艺术品市场保险业的发展积极性；[①] 其次，艺术品市场的法律制度滞后，缺乏诚信的行为泛滥却难以受到追究，容易给保险公司造成巨大损失；另外，缺乏完整的艺术品保险的产业链服务。艺术品保险除了收费和赔付以外，更重要的是对艺术品的防损和修复服务。我国缺少艺术品鉴定师、防护师、修复师等专业人才，更缺少艺术品代理人公司、艺术品经纪人公司、艺术品修复公司等中介公司。投保人投保后难以获得专业的技术保障和防损服务，此情况下收藏家缺乏对艺术品保险的认可。此外，艺术品保险的风险不易分散。国内的收藏家对艺术品投保的意愿较低，博物馆等机构却也因为没有财政预算、缺乏经费而难以对艺术品进行投保，艺术品保险的基数并不高。保险的一个重要特点就是提高承保标的总量，能实现风险在概率上的分散，集合"众人之力"来救助"少数人的灾难"，而且，在大额保单的再保险实践中，国内缺少专业的艺术品保险公司，实现再保险的风险转移也是一个难题[②]。艺术品的风险分散及转移的难度制约着艺术品保险业的发展，当前，我国的艺术品九成以上没有投保，艺术品保险产业力量弱小，艺术品保险市场发展不成熟等现状，不利于艺术品交易的风险控制，也不利于作为艺术品交易金融创新之一的艺术品众筹的健康发展[③]。

---

① 参见庄毓敏、陆华强、黄隽：《中国艺术品金融研究报告 2014》，中国人民大学出版社 2014 年版，第 217—220 页。

② 参见西沐：《中国艺术品保险市场有 18 亿元蛋糕待开发》，载中国经济网 2012 年 9 月 14 日，http://www.ce.cn/culture/gd/201209/14/t20120914_23682009_1.shtml，访问时间 2015 年 5 月 10 日。

③ 同上。

第四章 艺术品众筹与相关法学理论

深究艺术品众筹实践过程中诸多问题的根源并寻求解决的途径，是本书写作坚守的主调，但一切终将归于法学理论的研究分析，因为要从源头上规制、防御交易风险，须剖析艺术品众筹的本质属性，完善其运行机制，还要建立健全管理制度，营建良好健康的外部投资发展环境。论及艺术品众筹的实质，是艺术品市场与互联网金融对接有机结合下的又一次大胆创新的交易方式，是融资的一种新兴手段，体现了艺术品市场在不断的蜕变中正走向成熟。面对递进式加快的发展节奏和激烈的市场竞争，如何充分运用创新的力量并持久延续这份活力，就不得不直接面对交易过程中所出现的诸多问题，特别是法律对众筹规制的空白。

艺术品众筹依靠的是互联网信息科学技术的推进，以金融的高度发展为基础，充分顺应了时代的发展要求，既有大量的创新理念，又激发了大众创业，并为艺术品市场开辟了新的发展道路。在互联网时代的背景下，"互联网＋"正引发一切行业进化的发展浪潮。艺术品众筹的兴起正处在这个最佳发展时期，其性质与理念上与"一揽子"的"集合投资计划"是不谋而合的，与金融业繁荣的壮大扩张是处于并向而行，是一种"大融合"的发展之势，在融合中激烈碰撞，也在融合中重组重塑，在融合中创业创新。然而经济规律告诉我们，新生事物的发展具有风险不可测之因素，寻找规制艺术品众筹风险的最佳途径是重点所在，笔者将沿此方面，从法律的视角，结合法学理论来深入分析艺术品众筹创新之路的本质以及各种问题。

一、艺术品众筹的模式分析

艺术品众筹是目前最新的艺术品交易金融创新模式，既顺应了时下互联网金融的发展浪潮和艺术品市场的兴盛而受瞩目，也因风险之大而未防控备受争议与观望，接下来，将从艺术品众筹的发展历程与模式本身作详细介绍与分析。

1. 艺术品众筹的发展历程

我国艺术品的发展史可谓源远流长，但真正的艺术品交易市场形成于近代，传统的艺术品交易方式以画廊和拍卖为主，这一阶段经历了一个相对漫长的发展时期。但是，受世界文化发展和国际艺术品市场的影响，传统艺术品交易方式发生着翻天覆地的变化。自 2000 年以来，兴起了艺术品交易的金融创新，艺术品与金融逐步并入融合式的发展，比如自 2007 年 7 月以民生银行推出的非凡理财"艺术品投资计划"1 号基金为首的艺术品基金、信托的发行，艺术品银行以及艺术品抵押、按揭等银行业务的出现。同时艺术品的交易也出现了在线上进行，伴随着 2013 年互联网金融元年和 2014 年移动互联网金融元年的到来而迎来在线交易的"黄金时期"，并有持续增长之势。还有，以 2009 年天津艺术品文化交易所的"份额化交易"为代表，之后全国范围内涌现出百家文化产权交易所，一时艺术品的投资热情在民间高涨。2010 年诞生了中国艺术作品拍卖的"破亿"天价，也迎来了中国艺术品交易的金融元年。在 2013 年 12 月 24 日首个"国字号"的中国工艺艺术品交易所平台的上线试运行，正是艺术品市场走向金融化的典型例证。2015 年政府工作报告中提出了制定"互联网＋"行动计划，并在同年 7 月国务院发布关于"积极推进'互联网＋'行动"的指导意见，艺术品众筹恰遇良好的发展时机。此外，近两年艺术品信托迎来到期的高峰，却遭遇了到期"兑付难"和投资资本缩水，正是在这样的契机和时代背景下，艺术品众筹于近几年兴起，在互联网的全球化以后，是艺术品与互联网金融的结合创新，是在众筹风浪席卷全球而催生的最新一代艺术品的融资交易方式，成为艺术品市场突破式发展的新路径之一。

具体来看，艺术品众筹属于众筹的一种，必须依靠互联网众筹平台为媒介进行融资交易。目前各大众筹网站均专门开设了艺术品众筹的栏目，包括淘宝、京东等电商也相继启动了众筹项目，其中也包括艺术品众筹项目，此外就是专门的艺术品众筹平台，如艺筹网。相比起传统艺术品的线下交易，艺术品众筹因占互联网金融的独特优势而使艺术品的融资、投资交易变得轻而易举，但风险系数却高出数倍。艺术品众筹的主要优势则在于大大拓宽了艺术品市场的发展，激发了无限创造力，出现有众筹艺术品单件、衍生品，众筹艺术展览等系列活动，众筹艺术创作时间和艺术机构等各色各样的艺术品众筹项目。比如 2014 年 5 月 3 日国内首家由艺术品众筹而产生的画廊"艺米空间"在北京艺术园区 798 开幕启动，画廊由此开始进入了众筹时代。2015 年，上海某民营美术馆发布了一项百万年薪招聘项目总监，总标的额为 2000 万的艺术品众筹项目[①]，同年 9 月 18 日，上海证大艺术网银科技发展有限公司联合上海天协文化以与毕加索、马蒂斯齐名的西班牙加泰罗尼亚超现实主义著名画家萨尔瓦多·达利

---

① 参见李虎：《艺术众筹：艺术投资高风险地带？》，载《上海证券报》2015 年 7 月 12 日，第 008 版。

（Salvador Dalí）[1]的 300 多件代表作的大型展览发起了艺术品众筹项目[2]，策展、设立艺术机构等诸多艺术活动也开始运用艺术品众筹的模式进行。还有在同年 11 月 18 日，汉唐艺术品交易所的"众筹版"试水运行，与"现货主板"双板并行发展[3]，根据交易所发布的《众筹板挂牌藏品指导目录》对国家公开发行的邮币卡藏品进行众筹版的挂牌交易[4]，可见文化艺术品交易所开始从"份额化交易"转向了投入到"艺术品众筹"的模式发展中。

艺术品众筹的项目也可谓百花齐放，各具特色，从艺术品众筹的纯粹作品销售，到艺术品创作的筹资以回赠小型艺术工艺品为报偿，再到众筹投资艺术品的未来增长收益、艺术品的股权以及艺术品机构的创设。艺术品众筹本身就在不断地创新融合中获得前进发展，如同艺术品的无穷创造性一样，有异曲同工之妙，因此艺术品众筹有着适宜成长的环境条件，只是风险的规制亟待完善解决，以避免融资交易高风险所带来的弊端。

2. 艺术品众筹的创新模式

艺术品众筹是艺术品市场借助互联网金融而新兴的一种融资手段，从根本上说是为了实现资金的流转，因为互联网金融面向的是全球，艺术品众筹无疑会促进艺术品市场与国际上的交易往来，加速艺术品资金的流转、流通。艺术品众筹项目的发起在于发起人需要有别出心裁的创意，好

---

[1] 参见辛文：《跨界大师 鬼才达利》，载《经济参考报》2016 年 1 月 29 日，第 012 版。

[2] 参见郝红波：《疯狂达利艺术大展将亮相上海外滩》，载中国经济网 2015 年 9 月 21 日，http://tech.ce.cn/zjdf/dfxw/201509/21/t20150921_6537875.shtml，访问时间 2015 年 9 月 25 日。

[3] 参见《汉唐艺术品交易所全国首推"现货众筹板"》，载中国日报中文网 2015 年 11 月 13 日，http://cnews.chinadaily.com.cn/2015-11/13/content_22451306.htm，访问时间 2015 年 12 月 12 日。

[4] 参见汉唐艺术品交易所：《汉唐艺术品交易所众筹板交易试运行圆满成功》，载藏品投资网 2015 年 11 月 22 日，http://cangpintouzi.com/news/20151122/7919.html，访问时间 2016 年 1 月 5 日。

比艺术品的创作，艺术品众筹项目的设计就如同一次"创作之旅"。同时，艺术品众筹的运营需要互联网众筹平台作为后盾，良好信誉的平台是项目成功进行的前提条件，还需要艺术品保险为保障，比如艺术品的保存、仓储、运输等需投保以降低艺术品成交过程中的风险。此外，更需要有完善的法律规制互联网上艺术品众筹的交易风险，防范非法集资的发生，以及在艺术品众筹项目的运营过程中需要有力的监管，以减少"失约""虚假承诺"等不诚信行为。

艺术品众筹，其运作方式与一般意义上的众筹是大体相同的，而不同的是艺术品众筹是以"特殊的商品"，即艺术品作为对象而发起项目，进行交易。只要有好的艺术创意，更多的人可以参与到艺术品行业的创业中，特别是为年轻的创业者提供了更多的机遇，通过互联网的众筹平台，将未成型的艺术品创意，或是创作中的半成品，再或是已完成的艺术作品以及衍生品作为艺术品众筹的项目对象，公开向全球发布，吸引投资，为缺乏资金的艺术家，特别是刚毕业的艺校学生继续投身艺术品创作提供了获取前期投入资金支持的途径。相比起以往的传统艺术品交易，艺术品众筹具有极大的灵活性，因省去了画廊、画商、代理等"中间环节"和场地租金等费用，创业成本极大地降低，而互联网的便利让消费者、投资者可以与项目的发起人，乃至艺术家本人直接建立沟通联系，便于将需求的想法融入艺术品的创作中，也因此可以成就一批与时代气息紧密相连，与老百姓生活息息相关的"接地气"而富有新意的艺术作品。还有，艺术品众筹在互联网上的展现，本就是一次广告宣传，对艺术家、项目发起人、创业者带来了推广的便利。

事物的一体两面性也让我们看到，艺术品众筹带来诸多便利和好处的同时，也潜在诸多风险因素，需要匹配相应的条件和环境以确保项目的正常运行和众筹的成功。艺术品众筹固然可以将艺术品的创意提前展示给大众，其中包括有许多可能成为的消费者、投资者，但通过互联网的展示和交易，毕竟能了解的艺术品详情是有限的，此类在"线上"的融资交易需要对艺术品格外进行"确权""保真"的鉴别。还有，艺术品众筹项目是直接公开面向全球，创意理念和创作作品是直接呈现的，因此对知识产权的保护需要相应配套进行。此外，艺术品众筹的运营最难之处和风险居高之因在于如何有效监管项目的操作和执行，这也是一般意义上的众筹所面临的共同难题，只是艺术品众筹的要求会更高一些。和其他的众筹一样，艺术品众筹也分两个部分，前期是网上众筹部分，发布和展示项目内容，吸引投资，以是否筹到预期资金为衡量项目成功的标准，后期则是在前一部分成功完成筹资，众筹平台才会发放所筹得的资金给项目发起人，再由其支配使用项目资金，以兑现筹资时许下的承诺。一般而言，前一环节相对公开，风险相对较小，主要是艺术品众筹平台监管资金，只有达到预期筹资金额才会成功发放给项目发起人，否则会返还给投资人，也就是说艺术品众筹平台的信誉和发起人项目的真实性是这一环节的主要风险因素。而后一个环节是真正的核心，涉及筹集的项目资金的使用、项目的执行和对出资人的承诺能否兑现的问题，风险显然较大。因为艺术品众筹难在如何具体监管项目的操作和执行，特别是资金的使用，项目发起人是否将项目资金用在艺术品创作的投入，或是艺术品及衍生品的制作，或是让艺术创意研发为产品的过程。只有承诺得以兑现才是项目真正的完成与成功，所以在实践过程中缺乏有效和有力的监管是难题所在，是风险所在。

此外，艺术品众筹投资后的纠纷解决和消费者、投资人的权利保护同样需要关注，因为一般的商品尚存在可能的售后纠纷，而艺术品众筹本是项目发起人集结大众的力量，融资而实现艺术品的创作、衍生品的生产或艺术创意的投入，除去一部分以支持艺术创作而不计回报的出资人，对大多数的消费者、投资者而言，希望投资获得心仪的艺术品，所以当艺术品众筹项目后期完成的作品或制品不能让其称心如意时，如何解决艺术品众筹的"售后纠纷"是现实的难题。在艺术品众筹的实际运营过程中，有时会出现项目的承诺无法兑现的情况，再或是最后完成的艺术作品不能让消费者、投资者满意，能否退换，如何退换，都是亟待完善的问题，以一般的网上销售书画艺术品为例，一旦售出往往是难以退换的。还有受到艺术品市场赝品混杂的影响，保险公司在一般情况下不大愿意为艺术品投保，因此就缺少了保险对抗风险的保障。然而，从未来的长远发展来看，艺术品众筹将会促进艺术品鉴定行业和艺术品保险业的发展与完善，以多方面规制融资风险，维护艺术品市场交易的有序进行。

二、艺术品众筹的性质

我国现阶段的艺术品金融创新交易方式呈现多样性，但从本质上来说，多样的新型交易模式是金融多元化融资方式在艺术品领域的创新式结合发展的成果。艺术品交易与互联网金融市场的结合产生的艺术品众筹，是金融市场和艺术品市场走向繁荣扩张的内在引力，更是顺应新时期经济发展的趋势。我国现阶段经济的基本特征是处于转型期，全面进行深化改革，因此具有多样性和变动性的特点。艺术品众筹顺应了世界"互联网＋"的发展方向、国内现阶段的经济要求和"大众创业、万众创新"的发展之势，符合"互联网＋创业创新"和"互联网＋普惠金融"[1] 的行动方针，

---

① 参见新华社：《国务院关于积极推进"互联网＋"行动的指导意见》，载中国共产党新闻网 2015 年 7 月 5 日，http://cpc.people.com.cn/n/2015/0705/c64387-27255409.html，访问时间 2015 年 7 月 12 日。

因此兴起迅速，但交易风险也相伴而生。

现代科学的日新月异，信息技术的突破式进步，互联网的全球普及，是金融迅猛发展的动力之源，也使金融的手段升级进化。艺术品众筹作为艺术品互联网金融最新创新模式，就是借助了金融市场发展的最新成果与优势来强化艺术品市场发展的动力和获取世界发展舞台更广阔的天地。艺术品交易是商品经济的产物，同样，艺术品众筹是新时代商品经济高度发达下的产物之一，是"互联网＋艺术品"的发展方向，也属于"市场型的间接性金融"[①]。艺术品众筹的兴起，使艺术品市场与金融结合得更为紧密，借助于互联网信息科学技术，丰富了融资的渠道，加速了资本的流动，集结了闲散资金用于推进艺术品市场的快速发展，为筹建画廊、艺术品展览等活动开辟了便捷的新融资渠道，带动了传统艺术品交易方式不断与时俱进，结合大众的力量将一些出彩的艺术创意付诸实践。但是，艺术品众筹较之普通的商品交易显然要复杂得多，交易的进行需要通过平台等媒介，而非直观了解发起人或投资人和看到艺术品，所以艺术品投资的法律关系也较为复杂而不明确，实际运行过程中缺乏有关机构的监管，加上现有的法律也尚未将这些金融创新纳入规范，易出现司法监管困难的局面，让一些艺术品交易的乱象有机可乘，也加剧了艺术品众筹交易的风险。

1. 互联网＋金融＋艺术品

艺术品众筹，从最直观的角度来剖析，就是"互联网＋金融＋艺术品"的结合体，只是这种结合不是简单意义上的累加，而是有机融合成为一个新的独立个体。现代世界经济是互联互通的自由贸易，极具开放

---

① 参见杨东：《市场型间接金融：集合投资计划统合规制论》，载《中国法学》2013 年第 2 期。

性和包容性，在互联网时代和经济全球化发展的驱使下，跨领域发展成为寻求创新突破之道。值此契机，艺术品市场与金融业正紧密相连，命运与共，因此出现了互联网、金融和艺术品市场三大领域的深度有机融合，孕育出了艺术品众筹。假如要深究顺序，是先有了互联网金融的兴起，众筹风潮席卷全球，艺术品市场自然而然与之接轨，产生了艺术品众筹，这是一种新颖并引起潮流的创新交易模式。艺术品众筹先是在国外兴起，在国内则是兴起于 2014 年，先后出现有众筹艺术作品及衍生品的大众项目，有众筹"生命时间"大胆称奇而饱受争议的"特别"艺术项目，还有众筹艺术机构等各色项目，然而论及本质，艺术品众筹理应都属于金融的范畴，兼具艺术品和互联网两大领域的特色，具有多重属性，而不是纯粹的互联网或艺术品，不能用单一的思维和套路去看待分析。

艺术品众筹，从实质上而言，与传统金融服务资金融通和促进资本增值的理念是大同小异的，在基本功能和运行机制上也没有质的差别。①

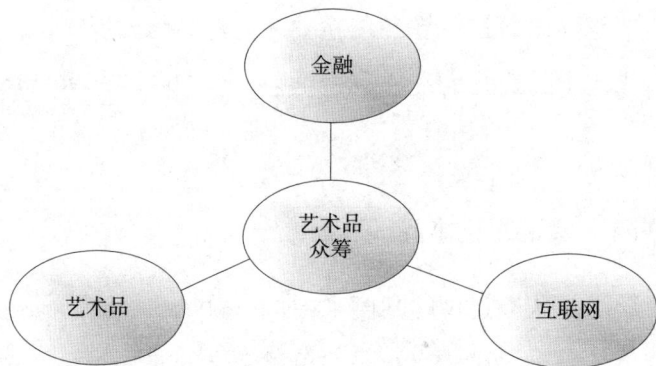

图 12　艺术品众筹包含的三大领域示意图

---

① 参见杨东：《互联网金融推动金融法体系变革》，载《中国社会科学报》2014 年 1 月 22 日，第 A06 版。

和其他众筹模式一样，艺术品众筹也是我国多层次资本市场的重要组成部分，其终极目标在于实现"普惠金融"。党中央和国务院对新时期作出战略部署，要求加快多层次资本市场的发展，艺术品众筹是顺应之为，其推出、销售的产品和服务往往是创新型的，为创业提供了便利，也创造了更多的融资机会。而居民通过参与到众多的艺术品众筹项目中，存款等资金就会以各种形式的渠道流向直接融资，顺应了世界金融的发展趋势，即以银行为主导的间接融资转向以资本市场为主导的直接融资方式。

艺术品众筹不仅反映明显的互联网金融属性，也具有独特的艺术属性，因为艺术品有丰富的思想内涵和精神价值，艺术品众筹有助于将艺术品所承载的精神文化价值传承和传播，通过互联网平台公开发布艺术品众筹项目，使更多的人直接参与其中，起到广泛宣传的作用，艺术文化的影响力也因此得到充分发挥。艺术品众筹，是"互联网＋"时代的产物，促使传统融资方式的转变，将大量的闲散资金集中并直接投给有创新能力、有优秀创意和价值的艺术作品或艺术活动，帮助民间的艺术家及艺术品相关的从业人员极为便利地拓宽了融资渠道，投入创作生产，创造更多利润，帮助有梦想、有创意的人去实现梦想，其本身而言就是创新，而每个艺术品众筹项目也在不断推出全新的艺术创意和艺术作品，如此活化了市场，带动全民加入创业大潮，积极投身创新创造，终而普惠于民，实现的是"普惠金融"。艺术品众筹的成功运营，可实现经济与文化的双丰收，也由此可见其多重属性。

2. 艺术品的"集合投资计划"

我国当前的艺术品金融创新模式——艺术品众筹，其法律关系是较为复杂多样的，但论及性质本原，和众多创新模式一样均属于金融商品交易之列,而且是称之为"第三金融"① 的"市场型的间接金融"(the intermediated market transactions)②,但其特殊之处在于又隶属艺术品领域中,即不直接地与资金供给者交易,而是以达到预设的资金目标为前提条件,与不特定多数的经济主体之间通过互联网上的众筹平台等市场形态所进行的艺术品金融交易模式,其意义在于面对全球激烈的竞争,艺术品众筹能够促进资金的融通,提高资金的使用效率。

这是在"间接金融"既定的框架下,通过引入"市场要素",并且充分地"利用市场机能优势"来进行交易的一种金融模式,而又被运用到艺术品的创新交易中。"市场型间接金融"这一概念最早是由日本学者蜡山昌一在 1982 年提出的③,2006 年,日本政府制定《金融商品交易法》正式导入了传于英国的"集合投资计划"和学习美国的集合投资契约的"集合投资计划"④,即资产管理和资产证券化。作为金融市场的一个发展趋势,艺术品众筹的创新模式显然也属于"集合投资计划"范围之内,因为其具备了三个标准要件。第一,有艺术品投资者的金钱出资,而且全部出资人不是处于同一事业当中的,但必须是金钱的出资,艺术品众筹所要筹集的正是投资人的金钱,且众筹的投资人是不特定的广泛人群;第二,利用集合起来的资金持续性地从事艺术品的交易与发展事业,艺术品众筹集结资金的目的主要在于实现艺术创意,投入艺术品的创作和艺术品衍生品的制作,推广艺术品使其产生升值,不仅是买卖获取收益,也是追求长远的获益;第三,艺术品众筹创新交易产生的收益,向艺术品的投资者回报承诺,进行分配,股权式艺术品众筹是典型代表。因此,这些也是风险产生

---

① 参见杨东:《市场型间接金融:集合投资计划统合规制论》,载《中国法学》2013 年第 2 期。

② 参见刘红:《日本企业融资模式转换的新进展——从相对型间接金融到市场型间接金融》,载《时代金融》2012 年第 3 期下旬刊。

③ 参见杨东:《市场型间接金融:集合投资计划统合规制论》,载《中国法学》2013 年第 2 期。

④ 同上。

的原因所在，能获取较高的收益，必同时也伴生风险①，所以在我国导入"集合投资计划"的概念，有利于扩大证券的概念，对艺术品众筹的发展实现"机构监管"之上的"功能监管"，改变艺术品众筹等金融创新产品在监管上一直以来的空缺，②为有效规制风险奠定基础。

三、艺术品众筹与"大金融"理论

艺术品众筹集互联网、金融和艺术品三大领域为一体，有很强的包容性，这种跨多领域的创新式发展与"大金融"理论的核心是一致的。本书主要通过法律视角来剖析艺术品众筹这一新兴的创新融资方式，但所涉金融法制的上层建筑内容，就不可避免地需要研究具有决定性变革力量的金融经济基础。经济贸易和生产的全球化发展的火车头，在互联网引擎的推动下不断加速前进，金融也在国际化中不断变革，走向大融合的发展趋势。下面，笔者将对艺术品众筹与"大金融"理论结合起来作研究分析。

1."大金融"理论

"大金融"是一个金融学概念，由经济学家黄达在 21 世纪初提出，在2013 年，时任中国人民大学校长的陈雨露和青年学者马勇博士共同撰写的《大金融论纲》以"大金融"作为主题，正式提出了这一全球性命题，

---

① 参见杨东：《集合统一计划概念应加以统一规范》，载搜狐新闻网 2013 年 4 月 2 日，http://m.sohu.com/n/280114432/，访问时间 2014 年 1 月 29 日。

② 参见杨东：《发展多层次资本市场亟需扩大证券概念》，载《法制日报》2014 年 4 月 9 日，第 012 版。

并于同年的 G20 国际峰会上，"大金融"理论作为全球性金融框架概念而正式提出。这一理论主要以"宏微观理论的系统整合、金融和实体经济的和谐统一、金融发展一般规律和'国家禀赋'的有机结合、内外部金融和谐共融的全球化思维模式和跨界意识"的内容为四大基本内涵，大局观念和全局思维贯穿其中。特别是 2008 年国际金融危机对全球的冲击和影响，使全球的金融体系面临着重构，"大金融"理论的"效率性""稳定性""危机控制能力"三大核心因素的相互作用，对维持和恢复金融市场的正常秩序意义重大。①

金融是经济的命脉，对实体经济的影响密不可分，极为重要，"大金融"是国家与世界金融发展走向的"大合"之势。事实上，"集合投资计划"之"集合""金融统合（Integration）法"之"统合"理论，与"大金融"有着异曲同工之妙。

2. 艺术品众筹与"大金融"

艺术品众筹，正是在"大金融"蓬勃发展的背景下兴起的。在世界经济一体化和金融全球化的作用下，金融市场发展迅速，变化很快，金融业在"大融合"中呈混业式经营发展，银行与资本市场在交织中发展前进，互为补充，从"大金融"的核心内涵可知我国未来金融改革发展的方向是扎根于实体经济，服务于实体经济，使金融和实体经济在稳定中求得长期的共同发展，最终旨在为了实现惠及民众。艺术品众筹在国内的兴起和发展，无疑是金融创新发展的方式之一，在我国正处于经济发展方式转型的时期，金融体制也处在改革中，不少非银行体系的金融中介机构作为"市场型间接金融"的核心部分而成为"中型企业"和"小微企业"的新兴融

---

① 参见陈雨露、马勇：《大金融论纲》，中国人民大学出版社 2013 年版。

资手段[①]，艺术品众筹正是通过互联网的众筹平台为媒介，吸纳大量闲散资金以用于艺术品相关的各类项目的生产投入和完成创作，帮助的是有艺术创意和创新能力的人实现创业或开拓市场，推广艺术事业，缓解前期投入的困境。由此可见，艺术品众筹与"大金融"有着殊途同归之意，艺术品众筹是契合了"大金融"理论的价值理念，是资本市场与银行并行发展下碰撞产生的。

尽管"大金融"理论是金融学领域的，但是从法律的角度来看，维护金融秩序，构建现代金融体系竞争力，其追求公平与效率的价值内涵与对艺术品众筹等一类"市场型间接金融"活动进行的"统合规制"是不谋而合的。艺术品众筹作为互联网金融的创新模式，此类金融创新产品处于监管空白的状态，法律的滞后性使这些创新模式在实际的运营过程中风险极高，然而，"大金融"理论的目的在于恢复和维护金融市场的正常秩序，其对"危机控制能力"的强化，主张宏观地审慎监管，[②]是有利于引导市场对风险的规制，为法律制定抽象性规范起指引作用，特别是作用于艺术品众筹潜在众多风险的防范。

而且，艺术品众筹是在完全开放性的环境中进行的，在互联网众筹平台所发布的每一个项目均是面对全世界，艺术品众筹本身的创意、创新、创造也是处在不断的变化中，与各种积极元素开放融合，呈"大混业"[③]之态，这与"大金融"之"大合"背景是紧紧关联的。[④]还有，艺术品众筹使艺术品市场与互联网金融的结合更为密切，是顺应"大众创业，万众创新"之为，鼓励大众投身艺术事业，加速融资效率，其宗旨正是为了普

---

① 参见杨东：《市场型间接金融：集合投资计划统合规制论》，载《中国法学》2013年第2期。

② 参见杨东：《金融消费者保护统合法论》，法律出版社2013年版，第476—479页。

③ 参见杨东：《互联网金融监管体制探析》，载《中国金融》2014年第8期。

④ 参见向阳：《具备大金融背景才能做好中国式众筹》，载人民网2013年10月30日，http://scitech.people.com.cn/n/2013/1030/c1057-23368433.html，访问时间2015年5月29日。

惠金融的实现，真正去惠及广大人民，这与"大金融"理论是相一致的。艺术品众筹为广大与艺术品相关的创业人员提供了融资便利，也极大地丰富了投资人的选择，激励创新，在不断的竞争中推动艺术品品质的提升。

四、艺术品众筹与金融证券

艺术品众筹的创新模式是借鉴了证券交易方面的规则设计而来的，虽吸收了股票、基金、期货等证券的交易理念与特色来建立相关的制度，但其自身却有许多大胆的开拓与创新，是在众筹模式的崛起下，丰富了我国多层次的资本市场。《证券法》第二条规定了证券的适用范围，包括股票、公司债券、政府债券、证券投资基金份额等和其他国务院认定的有价证券，以及证券衍生品股指期货、股指期权、国债期货和股票期权等。艺术品众筹中的股权式众筹是典型的具有产权证券化的发展特点的，其他的艺术品众筹也是将项目权益划分为几个等级，每一级有相应的承诺回报，或艺术品实物，或相关的权益，价格标注呈递增的阶梯式，由投资人自由认购，事实上，这与证券的资产证券化有着极大的相似性，艺术品众筹在被认购成功后，都拥有证明持券人拥有某种财产、具有投资属性、可以流通的凭证的法律特征。但是，区别在于艺术品众筹的运行具有多样性和变通性，不是以预期产生未来的现金流作为支撑，而是以艺术品未来的升值前景和空间、艺术创意的新颖性、艺术品的衍生品或是承诺的回报的独特性来吸引投资，以获得融资与收益。这里有艺术品的独特性所在，既有相对的稳定性和保值性，可以获得较高的回报，也因其创新程度高而缺乏有效的监管，较之股票更具有风险性，并且艺术品的最大获益一般是从长远意义上考虑的，短期较难看到成效，但收益回报率较高。艺术品众筹中的股权式众筹可以称得上是"非标准化"的证券，依据《物权法》的第九十三条，股权式艺术品众筹的创新之处是将"按份共有"的理论用在了艺术品的产权交易上。

艺术品众筹并不像证券交易依托的是公司、企业获得的利润，产生股息，艺术品自身而言是不能产生利润的，但是因其是稀缺资源，是艺术家的创造，凝结了精神文化元素，因此伴随市场需求和认同得以获得"升值"，从价格上涨来获取利润空间。艺术品众筹创新交易方式的特点在于艺术品负有开拓市场融资渠道的功能，以股权式的艺术品众筹为例，因艺术品而募集资金，借助互联网信息技术和金融工具的便捷快速，不以使用、占有艺术品为直接目的，也不是像股票一样持续地流转，而是等待艺术品升值到一定程度、达到一定收益时最终靠变卖艺术品获得现金，然后给所有的投资者分红。所以，对待艺术品的选择显得尤为关键，能否"升值"，能否获利，全凭优秀的艺术品作为基础。而艺术品众筹一般都是以较新颖的艺术作品为对象，有鼓励"大众创业、万众创新"之意，要从各色各类的艺术品中挑选出有潜力的作品着实不易，但对广大民众而言却实现了以较少的资金可以自由便捷选择进行艺术品的投资。因此，艺术品众筹就获得了广阔的发展空间，但与此同时也产生了高风险，毕竟不是每一件艺术品都能带来预期的投资回报，升值的空间大小亦会因各种因素而产生变化，也会如同股票、期货一般出现价格的上下波动。

而且，在 2013 年，证监会就已成立了《证券法》的修改小组，现在修改也正在进行当中，对证券交易所和证券等相关内容，比如有关公开发行条款的修改等，虽不可能将所有不同类型的交易所全部纳入监管[①]，但

---

① 参见杨东、黄超达、刘思宇：《赢在众筹：实战·技巧·风险》，中国经济出版社 2015 年版，第 24 页。

对证券的概念扩大将是一个必然的趋势，因为要发展多层次的资本市场就需要扩大证券的概念[1]，未来艺术品众筹中的"股权式"众筹极有可能当作证券的份额来监管[2]，以规制其高风险。

五、艺术品众筹与现行法律

常言道"无规矩不成方圆"，艺术品众筹作为艺术品与互联网金融的创新结合而产生的新交易模式，处于不断的探索与发展中，但随着我国艺术品市场的迅猛发展，要保持艺术品众筹的良好发展势头，亟待配备完善的法律机制和有力的监督机构来规范其运行。我国当前的艺术品市场环境潜在多种风险，如信用风险、操作风险、网络安全风险、交易风险等，这主要因为法律监管的空缺，对艺术品市场法律规范监督的滞后性。艺术品众筹是世界科技革命和市场经济碰撞的产物，经济全球化发展是一种客观的历史潮流，众筹已在全球掀起风靡狂潮，而同处于这一时代背景下的中国艺术品交易，也将并入这一轨道展现自己的魅力，因此面临着自身的挑战和完善法律制度规范的使命。

到目前为止，我国涉及艺术品交易的法律规范散见于不同的法律文本之中，专门的法律比如有《中华人民共和国拍卖法》《中华人民共和国著作权法》《中华人民共和国消费者权益保护法》等；部门规章有《美术

---

[1] 参见杨东：《发展多层次资本市场亟需扩大证券概念》，载《法制日报》2014 年 4 月 9 日，第 012 版。

[2] 参见杨东：《股权众筹是多层次资本市场一部分》，载《中国证券报》2014 年 3 月 31 日，第 A05 版。

品经营管理办法》《经纪人管理办法》《博物馆管理办法》《文化市场综合行政执法管理办法》《拍卖监督管理办法》等；还有一些规范性的法律文件和行政法规。这些法律法规是当前引导我国艺术品市场交易有序发展的要件，但是随着艺术品与金融结合得更加密切，艺术品金融创新的深化发展，特别是艺术品众筹要克服投资者因疑虑而观望的心理，则更需要完善健全法律规范，及时填补新事物产生时法律的留白和解决规范的滞后性。尤其是一些艺术品交易乱象产生的主要原因是法律监管的"真空"，比如说艺术品交易中的哄抬价格、鉴定评估造假、虚假操作、虚假信息、内幕交易、假拍假卖的现象，根据新闻媒体对艺术品市场交易的最新一组报道，称现在国内拍卖市场竟有八成以上是赝品，甚至形成了一个艺术品造假的产业链，而这种现象滋生的根源是缺乏完善的法律规范来规制这些交易行为，其中《拍卖法》第六十一条第二款①规定："拍卖人、委托人在拍卖前声明不能保证拍卖标的真伪或者品质的，不承担瑕疵担保责任。"该规定在现实中成了某些拍卖公司利用并充当自己拍卖虚假艺术品的"保护伞"。还有，由于没有法律制度层面确定有效监督管理导致一些艺术品的交易乱象，从而降低了对抗风险的能力。加之，艺术品众筹是艺术品与互联网金融结合下，更有互联网交易安全的风险，也潜在金融诈骗行为的发生，那么如何避免触碰非法集资的"红线"是必须要考虑的问题。现阶段关于规范非法集资行为的法律规定，主要散见于《刑法》及修正案、《银监会管理法》《证券法》《商业银行法》《证券投资基金法》和《非法金融机构和非法金融业务活动取缔办法》《禁止传销条例》以及司法解释等。2014年最高人民法院、最高人民检察院和公安部三部委联合发布了《关于办理非法集资刑事案件适用法律若干问题的意见》，这是对非法集资行

---

① 参见《中华人民共和国拍卖法》第六十一条。

为的最新规范,从一定程度上明确了构成非法集资行为的边界和要素。但从未来的前景来看,需要不断完善法律规范,以适应市场经济的快速飞跃和社会的全面转型变革,为艺术品众筹营建良好的发展环境。

还有,困扰艺术品众筹发展前进道路的是其中的法律关系不明确,规范体系的混乱,对投资者缺乏有效的法律保护,出现艺术品投资者购买与其风险承受能力所不相对等的艺术品金融产品。另外,因艺术品众筹创新发展迅速,一些私募性质的艺术品众筹项目游离在法律规范之外,有和"非法集资"擦边之嫌,且因缺乏监管而涉嫌虚假交易、炒作艺术品的价格,即"有价无市"或"自我炒作"的现象,使部分投资项目在法律监管的"真空"中套取大量的资金流来获利,而未将资金按约定投入艺术品行业中,从而产生了高风险和资本市场的泡沫,因此隐藏有系统性的风险。

第五章 从最新案例看艺术品众筹

　　所有的理论终将归结于实践，只有经过实践中"大浪淘沙"式的检验，才会鉴别出丰富多彩、百变奇异的创意、创新项目中真实的"含金量"，只有得到市场和大众的认可，才会拥有未来拓展的空间，创造良好的效益。通过上文对艺术品众筹所做的详细介绍和分析，已将艺术品众筹的相关理论梳理了一遍，也从理论的角度"绘制"了艺术品众筹实际的"运作图"，也从法律的视角，运用法学理论深入剖析了艺术品众筹模式所存在的现实问题。但是，若要最为具体和直观的展示，还是要回归到社会实践中一个个真实的案例当中，有如"世上没有两片完全相同的树叶"，每一个艺术品众筹项目都有自己的"独特性"，也会遇到各种不同的问题。所以，通过分析典型的案例，可以让众人对艺术品众筹的了解更为清晰明确。

　　如果说前文基本上是将理论运用演绎来论述艺术品众筹的实质，那么接下来，笔者将运用归纳的方法，通过选出的国内艺术品众筹实践中出现的典型案例，具体分析运营过程中的具体问题，以期寻找到解决早期艺术品众筹出现的问题的良方和规制艺术品众筹风险的途径。

　　艺术品众筹主要是从 2014 年开始在国内起步发展的，到 2015 年则呈现不断增长之势。以 2013 年 2 月正式上线运营的众筹网为例，其作为国内发展迅速的众筹网络平台，其涵盖多个领域的众筹，在 2015 年 12 月的众筹网主页上，分设了"奖励众筹、公益众筹、房产众筹和股份众筹"四大类别，而艺术品众筹设在"奖励众筹"栏目之下的"艺术"类之中，与此同时，众筹网还研发了"WAP 手机版"和专门的 APP，艺术品众筹设在首页的"艺术"类，与"科技""出版""娱乐""农业""商铺"和"全部"类排列在一起。以截至 2015 年 12 月 5 日众筹网上的数据统计，在众筹网上众筹获得成功的艺术类众筹项目有 15 页，总计共有 359 个项目，但其中真正意义上的书画艺术品类有 27 项，占 7.5%；艺术品展览的众筹有 8 项，占 2%；其他"艺术"类项目大多是手工艺制品及设计。

根据盈灿咨询提供给《证券日报》的一组数据，到 2015 年 9 月为止，艺术品众筹项目一共累计发起了 669 个，所筹集的资金额约 3357 万元，整体看来，艺术品众筹项目的成功率接近于 50%。[1] 由于艺术品众筹正处于起步发展的摸索期，一开始持观望心理的民众居多，也许正如艺术品的相对稳定性和投资回报周期相对较长等特点，艺术品众筹在早期的发展并未达到如科技、农业产品等其他种类的众筹项目那样"火爆"，而是呈一种"缓"增长的势态。细究这"缓"增长的缘由，主要因为艺术品市场在 2009 年 9 月至 2013 年之间经历了文交所"份额化交易"的"暴涨""暴跌"之兴衰起伏。依中国艺术品产业研究院副院长西沐看来，"份额化交易"应阐释为"艺术品的份额化电子连续交易"，其并非真正的"艺术金融"本身，而在事实上"只能是艺术金融化过程中交易形式的一种并不成功的探索"。[2] 还有，艺术品基金、信托在 2011 年曾出现"井喷"式发展，中国艺术品信托就达到 45 家之多，资金规模有 55 亿元，在 2013 年和 2014 年间迎来了艺术品基金的兑付"高峰期"，可是现实中却出现有"950 万艺术品投资基金"三年期满后兑现"只剩一成本

---

[1]　参见李冰:《艺术众筹现状调查:"草根"路子难火爆　项目成功率仅为 50%》，载《证券日报》2015 年 9 月 19 日，第 B02 版。

[2]　参见曾小亮:《对话西沐艺术金融发展要解决的几个重要问题》，载《全球商业经典》2015 年第 02 期。

金"的个案，^① 或是出现 3100 万元"中信墨韵 1 号艺术品投资基金集合资金信托计划"出现"兑付延迟"的风波^②。还受到近两年艺术品市场所出现的"低迷""放缓"行情的影响，艺术品众筹虽以"新生态"的活力面世，但不免出现在"缓步前行"中探索求进。

而且，世界银行在 2013 年的报告中预测全球的众筹市场到了 2025 年将会达到 3000 亿美元的规模，中国的众筹规模将达到 460 亿到 500 亿美元，^③ 而发展中国家众筹规模将达到 960 亿美元。^④ 以京东为例，电商入驻众筹行业不过就在 2014 年；到 2015 年时，京东众筹达到了 4.5 亿元，占整个行业的 56.3%，以统计截至同年 12 月 5 日的一组数据，京东众筹官网主页上显示累计众筹金额已达 12.48 亿元，其中单项众筹项目的最高融资额在 7202 万元。到 12 月中旬，京东众筹的"股权众筹"平台从同年 3 月上线以来，众筹融资额突破了 7 亿元大关，上线项目已达 70 个，包含众多的千万级融资项目^⑤，可谓发展极其迅速，京东众筹经过了大型改版，现在还推出了"轻众筹"，为"即发即筹，审核简单"，顺应移动互联网发展的浪潮，重点发展"手机金融"众筹。因此，众筹行业未来的发展前景是相当不错的，随着人们的不断深入了解，市场的成熟完善，政策规范的出台，将会迎来众筹发展的"井喷期"。这与艺术品众筹相一致，艺术

---

① 许悦：《顶峰期建仓 低谷时到期 55 亿艺术品基金如何集中兑付成谜》，载新浪网 2014 年 7 月 22 日，http://news.sina.com.cn/o/2014-07-22/052230558330.shtml，访问时间 2015 年 5 月 30 日。

② 参见于娜：《艺术品信托再陷兑付危机》，载凤凰财经网 2014 年 12 月 24 日，http://finance. ifeng.com/a/20141224/13382199_0.shtml，访问时间 2015 年 5 月 30 日。

③ 参见杨东、黄超达、刘思宇：《赢在众筹：实战·技巧·风险》，中国经济出版社 2015 年版，第 3 页。

④ 参见《世界银行 2013 年报告》。

⑤ 参见《京东股权众筹融资额破 7 亿 生态扶持能力气候渐成》，载 21CN 科技网 2015 年 12 月 15 日，http://it.21cn.com/prnews/a/2015/1215/15/30378895.shtml，访问时间 2016 年 1 月 2 日。

品众筹只是现在刚刚起步，处于"萌芽期"，中投顾问文化行业的研究员蔡灵认为这种模式"在商业模式上还并未成熟，市场还需继续培育"，同时也指出艺术品因"小众路线"与众筹所需的"吸引大众投资"存有偏差，所以目前众筹的发展为艺术品市场"难以带来实质性助推"。① 如果能解决艺术品众筹实践过程中一系列的问题，那么其将来也会迎来发展的"黄金时代"。

所以，接下来，笔者将带着大家一起细细品味艺术品众筹在国内实践中的典型案例，去了解该模式真实的运转状态，为"深知"而"善用"做好铺垫。

一、艺术品众筹成功案例

从实践中的 600 多个艺术品众筹案例来看，以"回报式艺术品众筹"和"捐赠式艺术品众筹"占主导，而"股权式艺术品众筹"则在市场上"跃跃欲试"，在实践中的数量上还不算多。这与众筹行业整体的发展趋势是相一致的，在《众筹数据背后的数据》一书中，"追梦网"的联合创始人陈卫邦指出，在四种众筹模式种类当中，"奖励式众筹"即"回报式众筹"的发展速度达到 524%，其市场的占有率在 43%，"远高于其他类型"。② 在艺术品领域，"回报式"的艺术品众筹的发起人直接在各种众筹

① 参见李冰：《艺术众筹现状调查："草根"路子难火爆　项目成功率仅为 50%》，载《证券日报》2015 年 9 月 19 日，第 B02 版。
② 参见赵怡雯、赵魏傑：《"众筹"怎样避免失败》，载未央网 2014 年 8 月 7 日，http://www.weiyangx.com/97381.html，访问时间 2015 年 12 月 15 日。

网站平台上就能发布其艺术作品的创作方案和项目内容，承诺回报给投资人的是与之相关的艺术品及复制品等其他衍生品，或是与艺术品相关的服务、活动等权益，有的项目类似于"预销售"的性质，但却不限于此。此外，在艺术品众筹的实践中还出现有"回报式艺术品众筹"和"股权式艺术品众筹"相结合的运营模式，即艺术品众筹出现"混合模式的多元化发展"。而"捐赠式艺术品众筹"则相对简单，主要是为艺术品领域的公益事业而筹集资金，比如为身有残疾的艺术家专门举办艺术品的展览或销售等活动而发起的众筹。

目前，国内市场上实践的艺术品众筹成功率将近50%左右，可见其亟待完善。艺术品众筹项目散见在各种网络平台上，有专业的艺术品众筹平台，如艺筹网、ARTIPO，虽然在上面成功众筹的艺术品项目尚不算多，但在不断摸索中前进，还有综合性的众筹平台，比如众筹网上艺术品的众筹项目相对多一些，淘宝众筹、京东众筹主要是"预售"性质的平台，腾讯乐捐上是纯公益、零盈利的众筹平台，再就是一些特色的艺术品众筹平台，比如艺窝网，定位在艺术生活用品的设计定制预售。大贺集团（全称为大贺文化金融集团）的金陵文化产权交易中心，是国家首个艺术众筹基金现货的交易平台，实现文化艺术消费型的众筹交易，据了解，该集团最新打造的"大贺壹众筹平台"上线运行，主要为艺术版权开发的众筹平台[1]；Artable 艺术项目众筹平台，不仅有艺术品实物的众筹，还有艺术行为体验的众筹项目，[2] 诸如此类等等。从成功的项目案例中，我们可以从中收获"如何成功运行艺术品众筹"的宝贵经验，毕竟经历过市场淘汰和

---

① 参见程岚岚：《中国首家艺术版权开发众筹平台昨在宁正式上线》，载中国江苏网 2015 年 12 月 17 日，http://jsnews.jschina.com.cn/system/2015/12/17/027377327.shtml，访问时间 2016 年 12 月 20 日。

② 参见《Artable：不止是艺术品，艺术行为本身也可以玩众筹》，载浙江都市网 2015 年 10 月 14 日，http://news.zj.com/detail/2015/10/14/1590476.html，访问时间 2015 年 12 月 15 日。

考验的项目才具有生命力，得到民众支持认可的众筹项目才会具有市场价值和发展的空间。然而，艺术品众筹的投资"高风险"一直制约了其发展，比如法律风险、诚信道德风险、项目成败风险、项目如期完成的风险和承诺兑现的风险等。因此，分析成功的艺术品众筹案件，旨在寻求防范风险、提高成功率的途径，为有效从法律上规制风险提供助益。

案例：中国艺术品众筹里的"第一单"：艺术品投资＋艺术衍生品消费模式

2014年，江苏南京发起了一项艺术品众筹项目为"马子恺1号《四季平安·春》"，是南京籍艺术家马子恺根据大贺艺术空间的命题而创作的《四季平安·春》等作品，经爱马仕工艺制作而成的艺术丝巾[①]。众筹产品只有1000份，支持者花520元可以认购其中一份"大贺"艺术众筹产品，就能够获得马子恺书法衍生品大贺艺术丝巾一条，同时还能收获艺术衍生品原作拍卖后的收益分配权、艺术品全盘的收入分配权和20件艺术衍生品团购价九折的销售代理权三项奖励。据会计事务所的审计报告具体来看，每位参与购买一份的项目者，可以获得现金450元的返利，其中360元为一份画作的分红，90元为每份的版权收益分成，再加上每份实物的艺术丝巾，市场价值为1200元[②]，所以该众筹项目的年化收益率达到了152%[③]。因此，该项目上线后，两

① 《"中国艺术众筹第一单"花落江苏　千余人参与》，载新浪网2015年7月30日，http://jiangsu.sina.com.cn/news/xfzn/2015-07-30/detail-ifxfpcyu4945195.shtml，访问时间2015年10月14日。

② 《中国艺术众筹第一单高回报分红再成热点》，载和讯网2015年2月17日，http://m.hexun.com/jiangsu/2015-02-17/173438703.html，访问时间2015年12月15日。

③ 参见芦艳：《南京艺术众筹第一单》，载中国江苏网2014年10月23日，http://jsnews.jschina.com.cn/system/2014/10/23/022282147.shtml，访问时间2015年12月15日。

天内就有 135 人参与，认购了 300 多份，并筹集资金近 20 万元，而三个月内，吸引了千余人参与其中，最后共筹得资金 520 万元。后来，大贺艺术众筹又推出升级版的众筹项目，将艺术丝巾发行的数量提升至 10 万份，并提交至文化产权交易平台申请上市交易，到目前为止，光项目就已经接到了 86 万条之多的艺术丝巾订单。升级版的众筹项目《四季平安》之春夏秋冬及聂危谷的荷花系列共 8 个项目产品上市发行后，销售火爆，仅一个月就被抢购一空，而这 8 个项目为整个文化产业链创造了 16 个亿的收益。该项目也获评为全国的"十大众筹创新奖"，还受到文化部的嘉奖。①

这被号称为"国内艺术品众筹第一单"的"马子恺 1 号《四季平安·春》"众筹项目，是艺术品投资＋艺术衍生品消费模式②的一次创新开拓，刚投入市场便初见成效，获得不少民众的支持。可见，通过艺术品众筹，艺术品实现了从产品到艺术品衍生品再到收藏、投资品的华丽转换，带来了经济效益和社会效益的双丰收。

案例分析：

"马子恺 1 号《四季平安·春》"的艺术品众筹项目号称我国艺术品众筹里的"第一单"，其主要原因在于该项目结合了艺术品的"回报式众筹"和"股权式众筹"两者的创新，具有突破、开

---

① 参见马金：《南京企业艺术众筹年化收益 1.5 倍》，载《南京日报》2015 年 11 月 4 日，第 A05 版。

② 《"中国艺术众筹第一单"花落江苏 千余人参与》，载新浪网 2015 年 7 月 30 日，http://jiangsu.sina.com.cn/news/xfzn/2015-07-30/detail-ifxfpcyu4945195.shtml，访问时间 2015 年 10 月 14 日；参见《国外博物馆众筹案例层出不穷，值得学习》，载阿尔法网 2014 年 10 月 16 日，http://www.arfa.cn/4286.html，访问时间 2015 年 7 月 2 日。

创之意，并且马子恺的《四季平安·春》等艺术作品被分成两个部分，一部分是将其艺术品作品开发做成艺术丝巾的艺术衍生品，用此发起"回报式"艺术品众筹，而另一部分则是马子恺的原作艺术品发起"股权式"众筹，该部分的升值空间、版权收益以及拍卖后产生的利益，划分成每一个份额，由投资人认购，并且这种份额可以在今后流转交易。本案例中，最大的创新之处就是这两个部分融合在一起，集艺术品欣赏、收藏、投资升值和收益回报于一体，富有新意，吸引融资，所以该项目也很快收获了成效。

随着经济的不断繁荣发展，民众的生活条件日益提高，人们对精神文化追求的需要不断提高却难以满足的状况也显得格外迫切。艺术品市场从传统买卖，到与互联网金融的结合，人们对艺术品的需求从单纯的艺术品欣赏，发展成为投资理财，从艺术品的升值以获取长远的收益回报对抗通胀风险，以及对艺术品份额、股权的买卖交易，艺术品众筹的出现有利于吸收社会的闲散资金运用于一系列的艺术品创作活动中。一直以来，艺术品的价格因稀缺性而居高不下，拥有购买力的人群只是占了一小部分，案例中通过对艺术家马子恺艺术作品的开发，通过制成艺术丝巾等艺术衍生品，满足了大众对高端艺术的向往心理，而且衍生品在价格上的优势能够让更广泛的人群所接受。此外，对于艺术品的原作，过去因为价高而令多数人望而止步，但艺术品的股权式众筹则以众人之财力，实现了"共有"艺术品的原作，而且可以按投资份额来获取未来的艺术品原作升值和拍卖收益，这些无疑是开拓了艺术品市场的未来发展之路，丰富并融入了我国多层次资本市场的重要内容。

通过本案例中"马子恺1号《四季平安·春》"艺术品众筹项

目的成功运作，给更多的人做出了一个"范式"，可以看到广大民众对艺术品投资的兴趣是极高的，由此可鼓励今后越来越多艺术创意的诞生，特别是为艺术衍生品又开辟了新道路。但是，任何事物均有一体两面性，艺术品众筹模式的运用，必然会产生投资的风险，毕竟不是所有的艺术品都能够升值，也不是艺术家的每一件艺术品都能产生预期收益，所以对于投资者而言，面对日益增多且各具特色的艺术品众筹项目，需要理性投资，注意防范风险。至于艺术品众筹项目的发起者，则应按照承诺约定及时地兑现回报，同时还需多加留意对原创作品、创新创意的知识产权的维护。

案例：汉唐艺术品交易所的众筹板交易

汉唐艺术品交易所（以下简称汉唐艺交所）本是 2011 年 3 月经过国家工商行政管理总局批准所设立的，同年 8 月 26 日正式开盘，但由于艺术品的"份额化交易"出现"暴涨暴跌"的高交易风险，11 月 24 日国务院正式下发了《关于清理整顿各类交易场所切实防范金融风险的决定》，即后来业内所称的"38 号文"，全国各类文交所纷纷转型整改，汉唐艺交所则在 11 月 22 日停盘。经过了一年的时间，文化部的下属企业中国文化艺术有限公司成为了汉唐艺术品交易所的新股东，对交易所展开了清理和重组，与北京国有文化资产监督管理办公室、北京东方文化资产经营公司一起联合打造了以"国有为主导，北京市政府为主导"的艺术品交易平台，并在 2014 年 1 月 6 日复牌，正式重启工作。[①]

---

① 参见马海燕：《汉唐艺术品交易所复牌 更名北京文化艺术品交易所》，载中国新闻网 2014 年 1 月 6 日，http://www.chinanews.com/cj/2014/01-06/5703250.shtml，访问时间 2015 年 5 月 1 日。

从 2015 年 11 月 18 日开始，众筹板藏品开始在汉唐艺术交易所正式挂牌上市交易，实现"现货主板"和"现货众筹板"的双板运行，这是文化交易所自"份额化交易"之后，又一次向艺术品金融领域的探索，是全国首家现货双板并行的"邮币卡电子盘"。汉唐艺交所首推"现货众筹板"交易，是根据发布的《众筹板挂牌藏品指导目录》，交易商以其持有国家公开发行的邮币卡藏品申请在交易所办理审核、鉴评和托管入库等流程之后，然后在汉唐艺交所的众筹板挂牌交易。[1]"邮币卡"是对邮票、钱币和电话卡的简称，并入互联网金融的发展轨道后，传统邮币卡转身为电子交易，发展迅速，汉唐艺交所的众筹板交易主要是邮币卡藏品。而且根据其交易规制，新挂牌的众筹藏品限定在交易首日挂牌藏品的报价区间是藏品指导价格的 -30% 到 30% 之间，次日交易以后的报价区间则为上一个交易日收盘价格的 -10% 到 10% 之间。还有，同一种藏品被限制不能同时在现货主板和现货众筹板上市，现货众筹板没有规定以往的主发起人模式，是可以持续性地敞开式托管，且托管费用由 3% 降至 2%，交易的手续费从单边 0.1% 降至为双边 0.08%，现货众筹板还可以申请转现货主板挂牌交易。汉唐艺交所运用"现货众筹板"为现货商提供了强流动性的藏品分销平台，也为主发起人提供了开放式藏品上市和采购平台。[2]

---

[1]　参见汉唐艺术品交易所：《汉唐艺术品交易所众筹板交易试运行圆满成功》，载藏品投资网 2015 年 11 月 22 日，http://cangpintouzi.com/news/20151122/7919.html，访问时间 2016 年 1 月 5 日。

[2]　参见《汉唐艺术品交易所全国首推"现货众筹板"》，载中国日报中文网 2015 年 11 月 13 日，http://cnews.chinadaily.com.cn/2015-11/13/content_22451306.htm，访问时间 2015 年 11 月 20 日。

案例分析：

汉唐艺交所在经过国内文交所的全面整改后，目前已完成了自己从"份额化交易"的成功转型，紧紧结合互联网金融的创新发展，着手打造的是综合文化服务交易平台，将艺术品众筹等互联网金融创新模式也融入其中，所推出的"邮币卡现货众筹电子盘"就是全新的探索。汉唐艺交所主推的"邮币卡"本身是一种特殊的艺术品，即"文物艺术品"，且平台上运营的艺术品众筹模式是限定在"现货交易"中，这有别于一般意义上的艺术品众筹项目，但是作为艺术品交易平台的功能和作用是一致的。

据统计，邮币卡现货电子盘从 2013 年年底出现，发展到 2015 年 10 月时，全国已有超过 40 家此类平台，发展比较迅速，邮币卡的存量市场有 1200 亿元。从法律的角度来分析，以汉唐艺交所为例的邮币卡现货众筹平台，其实质上是艺术品"股权式众筹"的形式，只是为了一定程度上防范风险而限定为邮币卡"现货"的众筹交易，不可否认的是这一运营模式为邮币卡这种特殊艺术品的发展起到巨大的推动作用，在平台上投资人可以像买卖股票一样的交易，为融资投资带来了快捷便利。只是，以我国目前的股权众筹模式发展情况来看，虽受一定政策限制，但也逐步开始得到国家政策的支持，而证监会和人民银行等十部委相继出台新规，旨在规范股权众筹平台的发展，更明确了证监会对股权众筹的正式监管权。所以，汉唐艺交所的邮币卡现货众筹平台也应受证监会的监管，只是邮币卡现货电子盘的交易是由我国最先开启的，没有国际先例可循，而未来发展要探寻的路仍很漫长。

艺术品股权众筹模式的兴起，最适合于大众化、创意性的艺术品，但同时对于与之相随的投资风险是不得不考虑的问题。本案中，汉唐艺交所运营的邮币卡现货众筹平台，其交易对象是艺术品中特殊的一类，论及交易风险还是不小的，这就自然引发思考，如何规制互联网金融下被放大、增加的"虚拟业务""资金安全"等特殊风险？一方面是文交所、艺交所等平台自身的不断规范完善，升级"内因"；另一方面也需要建立健全监督管理机制、及时完善法律方面的规范，优化"外部环境"。

案例：中国第一个"艺术品众筹画廊"

2014 年，是艺术品众筹的起步期，当年 5 月 3 日，"艺米空间"作为国内第一家通过艺术品众筹的模式发起的"众筹画廊"，随即引来众多人关注，特别是引来对艺术品众筹模式的兴趣，而由此也被认为是拉开了画廊众筹模式的一个序幕。这首个"众筹画廊"虽然不足 80 平方米，通过艺术品众筹得以落户于 798 艺术园区，是在北京的"凤凰东方艺术品投资管理有限公司"旗下的艺术众筹平台"艺米范"网站所发起的项目。该项目的发起主要是缘于时下画廊在 798 艺术区"驻留不稳""难以生存"的问题，想让画廊得以生存下去是引发该众筹项目的起因。所以，解决画廊的生存、获取盈利以及维护合伙人的权益是首要目的。[①]

"艺米空间"所采用的是将艺术品众筹的模式与有限合伙制相结合的形式，面向众人，但主要的是艺术家，一方面是在互联网平台上进行"线上"的众筹融资，另一方面则需与参与人在"线下"签订合伙协议。运用艺术品众筹将"线上""线下"紧密的结合，筹建画廊这样的艺术机构，是业界一次大胆的创新尝

---

① 参见唐子韬：《突破"高大上"壁垒 艺术众筹：从买得起到平民投资》，载《上海证券报》2014 年 5 月 26 日，第 008 版。

试。该画廊的众筹项目本是计划募集 49 位有限合伙人，预计创办的有限合伙制公司运营两年，规定以 5000 元作为一份"最低投资额"，而投资参与成为有限合伙人只能每人认购至多两份。目前，该艺术品众筹项目已经筹得了 22 位有限合伙人的投资入股，其中占大多数的是艺术家，还有一小部分是艺术经纪人及"纯投资人"，所有的项目合伙人共同拥有这家"艺米空间"的众筹画廊，既参与投资，也要参与运营，将线上筹得的画廊引入到线下的实际运作中，该项目实践的成功为艺术品众筹模式设立艺术机构开辟了一条发展新路径。

"艺米空间"的主要运营方式是将签约艺术家的作品在 798内的众筹画廊实体店中展示不少于 5 个月，并且为艺术家销售至少一件的艺术作品，提供两年的艺术作品代理服务，这也是对合伙人在众筹出资入股前的承诺。而所有筹得的资金将被统一的调控管理，投资的合伙人则以出资的比例享受权益，也共担亏损的风险，在 24 个月以后就将对资产进行结算和收益上的分配。[①]还有，该众筹画廊的定位是青年艺术家和艺术品的初级爱好者，参与入伙的艺术家也大都是刚从美院毕业两三年，艺术作品的价位在千元至万元之间的，主要提供的是可以让普通人能够"买得起"的艺术品。同时，该项目还对合作模式的细则做出了规定，在项目中有限合伙协议的主协议达成一致的基础上，针对不同出资人的权益考虑，增加了相应的辅助协议。主要的运营方式依然不变，但增加了参与合伙的艺术家享有优先展示权和销售权，还承诺有"不少于 20 家媒体的报道"，对"纯投资人"而言，假

---

① 参见王松：《画廊也众筹！全国首例众筹画廊艺米空间亮相 798》，载雅昌艺术网 2014 年 5月 4 日，http://gallery.artron.net/20140504/n599430.html，访问时间 2015 年 11 月 20 日。

如"众筹画廊"盈利，普通合伙人将会拿出所得利润的"一个点"来加偿"纯投资人"，但假如出现亏损，则在有限合伙两年的续存期到来之后进行清算，项目的发起方也将会出资替"纯投资人"把本金给补全，"纯投资人"还享有对"艺米空间"画廊里艺术作品的优先购买权。辅助协议的目的主要是为了平衡不同类型的众筹投资合伙人之间的不同权益。[①]

根据艺术品众筹平台"艺米苑"的 CEO 及"艺米空间"项目的负责人裴昱人的介绍所了解，当在成功众筹画廊之后，相当于成立了一个可供展示的"空间"，然后在空间内将进行"一系列的项目活动"，结合运用艺术品众筹的融资模式，准备再举办"众筹募集一次展览的资金、作品，甚至是志愿者服务等。"还有，在"众筹画廊"的具体运营过程中，专门为艺术作品的展签上印上了二维码标签，相关客户可以用扫描二维码的方式获取详细信息，裴昱人还具体介绍说其中信息"不仅包括作品价格、作品简介、创作意图、艺术家简介，甚至还有一段艺术家亲口讲述作品的语音。"而且，客户还能够将"手机与空间里的无线打印机链接，把喜欢的作品打印带走"。到购买艺术品时，可以"关联到电商平台付款"。整个画廊运营的过程都尽全力发挥运用了互联网思维和新技术的优势，尝试运用"'O2O'（Online to Offline）模式——线下体验线上交易"来开拓营销方式，为传统画廊的发展提供新思路，创造新的增长点。[②]

还有，在"艺米空间"的负责人看来，这种全新的画廊运营

[①] 参见唐子韬：《突破"高大上"壁垒 艺术众筹：从买得起到平民投资》，载《上海证券报》2014 年 5 月 26 日，第 008 版。

[②] 同上。

模式，未来应该会发展迅速，影响范围更广，其成功运营后还会"复制到海外"。①

案例分析：

作为国内的第一个众筹画廊，"艺米空间"的出现为传统艺术品画廊的发展拓宽了融资新途径，带来一股新活力。从本案例中可见，这是典型的运用艺术品众筹模式来众筹艺术机构，其具体来说是运用艺术品"股权式众筹"的模式，来筹建"有限合伙"性质的艺术品画廊，在画廊的筹资筹建、运营销售上，"艺米空间"大胆做出了许多新尝试，与"互联网+"紧密结合，借助信息科学技术等力量，这些做法是值得肯定的，因为现当下画廊的发展正面临着巨大的生存压力，近乎于白热化市场竞争，面向全球的开放性让传统画廊不得不变革创新。

论及本案例，首先要从传统画廊说起，画廊是集中将艺术家创作的艺术作品以买断或是寄存代卖的方式进行艺术品销售的地方。追溯发展源头，现代意义上的画廊，在中国开创于1993年②，最初是以私人画廊的形式存在。画廊买卖艺术品是最直接，也是最典型的传统交易方式，采取的方式有：经营者有的是直接与艺术家达成艺术品的买卖合同；有的则是代理销售作品，与艺术家分成共利，其交易风险相对来说是最小的。2003年"非典"以后，中国的艺术品画廊迎来了井喷时代，更多的艺术家自己也

---

① 参见王松：《画廊也众筹！全国首例众筹画廊艺米空间亮相798》，载雅昌艺术网2014年5月4日，http://gallery.artron.net/20140504/n599430.html，访问时间2015年11月20日。

② 参见《面对全球市场竞争国内画廊业如何生存、发展》，载雅昌艺术网2011年8月16日，http://gallery.artron.net/20110816/n183941.html，访问时间2014年1月29日。

开起了画廊，当代艺术也进入了一个高速发展时期[1]，但是，在历经 2008 年世界金融危机以后，中国的画廊业却陷入了冷清凋零的境地[2]，因为此时拍卖行的繁荣发展似乎在逐渐取代画廊的地位。在画廊的交易中，往往受其自身条件和影响范围的限制，其所涉风险及法律问题主要在于艺术品的真伪、信誉保障问题，以及从事艺术业务人员的专业水平，这些是制约画廊发展的"短板"[3]，我国目前的画廊业处于自然发展的初级阶段，迫切需要法律的规制。而且，随着科学技术的日新月异，互联网金融业正焕发出新的勃勃生机，我国画廊作为传统的艺术品交易方式已难以满足时代飞速的变化与发展，而互联网的全球畅行，互联网金融与艺术品的融合发展，给画廊业的未来提出了探索的新要求，要寻求出路，就要顺应创新时代的发展。

而从本案例中"艺米空间"众筹画廊的成功诞生，看到艺术品众筹模式的确可以为画廊的融资带来极大的便利，尤其创业者可以更容易获得初创资金，因为以往个人创业的资金难以支撑规模化生产，而"风险投资"等外部资本的获取又需在规模生产之后。[4] 画廊作为经营文化艺术品的机构，艺术品的股权众筹模式不仅可以为画廊的筹建获得融资，而且在项目众筹的过程中，既获得了投资人的资金支持，还能在不断的宣传中得到大力推广，

---

[1] 参见陈英：《资本进入艺术品市场是双刃剑》，载《证券时报》2013 年 9 月 14 日，第 A10 版。

[2] 参见《面对全球市场竞争国内画廊业如何生存、发展》，载雅昌艺术网 2011 年 8 月 16 日，http://gallery.artron.net/20110816/n183941.html，访问时间 2014 年 1 月 29 日。

[3] "短板"源于美国管理学家彼得提出的"水桶原理"：最短的板块决定水桶盛水的多少，即指组织的劣势部分对整体起决定作用。

[4] 参见杨东、黄超达、刘思宇：《赢在众筹：实战·技巧·风险》，中国经济出版社 2015 年版，第 54 页。

那么所附加的无形文化价值就不可估量了，不仅对艺术家的作品得以宣传，也为画廊今后的营销铺垫了道路。所以，对于刚从院校毕业不久的青年创业者而言，用艺术品债权式众筹类似画廊的艺术机构是起步时不错的选择，融资"第一桶金"会比过去更加容易获得。

同时，分析这个首家众筹画廊的运营过程，值得肯定的是该艺术品股权众筹项目对后期的画廊运作做好了充分的准备，比如说众筹画廊与合伙投资人达成协议，投资人不仅出资入股画廊，还要负责画廊的经营，作为艺术家和合伙人双重身份，其艺术作品享有画廊的展示权、销售权，还能参与画廊的分红。但是艺术品股权式众筹的投资高风险必将带来一个全面的考量，融资问题虽得以通过众筹成功解决，但是众筹画廊建成后，运营环节是重点，运营的好坏直接影响实质上投资的成功与否。案例中，"艺米空间"众筹画廊所发起的项目是以两年为一个周期，那么在这个期间内，画廊如何能创造收益、成功营销就是衡量该项目是否获得实质成功的重要标准。运用艺术品股权式众筹艺术机构，在成功融资后，还需运用资金得当，加以解决如何持久性发展的问题。从实践中得出众筹画廊能开，但是能开多久的问题就需要后续的良好运营。"艺米空间"则已做规划再次发起艺术品众筹项目来融资策划画廊的艺术品展览，对画廊的艺术品采取"线上+线下"的营销策略，所以，作为首个众筹画廊，其未来的发展还将经受市场的考验。

此外，众筹类似画廊的艺术机构，由于运用的是互联网信息技术，公开和影响的范围很广，对相关的知识产权的保护就显得格外重要。而从艺术品债权式众筹平台的角度上说，如何对项目融资资金进行后续监管，有效规制投资风险依然是有待研究解决的问题。

案例："疯狂达利"的艺术展览众筹

在 2015 年 9 月 18 日，由上海证大艺术网银科技发展有限公司发起的"我爱达利，疯狂众筹"的艺术品众筹项目正式在众筹网上线，由此也开创了运用艺术品众筹来筹办大型艺术品展览的融资模式。上海证大艺术网银科技发展有限公司是在 2015 年 8 月注册成立的，隶属于上海证大集团，这是一家主营金融投资和文化产业业务的民营企业集团，新创设的公司将"艺术众筹、线上美术馆及艺术品线上交易"作为"核心业务"，并致力于构建"国内最大、最专业的艺术众筹平台"，此外，该公司还与北京网信众筹网络科技有限公司，即大众所知晓的在 2013 年 2 月成立的"众筹网"，一起成立了"联合运营体"来共建"艺术网银众筹平台"。正因为如此，上海证大艺术网银科技发展有限公司和"疯狂达利艺术大展"的主办方合作，即曾经在 2011 年和 2014 年成功举办"毕加索中国大展"与"印象派大师莫奈大展"的上海天协文化发展有限公司，一起在众筹网上发布了"我爱达利，疯狂众筹"的艺术品众筹项目。该项目的主题是"1 元门票疯狂抢筹"，其内容主要是投资人可用 1 元的价格来"抢筹"市场价值在 160 元的达利艺术品展览门票，每天只限量在 10 张门票。这种方式集"众筹""抢购""限量"为一体，对即将举办的达利艺术展览所起到的宣传意义要远远超过其众筹融资所获得的利益，以"抢筹"吸引大众对大型艺术展览举办的广泛关注。

达利大型艺术品展览的活动，主要是要展览西班牙著名的超现实主义画家萨尔瓦多·达利（Salvador Dali）（1904—1989）的近 300 件艺术作品，涵盖有达利各个时期里的绘画、雕塑、设计及黄金制品等丰富、全面的艺术品。达利的作品就如同他的传奇人生一样，现实而充满想象力，他曾被西班牙国王授封为侯爵，他的作品与毕加索、马蒂斯齐名，被称为二十世纪的代表性画家。这一大型的艺术品展览活动是又一次将国外艺术文化引进国内展示，是文化的交流与碰撞，策展方运用艺术品众筹的模式来众筹艺术展门票和相关艺术作品，大胆而创新，提前为 2016 年上海外滩达利艺术大展的举办广为宣传，引发民众的关注热度和投资热情。

根据项目发起者的公司副总经理李静的具体介绍，达利作品的大型艺术展览进行到不同的阶段，除了"1 元门票疯狂抢筹"的众筹产品，所发起的艺术品众筹还包括有"疯狂达利展门票众筹""开幕日 VIP 专场贵宾众筹""疯狂鬼才达利原作众筹"[1]"外滩达利之夜众筹""疯狂达利·疯狂上海行众筹""寻访达利·欧洲行众筹"和"把达利带回家·原作及衍生品众筹"等一系列的众筹产品。[2] 其中的"疯狂鬼才达利原作众筹"产品仅限于 4 人参与，每一份众筹的投资份额是 8.8 万元，众筹成功的回报承诺是将拥有达利两种品类中的 4 件雕塑原作作品当中之一件，而且每件作品都配有作为原作"身份"认证的法律文书凭证。[3]

---

[1] 参见曹之光：《8.8 万元可众筹达利作品》，载《浦东时报》2015 年 9 月 24 日，第 03 版。

[2] 参见王璐：《"我爱达利，疯狂抢筹"大型艺术众筹项目上线》，载雅昌艺术网 2015 年 9 月 21 日，http://huadong.artron.net/20150921/n779898.html，访问时间 2015 年 11 月 2 日。

[3] 参见同①。

案例分析：

　　从本案例中不难分析，"疯狂达利"艺术展众筹项目就是以艺术品奖励式众筹模式（又称回报式众筹）进行的，即把艺术展览会的门票当作"特殊商品"发起众筹项目来回报给投资人。达利艺术展众筹所发起的 1 元门票抢筹等项目，其借助了众筹向不特定人群作推广的优势，将这场大型艺术展览提前一个月就做好宣传工作，另一方面通过众筹模式提前出售展览的门票，既可以以融资来实现回收展览成本和获取收益，也能够吸引更多的人参与到达利的艺术展览中。这种艺术品的回报式众筹模式与在影视、音乐领域所广泛运用并获得不少成功的众筹融资拍电影、办音乐演唱会等项目在本质上是相一致的，而且以此能达到一举多得之利。

　　运用艺术品回报式众筹模式举办艺术展览等活动，其有如下几个显著特点。

　　①增加民众的参与度，降低空席率，增加经济收益

　　提前售出展览会门票，可以通过艺术品回报式众筹这一创新方式来完成，所筹融资金得以提前兑现收益，从而降低了展览会的投资风险。还有，对于艺术展览最大的益处是创新模式让其得到迅速的宣传，特别是在开发性的众筹平台上，使参与展览的人群范围更广，也必然会增加参展人数，那么就会有效地减少展览会空席的人数，无疑展览会的经济收益就会大大提升了。

　　②产生"推广＋宣传＝免费广告"的附加值

　　宣传推广的作用和影响不仅对于商品营销相当重要，对文化艺术事业而言也同是如此。虽然有民间俗语云"酒香不怕巷子深"，但是在当下如此激烈竞争的市场经济下，做好宣传和推

广只会让商品的营销事半功倍。运用艺术品众筹的形式众筹艺术展览，可以提前收获收益，更为重要的一点是在众筹的过程中，艺术展览会就得到了充分的宣传，吸引投资人融资参加展览，又会得到投资者们的宣传，于是就有了"一传十，十传百，百传千千万"的效应。而这种推广和宣传却是在众筹过程中自然而然产生的，相当于做了免费的活广告，对策展方而言可谓"名利双收"。

③改变艺术展览业所面临的困境

在互联网高速发达的新时代，人们的生活愈发依赖互联网和电脑，艺术展览业面临着冰封期，因为现在直接参与到艺术展览的人越来越少，青年人更是如此，反倒是乐于通过互联网参与各类活动中。正是人们这种生活方式的转变，让传统艺术展览的发展面临困顿，难以获得收益。而艺术品众筹模式似乎给艺术展览的发展也带来了新动力，创造了新的增长点。通过众筹平台将艺术展览的门票向更广泛的人群出售，无疑增加了收益，开拓了市场。

④降低艺术展览的成本

运用众筹模式来为艺术展览门票融资，可以提前让资金回笼，那么就可为策展提前获取资金支持，降低了艺术展览的投入成本。还有，通过众筹模式提前预售门票，就可以事先了解市场行情，掌握第一手的数据信息，比如说参加的人数，参与的人群等具体信息，可以为艺术展览的举办提前作出调整，降低了"空席率"，也必然降低了艺术展览的策展所需投入的成本。

当然，艺术展览以艺术品众筹模式来运行，展览信息的开放性很高，因此需要格外注意知识产权的保护。此外，并非所有的艺术展览都能获得众筹成功，分析目前艺术品众筹展览项目的实践案例，大都以有一定声誉和威望的知名艺术家的作品展相对成功的几率更高一些，再者是公益性质的艺术展览众筹获得的支持相对多一些。所以，如何增加特色和创新性依然是艺术展览发起众筹时需要重点考虑的因素。不仅如此，艺术展览众筹项目的发起，往往还伴有艺术作品及衍生品的销售，正如本案例中，达利艺术展不仅是众筹展览的门票收入，还有与之相关的一系列众筹项目，这种配套的营销，有利于借艺术展而创增收益。对于投资者而言，在艺术品众筹创新发展的驱使下，投资渠道越来越丰富，选择的余地也更多了。艺术展览等艺术活动运用众筹模式，促使传统单一的艺术展览业向着产业系列化、多样化的创新发展。

案例：存在"争议"的"创作时间"之艺术品众筹[①]

从目前艺术品众筹的实践案例来看，要说起在该模式运行之初那些就曾引起了大众广为关注的项目，就不得不提起艺术家何成瑶于 2014 年 3 月 20 日在众筹网平台上发起的"生命每 1 秒 出售我的 100 小时"的以"创作时间"来参与艺术品众筹的项目。何成瑶所发起的项目是有关她的行为艺术，她标出 2000 元一小时的价码，出售生命里的 50 个小时，设置众筹上限为 100 个小时，当众筹达到 50 个小时时就开始正式创作。她在项目中承诺将在投资人购买的指定时间段中绘制一幅"时光秒轮图"作为回报，创作时比如"滴答"一声为时间一秒，在这一秒

① 参见《艺术众筹骗局：何成瑶众筹做局曝光》，载雅昌艺术网 2014 年 5 月 10 日，http://news.artron.net/20140510/n603239.html，访问时间 2015 年 11 月 2 日。

图 13　雅昌艺术网发布的"生命每 1 秒　出售我的 100 小时"艺术众筹计划①

间，何成瑶就只画一个点，一个个单独记录下来的点最终汇成一幅幅完整的"时光秒轮图"，具体艺术作品的颜色和样式则根据她创作时的状态来决定，因此每一位投资人将获得的是各不一样的"时光秒轮图"。在艺术创作的过程中，何成瑶相当于每一秒流逝时间的记录者，并把流逝的时间凝固在宣纸上形成作品。至于"指定的时间"具体来说，原则上是从 4 月 1 日开始，到 5 月 1 日前完成，比如 2014 年 4 月 1 日的中午十二点到下午三点，三小时整，其中也可应投资人要求选在特殊时间段，艺术家就在此时间段按照要求来完成"时光秒轮图"的创作。

这个项目启动的当天，在 8 小时里完成 12 万元的众筹，自发起后在 3 天内，何成瑶就成功"售出"其"生命里的 100 小时"，众筹金额 20 万元，完成了艺术品众筹的阶段目标的 200%，也创下了国内艺术品众筹项目的融资速度。由此引发艺

---

① 参见《行为艺术家何成瑶众筹卖时间：2000 元一小时》，载艺术国际网 2014 年 3 月 21 日，http://news.artintern.net/html.php?id=43625，访问时间 2015 年 9 月 23 日。

术界、媒体和公众的广泛关注和热评。① 这个项目的发起，是艺术品众筹在国内一次大胆的实践，以"出售"艺术家的"创作时间"为回报，富有新意而具吸引力，对艺术家来说，此次行为艺术创作是以倡导"珍惜每一秒时间""珍爱自己的生命"为出发点。

然而，就在这个艺术品众筹项目获得成功筹款以后，在同年的 5 月 9 日，一篇文章报道剑指该"创作时间"的众筹项目，直指该项目众筹成功的真实性，文章指出在统计何成瑶项目投资人众筹购买的 ID 地址信息时，发现了多有重复性，因而产生质疑，接着一些网站相继转载了这篇文章的相关报道。因此，何成瑶也很快公开地回应了这些"质疑"，并气愤地表示该报道只是"主观臆测"和"恶意攻击"，她的每笔交易有详细记录，艺术品的创作过程有拍照和录像，还存有交易的快递单作为证明。② 这便是以"创作时间"发起的艺术品众筹项目之"争议"，一直引来众多的关注，也引发对艺术品众筹模式的相关思考。

案例分析：

众筹"艺术时间"是艺术品众筹项目中的"标新"之举，所以引来社会的许多争议。姑且不论这个项目的好坏，仅仅是深入分析何成瑶的"创作时间"艺术众筹项目的本身，其实质属于艺术品回报式众筹模式，只是与一般项目所不同的是以艺术家生命

① 参见王松、周鱼：《众筹颠覆艺术形态？何成瑶 3 天筹款 20 万，众筹藏家变参与者！》，载雅昌艺术网 2014 年 5 月 25 日，http://gallery.artron.net/20140325/n583534.html，访问时间 2015 年 9 月 23 日。
② 参见《何成瑶愤怒回应"众筹做局"》，载新浪网 2014 年 5 月 27 日，http://ah.sina.com.cn/art/news/2014-05-27/15022644.html，访问时间 2015 年 9 月 23 日。

里"特定的时间"内所创作的艺术作品作为承诺的回报，归根到底，发起的众筹项目回报的依然是实物。而这个"创作时间"的项目吸引人之处在于其赋予的"生命价值"内涵，艺术家一生的创作时间是有限的，那生命中逝去的每一分每一秒都是唯一而不可重复的，以"创作时间"所发起艺术品众筹项目，就显得别具特点。而且该项目中艺术家是行为艺术的体现，将时间以"秒"为"点"，用汇聚的点作画，迎合了小部分人群回忆、纪念的特殊需求，所以，这个项目因其新颖性而获得了成功。但这种方式一般不具有可复制性，即此类艺术创作以"新""奇"作为项目的特色来吸引投资者融资。正如同 Kickstarter 上一个做"土豆沙拉"的众筹项目成功融资了 5 万美金，初次因其"有趣"的创意而成功吸引大众的支持，当后来出现竞相模仿的相似者，则受到了冷遇。

具体来看何成瑶的这个"创作时间"众筹项目，其项目融资一共分成了五个档位，列举如下：

投资 2000 元时，可回报画家带亲笔签名的一幅观念绘画作品和一张具有保值意义的收藏证书；

投资 4000 元时，除了回报"2000 元"档的观念绘画作品和收藏证书外，另加一份神秘纪念品；

投资 6000 元时，和上一档相似，可回报带签名的绘画作品、收藏证书和一份神秘纪念品；

投资 10000 元时，可回报画家带亲笔签名的观念绘画作品、收藏证书、神秘纪念品各一份，另加一本艺术家的个人作品画册；

还有一档就是"无私支持"，没有设价格限制门槛，也没有回报，仅是作为一种无偿的支助。

这个项目中第一档 2000 元的投资者有 27 人，第二档 4000 元的投资者有 7 人，支持第三档 6000 元的有 3 人，第四档 10000 元的支持者有 10 人，共计支持人数有 47 人。当这个艺术品的众筹项目获得成功并超一倍完成预期融资金额时，引来艺术界及社会的广为关注，因为从这一次实践当中印证了艺术品众筹模式为艺术家提供融资的可行性，集合大众的力量，将闲散资本高效聚集，加速资本的融通。

然而，当时"创作时间"的众筹项目之所以会受到质疑，其实质原因主要还是因为该项目的风险系数较高。首先，艺术品众筹的交易过程主要是通过互联网在线上进行，也就会产生一些特殊的风险因素，比如说虚拟业务的风险、线上交易艺术品的真伪风险、运输过程中艺术品的保管风险、网上交易资金安全的风险等。此外，案例中艺术家承诺的是以自己在指定的时间段内创作的艺术作品作为回报，其创作过程会全程录制影像，由此可确保艺术作品的真实性。但是，这种艺术形式与"定制"艺术品的运作方式从本质上是相似的，投资人所能选定的是艺术家在"某个时间段"内作画，在此期间是由艺术家自由随心地创作作品，而作品不论色彩还是画面效果却都是不相同的，所以最终完成的作品能否让投资人在收到艺术作品回报后感到满意，也是本案例中所呈现的重要风险问题。那么，假如当出现投资人不满意通过艺术品众筹所获得的艺术品时，如何有效解决矛盾纠纷是需要深入研究的问题。当前的现状是遇到纠纷时，一般由投资人和艺术家之间私下交涉解决，其他的解决途径尚未健全，亟须法律层面对艺术品众筹的风险予以规范规制，从保护金融消费者的角度维护投资人的合法权益。

案例：新艺术书法票据之艺术品众筹

图 14　众筹网发布的"纪念日－收藏你的情感票据"当代书法票据艺术众筹项目①

当代艺术品又有了新创意，2014 年 4 月 10 日，一个名为"纪念日－收藏你的情感票据　当代书法票据艺术众筹"项目在众筹网上线吸引大众融资。这个项目之中，集传统的艺术绘画、书法与当代创意、艺术品定制等融为一体，还包含有工艺品的设计元素，不仅满足当代人的"情感纪念"需求、对艺术的精神追求及装饰等实用价值的需求，也不失艺术的创新性、独特性。艺术家会根据客户所提供的 1 至 3 张具有特殊意义和价值的票据，比如发票、电影票、车票、出生证、房产证等各式票据，将之融入一幅"绘画与书法"的艺术品创作中，并用碑帖临摹的方式展现出来，以此发起的"定制艺术品"的众筹项目。该书法票据的艺术品众筹，发起众筹的价格只有一个等级，即以 1 万元一幅作为定

① 参见《纪念日－收藏你的情感票据　当代书法票据艺术众筹》，载众筹网 2014 年 4 月 10 日，http://www.zhongchou.com/deal-show/id-5943，访问时间 2015 年 9 月 23 日。

制作品的价格公开众筹，限量发售 30 幅，整个项目发起的众筹时间大致为两个月。

　　该项目的发起人在众筹网平台上的宣传也有一定特色，向公众标注书法票据的市场价值均价为 3 万元一幅，更展示了艺术家作品的拍卖记录，其中书法票据作品曾以 10.35 万元成交，由此显示了书法票据的众筹项目是低于市场价值进行"定制众筹"的，以此体现该项目的吸引力。最后，在 2014 年 6 月 4 日筹得了项目目标资金 30 万元，虽然书法票据众筹在速度上没有出现"快""火"之喜，但终得以成功完成了众筹预期目标。

案例分析：

　　本案例中的发起众筹的"票据"书法艺术品是一种创新产物，较传统艺术品而言，这由艺术家结合了书法和绘画的技艺，将充满时代气息和纪念意义的"票据"元素融入，用书法作画。该众筹项目的类别属于艺术品回报式众筹，也是"定制艺术品"之列的众筹项目。该项目最终能成功获得众筹资金 30 万元，主要还是以该项目的新颖性取胜。在目前众多的艺术品众筹项目中，以艺术品回报式众筹的项目为常见，且该模式或结合"预售"，或以"定制"的方式等为艺术家获得融资。还有，成功的艺术品回报式众筹项目一般以中低端价位的艺术品来发起众筹，本案例中投资单件作品就达到万元，虽不多见，但这主要得益于艺术家的作品已经获得了市场的流通，艺术品的拍卖市场往往是一个重要的价值衡量的方向杆，本案例中艺术家对自己作品的价位给出了几组参照数据，其中就有市场拍卖价，还有一个市场流通价，再其次才是众筹的定价，这也是该众筹项目的"特点"。

不过，综合已有的实践来分析，影响艺术品回报式众筹的成功因素有三，下面具体来看：

①项目的创意、艺术品的新颖性。创新性是艺术品众筹各类项目成功众筹的首要因素，不论是项目设计上的创意创新，还是艺术品创作上、形式上的新颖，都是艺术品众筹争取获得成功的法宝。无创意则无成功率，在众筹模式中体现得尤为明显。本案例中的艺术形式就是以新取胜的，在这种模式的影响下，将会促进艺术向多元化发展。

②众筹价格定位的合理适中。艺术品回报式众筹以中低端艺术品参与的居多，所以承诺回报的艺术品在融资价格的分级上应定位适中，梯度合理，盲目过高的定价只会让投资者"望而却步"。本案例中书法票据众筹项目在当前众多艺术品众筹项目总体看来算是价格居高者，但根据项目发起人所发布的几组市场价格数据比对参照下，价位是合乎情理的，所以促成了最终融资成功的结果。只是从该项目的融资速度来看，人们对参与万元以上的艺术品众筹的态度比较谨慎。

③宣传＋营销策略＋时机。如果要增加艺术品众筹项目的成功率，良好的宣传是必不可少的。艺术品回报式众筹，有评价说其近似于商品的"预售＋团购"方式，即预消费的模式，其实，有一部分艺术品回报式众筹项目的情况是所承诺的回报仅作为象征的表示，比如艺术品的印制品、小工艺品、VIP待遇等，这种融资的宣传推广的意义要更大一些。还有一部分情况是艺术品的"预先销售"或是"定制销售"，这种模式运作的意义不仅在于得融资之利，也在于获取了市场的需求信息，对艺术家的创作有方向指导作用。同时，艺术品回报式众筹项目想提升成功

率，还需要善用营销策略和抓住时机。比如说，获得媒体的关注与支持，可为项目的宣传起到推波助澜之效果。再者，当逢双休日、节假日时，人们外出或是参加家庭活动者居多，在此时间段发起众筹项目的民众参与度不高，所以，应错开这些时间来选择最恰当的时机，便可以达到事半功倍。

案例中书法票据艺术众筹项目的出现，可见艺术正在呈多元化发展，而未来的市场竞争也会更加促进艺术品"定制"的个性化发展，艺术文化形态"百花齐放"。

案例："疯狂艺术家"的艺术品"特卖"众筹

2015 年 12 月 11 日，凭借着"双 12"购物节的契机，艺术品众筹交易平台"艺术家 APP"开展以"疯狂艺术家　艺术品特卖周"为主题的系列活动。从 12 月 11 日 0 点起至 12 月 13 日 0 点，"艺术家 APP"举办了全场最低 8 折的艺术品销售"特卖"活动，同时还进行了大师作品的艺术品众筹。据了解，"艺术家 APP"是由北京银河宇科技股份有限公司推出的。该公司所构建的一个"集艺术品众筹、交易、定制和租赁为一体的综合性购物平台"，并承诺"只交易真品"和"假一罚十"，该平台推出的"疯狂艺术家　艺术品特卖周"成为了 2015 年"双 12"购物节当中极具特色的一个活动。

此次"艺术家 APP"平台不仅在线上对当代艺术家字画、玉器、紫砂和陶瓷工艺品等所属中高端的艺术品进行打折特卖促销，还发起了艺术品众筹，比如有宜兴高端定制的手工紫砂壶、建水的手工陶壶、当代书法家赵玉杰的"九九吉祥寿"书法作品和甘肃的龙文化书法艺术等众多项目。据报道，该活动举办在

11 号当日首发仅一个小时之内，作为非物质文化遗产的建水手工陶壶就实现了突破万元的众筹。①

案例分析：

　　本案例中艺术品众筹的类型属于艺术品回报式众筹模式，其中的项目以艺术品中的工艺品居多，也含有一些书画艺术品，既有已完成的艺术工艺品参与发起众筹，还有"艺术品定制"的众筹项目。这个系列的众筹项目是由一个正在发展起来的艺术品众筹平台发起的，平台研发有自己的"艺术家 APP"手机客户端。从中分析可见，艺术品众筹项目的发起借用了电商购物平台的消费理念，以购物狂欢节为契机发起艺术品的众筹，而借助移动互联网的发展迅猛之势，激发更多人参与众筹。

　　目前我国的移动互联网用户已达到 7 亿户之多，不少商家抢占移动手机客户端 APP 的先机，在这个领域的确商机无限，用户资源海量。现今，艺术品众筹模式的发展也开始出现与 APP 技术的创新结合。因此，国内不少大型的众筹网站相继投入研发 APP，比如说众筹网就已开发有自己的 APP，如此可以方便海量的用户用手机及时了解最新发布的众筹项目和众筹项目的进度详情，让发起人发布众筹项目与投资人参与众筹投资都更为便利快捷。案例中的"艺术家 APP"则是专门为艺术品所设计，包含有众筹模式，也有电商的线上销售方式，可见艺术品众筹模式也在不断融合新元素中获得发展。

　　从整体上分析本案例，其"艺术品定制"众筹、"艺术品现

---

① 参见《1 小时破万元　如何玩转艺术品众筹》，载新浪网 2015 年 12 月 12 日，http://news.sina.com.cn/o/2015-12-12/doc-ifxmpnqi6384341.shtml，访问时间 2016 年 1 月 3 日。

货"众筹等在其他案例中也出现有相似的模式，在此征引选作分析的对象，主要是其发展趋势展现出艺术品市场的一个新动向。聚众力、高效资源配置的众筹模式为艺术品市场开拓了成长的空间，不断融入的技术、理念的创新，也不断在创造新的效益。在本案例中虽以艺术品回报式众筹的模式作为其平台运作营销的方式，但主要的特色之处有两点，其一，专门开发了自己的艺术品APP，艺术品众筹模式并入在线上交易、租赁的艺术品综合购物平台之中，这是在专门的艺术品众筹平台建成之后，结合创新技术的产物。其二，艺术品回报式众筹模式成为了一种时尚的营销方式，搭建的艺术家APP平台，结合购物节等时尚元素，让艺术品众筹项目也"变身"成为了购物节中的"特色商品"，从而促进了艺术品的交易。

案例：艺融网上的艺术品质押贷款众筹项目

艺融网 P2P 互联网融资平台是在 2014 年由艺融网（北京）信息技术服务有限公司所创立，涉及业务有投资管理、产权抵押、艺术品抵押融资和艺术品众筹等，并主要是以艺术品为主的融资金融交易平台。艺融网平台的建立，运用 P2P 借贷模式为个人借贷提供了便利，特别是拓展了以艺术品抵押融资的方式。

借助互联网信息技术，艺融网平台相当于"中间人"，连接着融资人和投资人两头，一方面作为融资人，可以用平台快捷地发布个人融资需求，并对借贷用途作具体介绍，特别是也可以将艺术品放在互联网上抵押贷款，吸引融资，加速资金的融通。并且融资参与人被分为信用融资、房屋抵押融资、车辆抵押融资和艺术品抵押融资四类，前三类均对年龄范围作出了限制，而艺

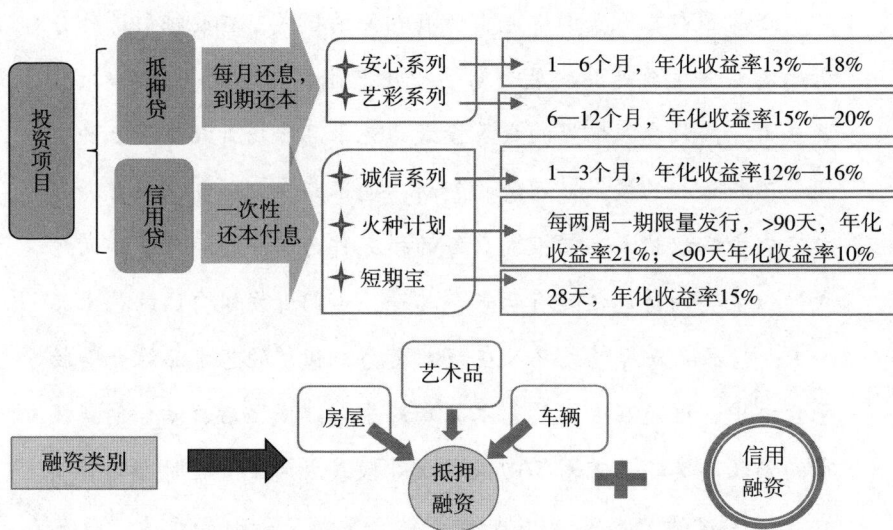

图15 艺融网平台投资项目①

术品抵押的融资主体范围相对广泛一些。另一方面，投资人可以自由地选择融资项目，将闲散资金通过平台出借给信用良好、评级高的融资人，投资门槛近乎"零"，只要是达到了法定年龄18周岁的中国公民，以最低100元就可以参与投资理财。具体的投资方向有两大类三个品种，分别是信用贷和抵押贷，信用贷所属"诚信系列"，收益以一次性还本付息结算，投资周期为1至3个月，时间较短，预计的投资年化收益率在12%至16%之间。抵押贷有"安心系列"和"艺彩系列"两个品种，以每月还息、到期还本获得收益，其中"安心"贷为1至6个月，年化收益率预计在13%至18%，"艺彩"贷时间最长，为6至12个月，年化收益率相对最高，预计在15%至20%。此外，平台还设有每

---

① 参见艺融网平台：http://www.yirongw.com/static/themes/default/deal_mode.html。

两周一期、起投资金在 1000 元、三个月以上年化收益率为 21%
的限购"火种计划"融资计划和年化收益率为 15% 的 28 天短期
投资"短期宝"。作为"中间人"的艺融网平台，经过对项目材
料的各项审核，会对融资人进行信用评级，然后制出借款列表，
有关艺术品的质押贷款，平台还会要求为艺术品鉴定，请平台的
合作伙伴"聚通投资担保有限公司"为之提供担保，通过的"债
权式"众筹项目终将在平台上公开发布，以供投资者自由选择。
同时，艺融网针对风险防控而与担保公司合作，为投资人的每笔
资金作了本息担保，假若出现逾期坏账，参与合作的担保公司会
先行赔付。

　　以艺融网上一个成功完成了的艺术品"债权式"众筹项目为
例，来具体看艺术品抵押贷款众筹项目的整个运营过程。2015
年 7 月 2 日，由北京知名展览公司将艺术家何家英的一幅人物作
品在艺融网上发起了质押贷款项目。首先，该借贷项目的发起人

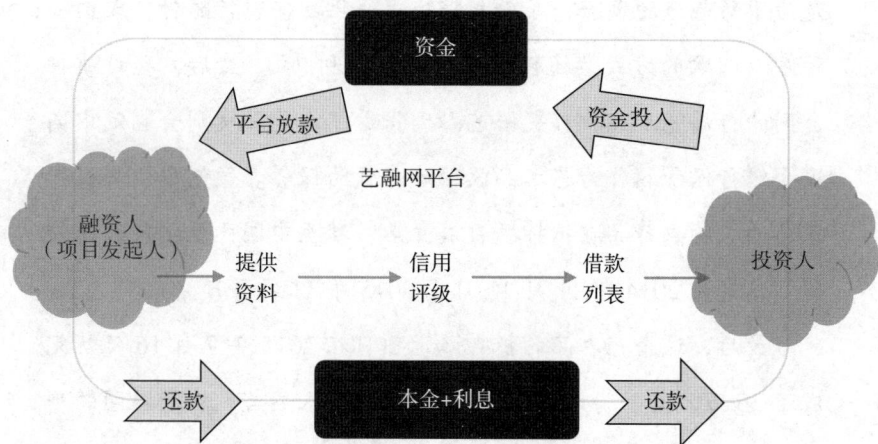

图 16　艺融网平台的运营图[1]

---

① 　参见艺融网：http://www.yirongw.com/index。

高某向平台提供了有关自己资质的详细信息，包括身份证的正反复印件、征信报告、银行流水和工作、居住、房产、车产及结婚等证明材料，在平台的项目网页上也展示了"借款方"的个人信息。接着，对于用于质押的艺术作品，经过画廊鉴定机构的鉴定确认为真品，并评估价值为100万元。项目发起人通过平台发布了借贷需求，描述了画作的详细信息，而平台也将这些具体信息公开展示出来。

本案例中，融资人高某发布了为期两个月融资35万元的融资需求，表示融资目的在于收购展会所需要的一些作品，承诺是用画展的盈利来偿还质押贷款。该项目的年化收益率被预计在18%，艺融网平台对此作出了3A的信用评级。在借款人提交了一系列的资料以后，平台会对借款项目进行初审和复审，只有审核通过的项目才会进一步签署三方合同，借款人需与艺融网、聚通投资担保有限公司同时面签，全额投保，签订的担保合同主要是为了防范违约风险，或由担保公司提供担保现行赔付，或由签约方以回购的方式偿还投资的"本金＋利息"。然后，签订质押合同的标的艺术品就移交给艺融网保管，而艺融网则会制定中国民生银行保管箱作为艺术品收藏库房代为保管。案例中，那幅何家英的人物画作品在抵押项目成立后，移至中国民生银行的保管箱，租期为2014年11月10日至2015年11月9日。

最后，这个艺术品的抵押融资项目在2015年7月16日就完成了35万元的融资计划，共有13个投资人参与。在艺融网的平台上，整个投融资项目的运转全过程可以一目了然，借款人的个人信息、证件照、借款合同、担保函、逾期承诺书、画作照、质押清单等均作为资质在保护合法权益的前提下经隐去处理后以图

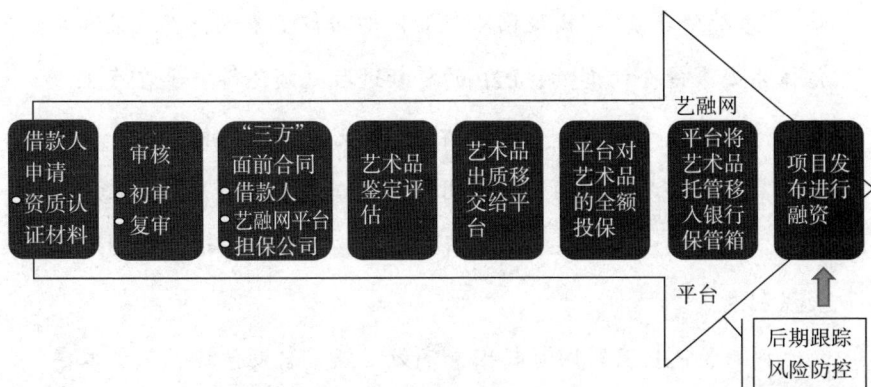

图 17　艺术品质押流程①

片呈现出来，供投资人参考。

案例分析：

　　案例中的艺融网所运营的模式正是国内目前典型的艺术品"债权式众筹"，即人们一般所熟知的 P2P（person to person）网络借贷，从其英文全称便可直观其含义，个人对个人、点对点的网络借贷，将小额的闲散资金通过平台聚集起来借贷给有资金需求的人，是在"互联网+"时代下民间小额借贷兴起而产生的"金融脱媒"现象，不同于以往直接向银行贷款，其属于互联网金融（ITFIN）的范畴。在新时代的发展时期，互联网众筹平台起着重要的"中间人"作用，有的平台还负有还款之责，众筹平台为融资人和投资人搭建了"互联互通"的桥梁，改善了"获得银行贷款难"的局面，尤其受到中小型企业的追捧。然而，P2P模式在国内运行由于高风险因素而掣肘发展，因频出"诈骗""跑

---

① 参见艺融网平台：http://www.yirongw.com/index ；艺融网六道风险体系：http://www.yirongw.com/static/themes/default/wind_control.html。

路""涉非法集资""提现困难"等问题而备受争议，受政策和征信体系尚未健全的影响，P2P 的贷款过程必须还得一半在线上进行，一半在线下完成。艺融网所运用的艺术品"债权式众筹"模式，具体是指不特定的个人或团体通过众筹平台用艺术品来进行融资，向一个以上或若干个出资人借款，有的平台还会对出资人提供利息。①

同时，P2P 互联网贷款因其高效活跃、自助便捷、低成本高收益、"双赢利率"等优势而助使金融借贷走向快速发展的道路。艺融网自 2014 年 6 月成立发展至今，业务拓展十分迅速，特别是艺术品的互联网抵押借贷，即艺术品"债权式"众筹模式的探索发展，公司的注册资本达 1.2 亿元，近三年来整个平台的建设在国内的 P2P 实践中看来是相对较为完备的，针对艺术品的"债权式"众筹业务，平台聚合了对项目审核、信用等级评定、艺术品鉴定评估、质押艺术品预收购和艺术品存管等多项功能提供全面服务，为顺应市场发展要求，艺融网在 2017 年对平台作出调整，更换了第三方通道，在运营模式上引入第三方资金托管平台来降低交易风险。在平台上融资者能够以艺术品出质而向广大人群吸引融资，投资者也能享受到受多重保障的投资服务，这为艺术品市场开拓了发展的新道路。

通过案例，可以具体分析艺融网上的艺术品"债权式"众筹项目，其运营过程涉及复杂的法律关系，不仅有一般意义上民法的债权债务关系，还有物权关系、居间合同关系以及商法领域的保险、银行保管箱的金融保障服务关系等。下面将就案例中艺术

---

① 参见杨东、黄超达、刘思宇：《赢在众筹：实战·技巧·风险》，中国经济出版社 2015 年版，第 77 页。

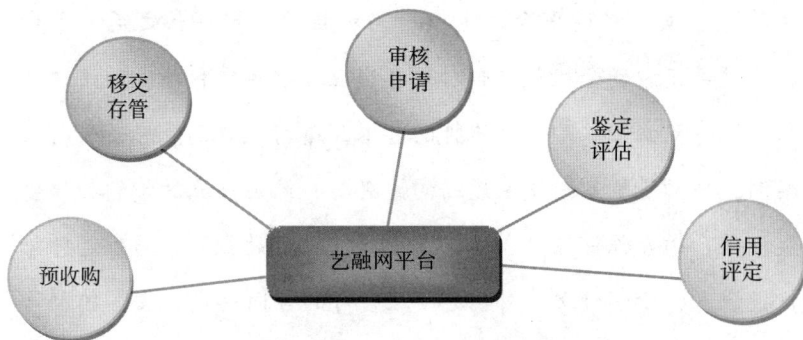

图18 艺术品抵押融资的平台功能①

品"债权式"众筹所涉及的这些法律关系作一个详细论述。

①物权关系：艺术品虽然是特殊的商品，但也是属于动产的范畴之列，且价值较高。艺融网的艺术品"债权式"众筹重要的一个环节就是以艺术品进行质押，向广泛人群筹集资金，因此其中首要所涉法律关系便是物权关系，并且是担保物权的关系。艺术品质押，相当于动产质权的设立，艺术品质押融资主要是为了担保债权的履行、债务的清偿，从而降低投资风险。此外需要特别阐明的是，有别于一般的动产质权设立会将出质动产移交给债权人占有，艺融网平台上艺术品的质押贷款众筹项目一旦申请审核通过，出质的艺术品会移交至平台，随后平台又将之存放在银行的保管箱中，而不是直接交由债权人占有管理。

②债权债务关系：艺融网上艺术品"债权式"众筹项目的核心关系便是债权债务关系，这是项目的设立之因，也是为了实现融资目的的途径。案例中的艺术品债权式众筹项目，除了基于艺术品质押而设立的艺术品贷款融资，还引入第三方托管资金作为

---

① 参见艺融网平台：http://www.yirongw.com/index。

保障。当项目经过平台的审核、艺术品的鉴定评估之后，平台会通过第三方资金托管平台对信息交互以确定债权债务的法律关系，还有确立预收购人对质押的艺术品进行预收购。分析当时的案例，当融资贷款人发生违约的情况时，此前设立的债的担保会致使平台的合作伙伴、合同三方面签人之一的担保公司先进行赔付投资人，清偿债务；或者是按照签订的合同约定，由签约合作方回购艺术品然后偿还投资人的债款。自2017年，平台不再要求借款人和担保公司签订三方合同，而是设立预收购和第三方资金托管，如发生逾期，由平台受出借人之托处置质押艺术品，代偿出借人本息。平台以此确保投资人的权益和资金安全，也为了降低P2P网贷的融资高风险。

③金融保险关系：案例发生时，质押的艺术品由艺融网平台与保险公司签订了商业保险合同，进行全额投保，依此而成立了金融保险关系，这样就为艺术品的保管仓储加了一重保障，也为投资人的交易安全提供了有力支持。"无危险则无保险"，作为质押的艺术品一般价值较高，而且艺术品极容易在运输、仓储、保管的过程中因损毁而致价值贬低，面对艺术品交易过程中潜在的损失风险，参加保险是可靠而有力的保障，为出质的艺术品全额投保，就为平台债权式众筹项目的进行奠定了稳定的基础。

在目前国内的众多艺术品众筹实践中，其中因为艺术品的保险市场尚未健全完善，在我国仍处于发展的初始阶段，近九成以上的艺术作品并未参加投保，从而掣肘了艺术品市场的发展，尤其是在互联网金融与艺术品的结合下，艺术品众筹的发展需要保险的支持，对艺术品以保全和保值，对风险以防控和保障。本案例中，艺融网在运营艺术品的债权式众筹项目过程中，能够为出质艺术品投保，这一做法可以有效保障艺术品的安全，保全出质艺术品也为P2P网贷的交易降低了风险，实乃值得肯定和推广之举。

④银行租赁关系：当质押的艺术品移交给艺融网平台以后，艺融网会将出质艺术品转移给与之合作制定的艺术品收藏库房，即放入银行的保管箱中代为保管，在这一过程中，所涉及的法律关系是与银行成立的租赁关系。从当时的案例中可见，艺融网在审核通过项目后，为出质的艺术品租用了中国民生银行保管箱1年时间，这是艺融网引入的合作伙伴，为之提供艺术品的存放保管，同时艺融网平台与银行之间存在着租赁合同的关系，即银行为出租人，将银行保管箱提供给平台有期限地使用。

⑤居间合同关系：从法律上来看，"居间合同"就是指居间人向委托人报告订立合同的机会或者提供订立合同的媒介服务，委托人支付报酬的合同。再来看艺融网平台的实质，平台上负有项目审核、鉴定评估、引入合作的担保公司协议担保、为艺术品投全额保险和移交银行保管箱托管等多项功能，平台建立的互联网信息平台，让融资者能够便捷地申请发起融资项目，投资人也可以享受近乎"零门槛"的高效、快捷、可靠的投资服务。艺融网平台正是处于"居间人"的法律身份，为有融资需求的借款人和投资人之间"牵线搭桥"。

但是，由于近两年来P2P网贷接连出现因平台私自做资金池而卷款逃跑的恶性事件，资金链一旦发生断裂，成百上千的投资人千万上亿的资金就打了水漂，由此产生了极大的信用危机。因此，经过长时间的酝酿，中国人民银行、工信部、财政部等十部委联合发布了有互联网金融"基本法"之称的《关于促进互联网金融健康发展的指导意见》①，明确规定了对P2P网贷平台作出"中介"性质的界定，不得非法集资、不得建立资金池、平台不能提供担保。所以，案例中艺融网平台的定位正是"中间人"，借款人相当于居间合同的委托人，从民法理论上来看，其中所涉的法律关系就是居间合同关系，又称中介服务合同关系，且平台以居间人的身份对借款人和投资人之间的借款合同是没有实质的介入权的，只是提供委托人与第三人之间的合作机会，或者是为两者之间订约而从中斡旋。

综上所述，可见债权式众筹平台的运营过程涉及复杂的法律关系，而艺融网平台在设计和管理上形成了一套有序的机制，对于艺术品的网上质押借贷，平台着力于关注风险的防控是值得肯定之举。只是艺术品市场存在的"确权保真难"问题给艺术品的债权式众筹带来了风险隐患，这一模式的发展完善，其未来要走的道路仍然漫长。

二、艺术品众筹失败案例

艺术品众筹项目"非成功即失败"，所面临的风险中也必然会有遭受众筹失败之险。从国内的各大众筹网站来看，包括专业的艺术品众筹平台，也有综合性与特色性的艺术品众筹平台，网站上的搜索设置都是新上线的项目、众筹中的项目以及成功完成众筹的项目等，而不能搜索到失败

---

① 参见《关于促进互联网金融健康发展的指导意见》，2015 年 7 月 18 日。

的众筹项目。那些经历失败的艺术品众筹项目，会在众筹期结束后撤销网页，能从平台上所看到的只是在"0 天"的状态下处于失败的众筹项目，由此可见，国内一些众筹平台是有心设置并及时清除了失败众筹项目的网页以回避当项目遭遇失败时的后续影响，这一点是有别于国外的众筹网站的，在 Kickstarter 上不论成功还是失败的项目因为互联网众筹平台是开放且交互的，整个艺术品众筹项目的进程是一目了然的。至于众筹成功了的项目网页将会长期保存，以供人们可以随时查看，也继续扩大对项目的影响和宣传。

从目前的统计数据显示，市场中的艺术品众筹项目成功率将近 50%，也就是说还有不少项目是失败的，有时即便众筹筹资获得了成功，这仅是第一步，最重要的是在后期营运过程中能否兑现承诺，能否经营获利、获得长远发展。往往有的项目在这后期重要的环节，却因运营不得当而致最终的失败，此类情况在实践中不占少数，也成为了各种类别的众筹项目所遇到的相似问题。

评述：几个艺术品众筹项目遭遇的冰霜

根据盈灿咨询向《证券日报》提供的一组数据中，艺术品众筹项目累计 669 个，有一半左右的项目却遭遇失败。接下来，所要分析的是国内某大型众筹平台上最近几个有关艺术品众筹的小项目，在这里仅是对项目的内容作一个分析与评论，以此来探究艺术品众筹项目惨遭失败时所遇的问题。这几个所涉油画、书法、绘画等，众筹目标金额的设置并不高，只在几万元，但是所遭受的是市场的冰霜、投资人的冷遇，经过近两个月的众筹期，最终筹资率还不足 5%，有些直接是零支持。具体来看这几个艺术品众筹项目，其选择发起项目的平台是在国内运营得不错的众筹平台，那么主要的问题还是出在这几个艺术品众筹项目本身的设计上。

这几个项目均是典型的"回报式"艺术品众筹，大多是现成的艺术品以回报式艺术品众筹模式来进行的融资，比如其中的一个油画项目的众筹，暂且不评价其作品的品质，单纯从这个油画艺术品众筹项目的设计上来看，其设有7个等级的众筹额度，6种回报承诺，其最低一级的筹资设置就是近千元的资金额，最高的资金设置是几万元，级差在千元左右，承诺回报的就是一般的现有油画艺术品画作，应该说正是因为这个项目设置的级差太大，初级起步筹资金额太高，让投资人望而"却步"，就更不用说如何去完成那几万元的众筹目标总额了，所以经过两个月的众筹期限，最终以3%的筹资率而失败告终。还有几个书画类的艺术品众筹项目，也出现了相似的情况，艺术作品相对普通，项目是以"预售"艺术品为主要目的，但缺乏创意和新颖度，如果加之众筹目标资金在万元以上，这样的项目就会遭遇失败。

因为艺术品众筹实践中项目主要集中在中低端、价位不是太高的艺术品，比如说美院学生的习作、画作。而高端艺术品，目前是无法适应现有艺术品众筹模式运作的，实践中只有大师级作品的限量复制品、衍生品用来发起艺术品众筹，因此，决定艺术品众筹能否成功的因素一方面在于作品是否满足大众"价廉物美"的需求和喜好程度，另一方面在于艺术品众筹项目中创新创意的新颖程度，仅仅是将一般的艺术品运用艺术品众筹模式来"预售"融资是有相当难度的，随着越来越多的艺术品众筹平台的搭建和各色艺术品众筹项目的上线，竞争会愈加激烈，人们的"猎奇"心理愈加明显，艺术品众筹项目想提高成功率，只能提升艺术品的品质和不断创造新的艺术创意来吸引投资者。

再者，艺术品有别于其他普通商品的众筹，目前市场众筹实践中科技创新类产品和农业类产品的众筹成效显著，民众的参与度很高，众筹资金额动辄在百万和千万级的项目不在少数，还有，以投资回报见效快的众筹项目最易获得成功。然而，艺术品却无法达到以同样的方式批量生产，只能以其独特的文化、艺术价值吸引投资者，而且优秀的艺术品需要时间的陈酿，其价值衡量标准是因"稀""奇""珍"而"贵"，高端艺术品尚不适宜众筹的主要原因之一便是短时间的投资难以收到成效回报，且国内艺术品众筹的法律规范与保险、运输等配套机制尚未健全，制约了艺术品众筹的发展，所以，收益回报周期长的高端艺术品也因此在当前难以成功适用于艺术品众筹模式来运营，艺术品众筹在国内的发展尚未能像其他的众筹项目那样出现"火一样的热情"，只是中低端的艺术品在众筹实践中较受欢迎，占去了艺术品众筹项目的主要部分。高端艺术品则多以复制品、工艺品等衍生品的形式来发起艺术品众筹项目，从而也推进了艺术衍生品的兴起。

从失败的几个艺术品众筹项目中，可以分析出决定着艺术品众筹项目成功与否的因素主要在于几个方面：第一，项目设计的合理性。艺术品众筹项目在立项时应考虑充分，结合自己艺术品的特点，价值高低，在设计项目的筹资等级划分时，要配置合乎情理，设计起点过高往往会让人望而却步，级差之间需要平缓递增。很多成功的众筹项目的起点是从1—9元开始的，这主要是吸引更多爱好者或有兴趣者的支持，一点一滴累积资金，因此一般参与的人数也最多。而十几、成百上千元的栏目设置，则需要回报的艺术品有"显而易见"的价值和短期见效而丰厚的投资利益，方能吸引大量融资，因此，项目在承诺回报上的设计是需要技巧的。第二，项目理念的创新性。创新可以说是艺术品众筹项目的灵魂，缺乏创意的项目往往只会遭遇挫败。特别是在开放的互联网时代，激烈而公开的竞争下只有越是创新程度高的艺术品众筹项目才有可能更易获得成功，而且从实践中成功的艺术品众筹项目可以明显看到创新性是其共性，如果只知跟风模仿，则会难以收到成效。第三，项目宣传的普及性。现在已是互联网的时代，宣传虽不是难事，但是如何借助媒体的力量来大力向公众推广普及却需要一番心思，毕竟众筹项目的成功与否与市场营销是密切关联的。随着今后艺术品众筹项目在数量上将会越来越多，在茫茫人海要想让众人迅速了解并参与到投资，这就需要在项目发布前做好工作，争取接触媒体，让媒体宣传报道，那项目的成功几率就会增加几成。

总而言之，一个艺术品众筹项目想要获得成功融资，除了需要创作出优秀新颖的艺术作品，还需要合理而具有创新的项目设计，运用媒体助益于项目的发布宣传更会事半功倍。还有，投资人往往也会关注于项目投资回报率的多少、未来兑现的时间及收益周期的长短，所以并非所有艺术品均适合如此运作，需要有所选择。同时值得肯定的是，艺术品众筹为艺术的梦想者和创新者提供了广阔的舞台，只要是兼备以上的多种因素，那么通过艺术品众筹来实现融资就会简单得多。

案例：众筹咖啡馆的"昙花一现"

"Her Coffee"是国内首个由女性运用"众筹"模式建立的咖啡馆，就在 2013 年 8 月 18 日，由 66 位来自于各行各业的并不相知的海归女士每人投资 2 万元，一共筹得资金 132 万元，终于得以在北京"CBD 核心区"的建国门外 SOHO 东区 2 号楼开门营业。[①] 在创立之初，Her Coffee 咖啡馆曾经有"美女股东们"与影视明星、社会名流汇聚一堂、"花团锦簇"的亮丽风光、一夜成名，可是，仅仅在一年以后，这个运用众筹模式起家创建的咖啡馆却梦想幻灭，面临着闭店或转型的窘境。尽管在众筹前，咖啡馆的投资人报以"不盈利"，只为搭建"实现梦想"平台的想法，可面对黄金地段的高昂租金、咖啡馆的运转资金等诸多现实问题，则遭遇了挫败。[②]

Her Coffee 咖啡馆的股东和负责人卫梦婷曾坦言道："决策上没问题，缺少落地的人。"在咖啡馆运营的一年中，股东们感受到了运用众筹模式创业后所遇到的诸多问题，平时大家都普遍忙于自己的工作，对咖啡馆的管理上能投入的时间和精力都很有限，加上作为众筹投资人的股东们存以"感觉有趣"的消费心理，而没有进入咖啡馆老板管理人的角色，对餐饮也不了解，经营方式单一，所以才会导致一年后的"窘境"局面。此外，依卫梦婷的介绍，Her Coffee 咖啡馆在运营的一年后开始洽谈融资，

---

① 参见《66 朵红衣美女如花盛开　Her Coffee 开业引发围观》，载新浪女性网 2013 年 8 月 21 日，http://eladies.sina.com.cn/nx/2013/0821/15461232089.shtml，访问时间 2015 年 7 月 3 日。

② 邓琼瑶：《Her Coffee：中国首家众筹咖啡馆之死》，载今日头条网 2014 年 8 月 29 日，http://www.toutiao.com/i1025722414/，访问时间 2015 年 7 月 3 日。

想通过引进大股东并持股比例在 40% 到 50% 之高的方式解脱困境，还"改变众筹咖啡馆中普遍的非付薪制度，聘请专业团队执行管理"。[①] 最后可见，运用众筹模式创办的咖啡馆在实践中遭遇了"昙花一现"的状况，而想继续将咖啡馆经营下去，就不得不"淡化众筹模式"[②]，另寻出路。

像 Her Coffee 一样在众筹后所经历的营运挫败也并不在少数，比如说泉州的"微梦想咖啡馆"和"百思咖啡"，虽通过众筹成功开店，但最后却依然是因亏损而闭店。长沙有一家吸引了 144 个股东投资众筹而建的咖啡馆，同样在运营了一年后因持续的亏损而面临着倒闭的危机。广东东莞一家众筹建立的咖啡馆，在发起众筹时号称"2000 元，即可拥有一家梦想中的咖啡馆"，虽吸引了 41 位投资人入股，但难逃散伙的命运。[③] 还有杭州也有一家众筹咖啡馆，曾引来 110 名股东的参与，可是开业只有一年半，咖啡馆运营的收支竟从未实现过平衡。[④] 可见，运用众筹模式早期筹得资金相对容易，对解决创业资金的问题有很大的帮助，而当项目具体创立进行创业后的运营操作则显得十分重要，仅依靠众筹而不能解决有效运转资金、拓展融资渠道等问题，就难以维持后续的持久发展。

---

① 参见崇晓萌、杨舒芳：《首家女性众筹咖啡馆 Her Coffee 开业一年谋转型》，载全景理财网 2014 年 8 月 4 日，http://www.p5w.net/money/hlwlc/201408/t20140804_703091.htm，访问时间 2015 年 7 月 3 日。

② 同上。

③ 参见赵怡雯、赵魏傑：《"众筹"怎样避免失败》，载未央网 2014 年 8 月 7 日，http://www.weiyangx.com/97381.html，访问时间 2015 年 12 月 15 日。

④ 参见于冬雪：《众筹咖啡馆 Her Coffee 撞到天花板？》，载网易财经网 2014 年 8 月 4 日，http://money.163.com/14/0808/05/A33QKCIG00253B0H.html，访问时间 2014 年 7 月 13 日。

案例分析：

　　Her Coffee 众筹咖啡馆的案例虽不是艺术品众筹项目，但因其涉及文化元素，并且是目前众筹项目中出现的典型问题，在此作详细分析，以"他山之石可以攻玉"而从众筹项目运行实践过程中出现的相似"症结"寻找原因所在，对艺术品众筹而言便可以此为鉴，为其完善发展而提供"引导"。

　　众筹模式所带来的优势是一目了然的，确实可以集合众人众力去创新创业，"星星之火可以燎原"，众筹模式的聚少成多让众筹融资的力量发挥到了极致，将零散闲置的资金集结投入再生产，加速资金的流转利用，为促进经济繁荣和社会发展带来了新动力。但是，当资金成功众筹以后，后期过程中资金的使用和项目的完成才是最为关键的环节。有的一个众筹项目当中就有几十万人一起参与投资，对艺术品众筹而言，单个众筹项目中的参与人数相对要少一些，但也有达到上百近千人，由此可以快速完成资金的聚集，可问题是到了项目的后期运营过程，多个投资人相当于多个"股东"，正如本案例中所述，Her Coffee 众筹咖啡馆由 66 个投资人筹资设立，这 66 人也就是咖啡馆的股东，当创建后咖啡馆进入实际的运营阶段，此时再适用众筹模式则显现出弊端越来越大。因为股东人多而难以统一意见，当一起都参与咖啡馆的日常管理则没有优势可言，往往效率低而运营管理不得当。所以，在众多的众筹咖啡馆成功筹资建立而后续经营失败的案例中可见此类相同的问题，运用众筹模式融资带来极大的便利，但当创建企业或机构，后期的营运才是关键，如果经营不善就会直接导致众筹项目资金打了水漂，投资人也会血本无归，这便是众筹项目真正的失败。

　　从目前的众筹实践来看，项目后期阶段运营的风险是大多数众筹项目所需共同面对的问题，包括艺术品众筹在内，都是无法回避的风险。所以，一个完整的众筹项目应当分成两个部分，其一是项目发起的筹资阶段，其二是众筹项目的运营完成阶段。

①众筹前期阶段的资金筹集，众筹平台上一般都有相应的监管措施，比如投资人被要求先注册为会员，投资的资金最初托付给平台，这和平常在网上淘宝购物买家先将钱款打入支付宝代为管理直到购物完成才放款给卖家是相似的，假如众筹项目未筹到目标资金，就会将已筹到资金全部返还给投资人。这一阶段的进行相对而言要轻松一些，只要众筹成功便可获得资金的支持。对于这一方面的风险防范，主要在于众筹平台的建设完善，还有就是应推进法律监督规则的出台，对众筹平台的运营和管理予以规范。

②众筹后期阶段的实际运营，目前所出现的主要是"监管难"的尴尬局面，主要依靠的是项目发起人的个人信誉去兑现项目承诺。然而，"无规矩不成方圆"，缺乏有效监管的众筹实行阶段潜藏着巨大的投资风险，包括在众筹的项目资金的使用上、项目运营和管理的方面，也就成为了实践操作中难度最大的环节。由于社会的征信制度尚未完全建立，所以潜在的风险难以控制。而互联网金融的发展需要法律的保障，更亟需建立完善的诚信体制作为基础。并且，特别是对艺术品众筹的发展而言，对艺术品如何做到"保真""确权"，艺术作品如何能按质按量地完成兑现承诺，艺术机构的设立和艺术展览等活动如何能按期进行，就需要有相应的监督和风险规制。

积极完善艺术品众筹配套的设施和政策是必不可少的，同时，对于众筹后期阶段的运营管理应采用灵活的方式，而不是套用前期筹资阶段的众筹模式。以艺术品众筹模式发起众筹艺术机构，需要对机构管理采取"对症"的方式，比如像 Her Coffee 众筹咖啡馆遇到股东众多而难以统一管理经营，效率低下的问题，就要寻找新出路，引入专业化管理，设立高效的经营机制，让机构不仅能建立，更需求得到长期发展，创造经济效益。

总而言之，从众多咖啡馆成功众筹建立而因后期经营不善而至关门的失败案例中，可以明确的是众筹模式对资金的融通是行之有效的，也是高效便捷的。但是当筹到资金后，一方面需要有合理的监督管理机制来督导投资人众筹的资金得到预期的合理运用，另一方面，众筹模式下建立的企业或机构，在管理、运营的过程中需要另寻途径，或引入专业化管理，或合作共营等。还有，这些经验和教训也提醒项目人在发起众筹项目时，应当考虑充分，在策划时就提前为后期经营管理的实施做好准备。而有效的监督管理机制也亟待建立，以防范艺术品众筹模式运行过程中的高风险，并保障投资人的合法权益。

三、相关的众筹法律案件

本来众筹引入国内的发展时间尚短，艺术品众筹也正处于起步阶段，与之相关的法律案件更是鲜见，但就在本书的写作过程中，在 2015 年间所发生的全国首例众筹融资法律纠纷案件，对我国股权众筹行业，乃至整个众筹行业的未来发展有着指导意义。虽然没有直接的艺术品众筹涉诉法律案件，但仅从这起全国首例众筹融资案便可考究，引以为鉴，从中探寻规范艺术品众筹风险问题的良方。

案例：全国首例众筹融资的司法案件——"飞度公司诉诺米多委托合同纠纷案"

由于众筹是最近几年才兴起的融资模式，在 2009 年国外始兴股权众筹，到 2011 年传入国内，2013 年国内才有第一个股权众筹的案例，到 2014 年国内有了第一个有担保的股权众筹，而国内艺术品众筹的兴起发展也仅在近两年间，所以与之相关的司法案件在现实中并不多见。[①] 然而，不得不提的是，在 2015 年 8 月 20 日法院审理了国内"众筹融资的第一案"——"飞度公司诉诺米多委托合同纠纷案"，对整个众筹行业的影响意义极为深远，受到社会广为关注。也就在 2016 年 10 月 16 日举办的 2016 中国互联网法治大会上，该案被选为 2014—2016 年中国互联网法治的十大影响性案例之一。[②]

这起案件是国内首例股权众筹融资的纠纷案件，事件发生在 2015 年 1 月 21 日，其中的详细情况是这样的：融资方"北京诺米多餐饮管理有限责任公司"（以下简称"诺米多"）因为开办"排骨诺米多健康快时尚餐厅"合伙店的需要，就在"北京飞度网科技有限公司"运营的"人人投"（以下简称"人人投"）众筹平台上发起融资众筹项目。诺米多与人人投平台签订了《委托融资服务协议》，由诺米多先向飞度公司的合作单位项目"易宝支付"充值了 17.6 万元，然后该项目发起期间有 86 位投资人参与了认购，在人人投平台上众筹融资共有 88 万元，

[①] 参见江晓清：《股权众筹第一案警示的法律风险》，载和讯网 2016 年 1 月 7 日，http://zhongchou.hexun.com/2016-01-07/181656888.html，访问时间 2016 年 1 月 7 日。

[②] 参见 2016 年 10 月 16 日举办的 2016 中国互联网法治大会，中国互联网协会的石现升副秘书长发布了 2014—2016 年中国互联网法治的十大影响性案例。

其中就包括 17.6 万元是融资方诺米多需支付给平台的，即实际融资 70.4 万元。随后，融资人诺米多为了履行融资合同就选定了一处经营用房，而人人投平台多方核实该项目中房屋的性质和租金与实际情况不相符，涉及"违建"，因诺米多拒绝提供房屋真实产权的信息，双方均提出解除协议，并诉至北京海淀法院。[1]人人投要求诺米多赔偿违约金 10.7 万元，其中包括 4.4 万元的融资费、4.4 万元的违约金及 1.97 万余元的经济损失，同时，诺米多也提起了反诉，认为人人投融资违法构成违约，质疑其平台的合法性，要求飞度公司返还 17.6 万元并支付相应的利息和赔偿损失费用 5 万元，合计索赔 22.6 万元。[2]

该司法案件先后经历了两次审理，2015 年 8 月 20 日由海淀法院对此进行了公开审理，并于同年 9 月 15 日宣判认定该案中的"融资协议"是有效的，因为人人投平台上的投资人均为经过实名认证的会员，且人数上没有超过上线 200 人，故未违反《证券法》第十条的规定，不认为是"公开发行证券"，人人投取得有营业执照、电信与信息服务业务经营许可证等手续。所以法院在一审判决诺米多赔付人人投 2.52 万元的委托融资费用和 1.5 万元的违约金，同时人人投返还诺米多的出资款 16.72 万元。[3]诺米多因不服而提起上诉，在同年 12 月 23 日，北京市第一中级人民法院作出了终审，维持一审判决，认定双方签订的融资协议是

---

[1] 参见乐天:《全国首例众筹融资案宣判　确认众筹融资合同有效》，载腾讯财经网 2015 年 9 月 15 日，http://finance.qq.com/a/20150915/067484.htm，访问时间 2016 年 1 月 7 日。

[2] 参见《"全国首例众筹融资案"的三大法律看点》，载正义网 2015 年 9 月 24 日，http://www.jcrb.com/zyw2015gb/gsr2015gaiban/201509/t20150924_1548980.html，访问时间 2016 年 1 月 2 日。

[3] 参见赵正:《人人投与诺米多纠纷一波三折》，载新浪财经网 2015 年 10 月 17 日，http://finance.sina.com.cn/roll/20151017/041123500642.shtml，访问时间 2016 年 1 月 7 日。

有效的。

案例分析：

从这个股权众筹"第一案"中，可以看到几个有关股权众筹的实质问题，对往后众筹的发展，也包括艺术品众筹的未来有重要影响。法院的判决，对敏感问题作出了权衡处理，从一定程度上保护和支持金融创新。下面具体来分析案件中所反映的重要问题。

第一，众筹融资服务协议的界定。

众筹融资服务协议的合法性之争是本案的焦点问题，因为作为互联网金融创新的众筹尚未有法律以明文规范，对众筹融资的监管细则也尚未出台，所以众筹融资服务协议的界定直接决定着众筹融资是否违法，决定着平台提供融资服务的合法性。这起股权众筹"第一案"中，法院判决中明确对众筹融资服务协议以肯定，并将之界定为"居间合同"，即是一般人所知的"中介服务"合同，指众筹平台相当于"居间人"，融资人为"委托人"，居间人为委托人"提供报告订立合同的机会和订立合同的媒介服务，委托人支付报酬"，因此众筹平台上达成的融资协议合同就是有效合同，受法律的认可和保护。法院判决作出对众筹融资服务协议的认定结果，对互联网金融创新的众筹模式的合法性认定有积极影响，尤其是对今后与众筹相关的监管措施的具体制定。

第二，"公开发行"和"人数"问题的界定。

本案中，人人投平台上的股权众筹还涉及是否"公开发行"的问题，因为《证券法》中规定严禁任何未经批准而公开发行证券的行为，公开发行证券必须报经国务院证券监督管理机构或国务院授权的部门批准，而现实却是与互联网结合发展下的股权众筹而不得不具有"公开性"的特点。根据证监会的《关于对通过互联网开展股权融资活动的机构进行专项检查的通知》对股权众筹融资作出了界定，主要是指"通过互联网形式进行公开小额股权融资的活动"。本案中法院最终的认定是人人投的众筹融资交易不属于"公开发行证券"之列，因为众筹平台上的投资人是经过了实名认证的会员，而非"不特定的人"。《证券法》对"公开发行"的规定之一就是要"向不特定对象发行证券的"。

此外，参与众筹融资投资人的"人数"问题也是案件中重要争议点。因为根据我国的《合伙企业法》第六十一条的规定："有限合伙企业由二个以上五十个以下合伙人设立；但是，法律另有规定的除外"。[1]而根据《证券法》的规定，对认定为"公开发行"的人数界定为"向特定对象发行证券累计超过200人的"。[2]在本案中，诺米多在人人投平台上发起的众筹项目吸引了有86位投资人的投资，虽然没有触及《证券法》规定中视200人为"公开发行证券"的"红线"，但显然有违《合伙企业法》的50人"上限"的规定。原告"飞度"人人投辩称其处理方案可以在现行法律的框架内予以解决，即项目方和其中的一部分投资人先成立一个合伙企业，人数在50人以内，然后这个先设立的合伙企业和余下的投资人再成立一个合伙企业，人数都是

---

① 参见《中华人民共和国合伙企业法》2007年6月1日施行，2006年8月27日修订版。
② 参见《中华人民共和国证券法》2014年8月31日修订版。

在 50 人以内，这样两个合伙企业就都满足了要求。① 从本案的法院判决来看，并没有涉及合伙企业人数问题，而是以《证券法》为依据，认为案中的投资人是人人投众筹平台上"实名注册的会员"，且人数未超过上限 200 人，故对诉讼中人人投上的融资活动不认为是公开发行证券的行为。法院作此判决，主要是因为案中当事人双方的合同关系在合伙企业成立以前就因纠纷而解除，且双方也没有在融资协议对人数有所约定。

第三，众筹模式的"默认"，股权众筹平台融资活动的"默许"。

就目前的现状，互联网金融飞速发展，众筹作为其创新发展的新模式、新业态，法律尚未对众筹模式及众筹平台的运营有所规制，对众筹服务融资活动的管理依然处于"盲期"，基于"公民权利法无明文规定即自由"，"民法刑法上法无明文规定即容许"等原理，法院在判决中是正面认可了人人投平台上的融资行为，包括项目的发起、融资交易、平台的风控、过程监督和运转流程等。从某种程度上说，也是顺应于"互联网＋"的政策，鼓励互联网金融创新的发展。② 对此，案例中法院对众筹模式采以"默认"的态度，对股权众筹平台融资活动以"默许"。

此外，在这起案件发生后，2015 年 8 月 3 日证监会发布的《关于对通过互联网开展股权融资活动的机构进行专项检查的通知》中规定"未经国务院证券监督管理机构批准，任何单位和个

---

① 参见杨东、黄尹旭：《我国"股权众筹第一案"评析》，载《中国社会科学报》2015 年 9 月 16 日，第 005 版。

② 参见肖飒、张超：《法院确认众筹合法了？首例众筹案件评析》，载今日头条网 2015 年 9 月 16 日，http://www.toutiao.com/a6194900045652869377/，访问时间 2016 年 1 月 2 日。

人不得开展股权众筹融资活动"，同年的 7 月 18 日中国人民银行联合十部委发布了《关于促进互联网金融健康发展的指导意见》，将股权众筹的监管明确予以证监会，且证监会对股权众筹融资活动的发起管理有严格的规定。也就是说，众筹融资平台或将走向资质管理。①

总之，这起国内的股权众筹"第一案"是法治进程的一个表现，司法审查有利于促进规范股权众筹的成熟完善，对今后众筹模式的发展以及对众筹的法律规制确立、监督管理机制的建立都有着积极的影响力，当然这其中也包括对艺术品众筹未来发展的完善与推进。

---

① 参见《"全国首例众筹融资案"的三大法律看点》，载正义网 2015 年 9 月 24 日，http://www.jcrb.com/zyw2015gb/gsr2015gaiban/201509/t20150924_1548980.html，访问时间 2016 年 1 月 2 日。

第六章 国外艺术品众筹是怎样运行的

一、世界艺术品交易的发展

追溯最早的艺术品交易出现在 17 世纪的荷兰，艺术品投资也最先产生于国外，在西方商品经济发展的驱动下，艺术品呈商业化的发展①。西方的艺术品拍卖制度至今已有近 270 年的历史，当前世界上最古老的拍卖公司——苏富比（又称索斯比）成立于 1744 年的英国伦敦，是拍卖作为一种行业的最初形式②。根据艺术品市场年度报告可以获悉，2012 年度全球 40 多万笔的艺术品交易，艺术品拍卖交易额为 206 亿欧元，是艺术品交易总额的 48％。③ 到 2013 年，全球艺术品市场出现高端精品的"天价"拍卖，以 100 万欧元以上价格成交的艺术品占市场总成交额的 44％，以超过 1000 万欧元价格成交的艺术品占整个市场成交额的 16％，然而这类艺术品的"高端""精品"在数量上仅不足 1％，正是受其影响下推动了全球艺

---

① 参见［美］伊埃·洛贝尔森著：《艺术品交易这一行》，杨晓斌、郑北琼译，重庆大学出版社 2013 年版，第 39 页。

② 参见［英］詹姆斯·古德温主编：《国际艺术品市场（下册）》，敬中一、赖靖博、裴志杰译，中国铁道出版社 2010 年版，第 458—463 页。

③ 参见文化部文化市场司主编：《2012 中国艺术品市场年度报告》，人民美术出版社 2013 年版，第 65 页。

2012年世界各国艺术品市场交易额份额

其他国家，14%
法国，5%
中国，25%
英国，23%
美国，33%

2013年世界各国艺术品市场交易额份额

其他国家，12%
法国，6%
中国，24%
英国，20%
美国，38%

2014年世界各国艺术品市场交易额份额

其他国家，11%
法国，6%
中国，22%
英国，22%
美国，39%

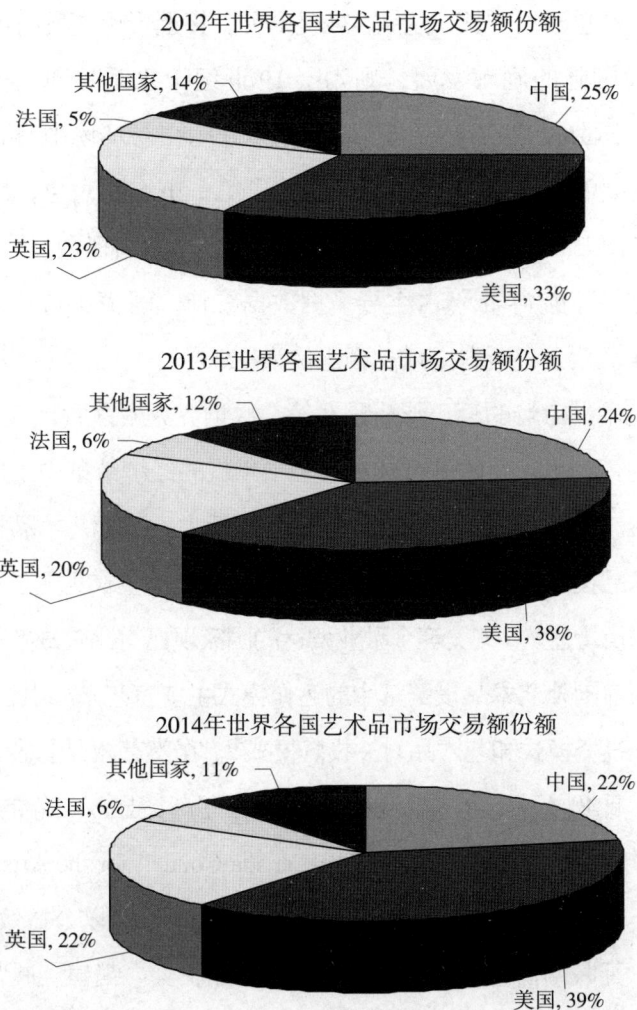

图 19　世界各国艺术品市场交易额份额（2012—2014 年）①

---

① 参见文化部文化市场司主编：《2012 中国艺术品市场年度报告》，人民美术出版社 2013 年版，第 65 页；参见文化部文化市场司主编：《2013 中国艺术品市场年度报告》，人民美术出版社 2014 年版，第 72—73 页；参见文化部文化市场司主编：《2014 中国艺术品市场年度报告》，人民美术出版社 2015 年版，第 74—75 页。

术品市场交易总额的增长，达到 474 亿欧元，接近于历史最高水平。①

而溯及国外的画廊发展，则始于 19 世纪印象派时期。在百年的发展中，目前国外的画廊业相当成熟，在良好的交易环境中有合理的运营机制、完善的配套管理措施，充分发挥了第一市场的角色，以佩斯画廊（The Pace Wildenstein）为代表，它是美国最成功的画廊之一②。画廊业在 2012 年的交易份额中依然占主导，据数据统计，画廊业与私人艺术品交易额为 224 亿欧元，所占全球总额比例为 52%。

国际艺术品市场的真正形成是在第二次世界大战之后，直至 1980 年，在金融业的带动下，艺术品行业从二三十年代的经济萧条中走向复苏，在便捷的金融工具的帮助下艺术品交易焕发新活力。国际艺术品投资历史上第一只艺术品投资基金是 1974 年英国的铁路养老基金，实现了规制通货膨胀，资产保值增值③。英美等金融业发达的国家现已有比较成熟的艺术品投资基金，当前国外艺术品投资基金的运作模式主要有艺术品组合投资模式、艺术家信托投资模式和艺术品对冲投资模式④。虽然艺术品基金在国际艺术品交易所占比例不大，但其影响和效用却在逐渐突显。国外的艺术银行，始于 1972 年的加拿大艺术银行（The Canada Council for the Arts），是为了支持国内年轻艺术家和增加大众接触艺术而提出的，其以公益效用见长⑤。

现今，互联网信息时代迎来了网上艺术品拍卖、销售、展览以及艺术品众筹的兴起，艺术品市场的发展趋势出现新的变化。美国 eBay 是世界上

---

① 参见文化部文化市场司主编:《2013 中国艺术品市场年度报告》，人民美术出版社 2014 年版，第 72 页。
② 参见王征:《艺术品投资与市场法律法规》，四川大学出版社 2011 年版，第 21 页。
③ 参见陈晔:《国内艺术品投资的金融界视角》，载《上海金融》2011 年第 4 期。
④ 参见马健:《国外艺术品投资基金的运作模式与业绩评估》，载《美术观察》2010 年第 6 期。
⑤ 参见梓萱:《艺术品租赁: 海外艺术投资新风尚》，载《中国文化报》2011 年 10 月 29 日，第 4 版。

最著名的互联网拍卖企业之一，其拍卖网的年成交额已超过佳士得、苏富比的总和。自 2013 年开始，全球艺术品市场的网上交易日渐活跃，当年全球的艺术品网上交易额达到 25 亿欧元以上，大约占艺术品交易总额的 5%，到 2014 年依然保持这种发展趋势，全球艺术品的网上交易额达到 33 亿欧元，约占艺术品交易总额的 6%，据估算，这一趋势的发展速度还将愈发加快。[①] 全球的艺术品在线交易报告统计出，艺术品的网上在线交易从 2013 年的 15.7 亿美元持续增至 2016 年的 37.5 亿美元，增长翻一倍，未来的发展预计增势不减，[②] 因此艺术品的网上交易在不断推动艺术品消费市场的发展。

表 5　中国艺术品占全球艺术品交易额的比例（2010—2016 年）[③]

年份	中国艺术品交易总额（单位：亿欧元）	全球艺术品交易总额（单位：亿欧元）	中国占全球艺术品交易额的比例	中国艺术品交易占世界排名
2010	98	429	23%	第二
2011	137	463	30%	第一
2012	106	430	25%	第二

---

① 参见文化部文化市场司主编：《2013 中国艺术品市场年度报告》，人民美术出版社 2014 年版，第 73 页；参见文化部文化市场司主编：《2014 中国艺术品市场年度报告》，人民美术出版社 2015 年版，第 75 页。

② 参见 Robert Read：《Hiscox Online Art Trade Report 2017》，载 Hiscox 网 2017 年 5 月，https://www.hiscox.co.uk/online-art-trade-report/#，访问时间 2017 年 9 月 16 日。

③ 表中数据参见文化部文化市场司主编：《2012 中国艺术品市场年度报告》，人民美术出版社 2013 年版，第 64—65 页；参见文化部文化市场司主编：《2013 中国艺术品市场年度报告》，人民美术出版社 2014 年版，第 72—75 页；参见文化部文化市场司主编：《2014 中国艺术品市场年度报告》，人民美术出版社 2015 年版，第 74—77 页；参见 Zheng Xin：《Christie's opens Chinese flagship in Beijing》，载 Chinadaily 网 2016 年 10 月 15 日，http://usa.chinadaily.com.cn/business/2016-10/15/content_27070992.htm，访问时间 2017 年 3 月 25 日；参见 JAVIER PES：《Asia's new rich help cushion global market's fall, economist Clare McAndrew reports》，载 The Art Newspaper 网 2017 年 3 月 22 日，http://theartnewspaper.com/news/asia's-new-rich-help-cushion-global-market's-fall-economist-clare-mcandrew-reports，访问时间 2017 年 3 月 25 日。

续表

年份	中国艺术品交易总额（单位：亿欧元）	全球艺术品交易总额（单位：亿欧元）	中国占全球艺术品交易额的比例	中国艺术品交易占世界排名
2013	114	474	24%	第二
2014	114	510	22%	第二
2015	91	477	19%	第三
2016	82	454	18%	第三

单位：亿欧元

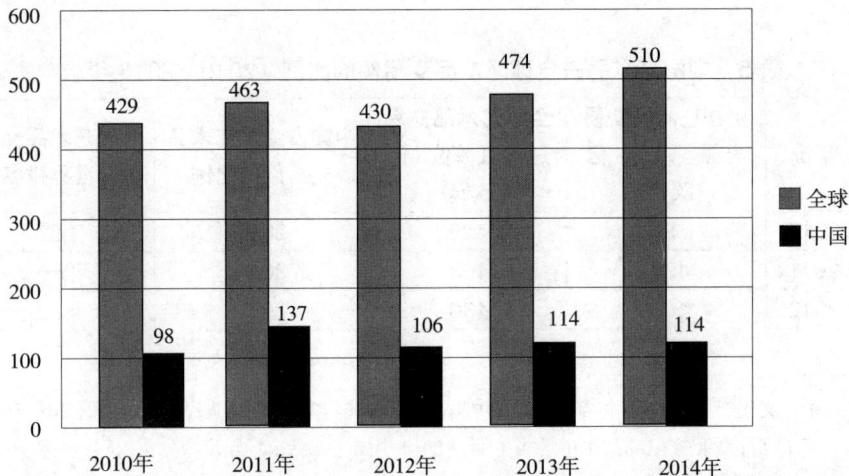

图 20　中国占全球艺术品交易额的比重（2010—2014 年）[1]

　　从最新的统计数据来综观全球艺术品市场的交易，2007 年全球艺术品市场成交额曾一度以 480 亿欧元而达到峰值，在经历了 2008 年的全球金融危机，艺术品市场也受其影响而交易额回落，但整体在平稳中调整，艺术品抗击风险的能力相对较强，到 2013 年艺术品市场开始回暖，在2014 年全球艺术品交易成交额创出新高，达到 510 亿欧元。我国在 2011

[1]　参见文化部文化市场司主编：《2012 中国艺术品市场年度报告》，人民美术出版社 2013 年版，第 64 页。

年以 137 亿欧元的艺术品市场交易额、30％的市场份额位列世界第一，而从 2010 年到 2014 年间均位列世界排名第二位。美国则在 2012 年至 2014 年这三年间分别以所占 33％、38％、39％的市场份额而蝉联世界艺术品成交额的第一位。[①] 事实上，美国在 1965 年通过了《国家艺术及人文事业基金会法》，成立了国家艺术基金会和国家人文基金会，是史上第一个致力于艺术与人文事业的机构，从而用资金匹配来杠杆调控投入文化艺术产业。

在最近十多年间，受互联网信息科学技术的推进和影响，世界艺术品市场呈现多样化的发展。当经历了 2008 年全球金融危机以后，世界艺术品市场在 2009 年触抵最低值，经过几年时间的调整期，之后开始出现回暖，2014 年英美艺术品销售市场再度活跃起来，渐渐摆脱了金融危机的"弱市"[②] 影响。纵观国外的众筹模式，从 2009 年在美国纽约成立的 Kickstarter，现在已发展成为全球规模最大、最知名的众筹平台，并成功众筹超过了 20 亿美金。成立于 2008 年的 Indiegogo 是美国目前的第二大众筹平台，已完成了超过 20 万次的众筹活动，其业务是全球性的。[③] 这两大众筹平台都是运营综合性业务，艺术品众筹包含其中，也取得了不俗的成绩。同时，美国众筹平台的发展特点呈现出从综合逐渐转向垂直化行业众筹，比如 Fundable 股权众筹平台、Patreon 艺术品众筹平台、ArtistShare 音乐众筹平台、CircleUp 消费品牌众筹平台、RealtyShares 房地产众筹平台等出现，其中的 Patreon 就是专门为艺术家打造的艺术

[①] 参见文化部文化市场司主编：《2012 中国艺术品市场年度报告》，人民美术出版社 2013 年版，第 64—65 页；参见文化部文化市场司主编：《2014 中国艺术品市场年度报告》，人民美术出版社 2015 年版，第 76 页。

[②] 参见文化部文化市场司主编：《2014 中国艺术品市场年度报告》，人民美术出版社 2015 年版，第 74 页。

[③] 参见杨东、黄超达、刘思宇：《赢在众筹：实战·技巧·风险》，中国经济出版社 2015 年版，第 139—145 页。

品众筹在线平台，现在正处于不断拓展壮大的时期，为艺术家解决了融资难题，也为艺术品市场拓宽了营销融资的渠道。[①] 在英国，2011 年上线、2013 年经由英国金融服务管理局（Financial Service Authority，简称"FSA"）正式注册的 Crowdcube 则是全球第一个股权众筹平台，还有Pozible 是澳大利亚的著名众筹平台等，国外这些种类繁多、形式各异的众筹平台，发展得相对成熟，伴随它们的兴起而不断影响着世界经济的发展方向，为艺术品市场也带来了新的挑战与创新。

国外的艺术品交易方式如何？下面，深入具体分析国外的艺术品交易方式。西方的历史文化远不及中华文明悠久，但是西方近代经济、文化的发展却是如此快速，目前的发达国家，其整体在艺术品投资行业的发展较为成熟完善。回顾艺术品的发展史，国外艺术品投资产生较早，因此在这长期的发展中艺术品交易制度较为完善，尤其是 20 世纪 80 年代经济复苏后艺术品交易进入繁荣期，在金融业的发展带动下，外国艺术品交易融合了金融工具的使用，英美等金融业发达的国家有比较成熟的艺术品金融创新产品。总体上概括国外的艺术品投资交易方式，主要有画廊、拍卖行、艺术品的投资基金、艺术品银行和指数化投资，以及当前时兴的艺术品众筹等。值得称赞的是国外的艺术品交易已大量融合了金融创新，充分运用互联网信息技术等高科技手段，还配套有相应健全的法律制度予以规范，比如美国，形成了画廊、拍卖行、银行、投资者、艺术家等"系列化"的艺术品交易市场体系，配套的法律政策及时而严谨，对风险有较强的防范意识。

就从当前这几种艺术品交易方式来看，国外的画廊做得专业化程度较高，也较规范，往往是与艺术家搭建的第一座桥梁，建立了艺术家与市场

---

① 参见钛媒体：《美国几大主要垂直众筹平台，有什么不一样？》，载网易财经网 2016 年 1 月 7日，http://money.163.com/16/0107/10/BCNKD14C00253B0H.html，访问时间 2016 年 1 月 7 日。

的纽带，艺术家不用出面，由画廊来代理，现今国外的画廊很多同步开启了"线上＋线下"双轨运行的画廊平台，连向其他的环节，或销售，或展览，或拍卖等，影响更深远。拍卖是西方最悠久也是最成熟的制度，现代的拍卖行已不仅是最初传统的交易方式，还大量融入了金融工具手段，在互联网上进行线上拍卖，这种网络艺术品销售的份额在不断增长，艺术品的交易联通全球。

而艺术品基金的兴起，给国外的艺术品交易注入了新的活力，比较著名的有英国艺术基金（The Fine Art Fund）和菲门乌德艺术投资基金（The Fern Wood Art Investments）[①]，以及摩帝富艺术品基金（The Motif Contemporary Art Found），基金的发展对资产的保值增值、艺术交易的活跃有促进作用[②]。英国艺术基金被公认为是目前全球最活跃的基金，从2004年到2006年获利达59%。摩帝富艺术品基金则被称为是运行透明度最高、最为规范的基金[③]。艺术品银行也是从西方兴起的，但国外具体细分成"以艺术品作为存取租赁的委托机构"的艺术银行与"私人银行开设艺术投资类服务"的艺术银行业务两类。[④] 纯粹的艺术银行有加拿大艺术银行（The Canada Council Art Bank）、澳大利亚艺术银行，分别有艺术银行的先驱与典范之称，发挥着艺术品展示的重大功能。指数化投资中最具影响力的梅摩艺术品指数（Mei-Moses）则是艺术品市场的晴雨表，追踪艺术品每一次拍卖的价格，并以此建立数学模型得到的数据成果，可以反映一定时期艺术品的市场价格走势，被越来越多地用于分析

---

① 参见马健：《国外艺术品投资基金的运作模式与业绩评估》，载《美术观察》2010年第6期。

② 参见陶宇：《方兴未艾，还是从此沉寂？——当代全球艺术品投资基金纵览与扫描》，载《东方艺术》2009年第1期。

③ 参见马健：《国外艺术品投资基金的运作经验——以摩帝富艺术投资基金为例》，载《美术观察》2010年第12期。

④ 参见马健：《国外艺术银行的运作模式及其影响》，载《美术观察》2010年第2期。

艺术品交易情况的依据[①]。还有，国外的艺术品保险制度也相对比较完善，以法国安盛艺术品保险公司最为著名，有了健全的保险体制为后盾，为国外艺术品交易，特别是金融创新下的艺术品交易防控了风险，起到救济保障的作用。

最近几年，国外的众筹模式兴起，在全世界引发了一股浪潮，在众筹平台走向世界的同时，艺术品与众筹的结合下所产生的创新交易方式为艺术品市场带来新增动力。Kickstarter、Indiegogo 等综合众筹平台，艺术品众筹仅是其中的一类分支；Patreon 艺术品众筹平台、ArtistShare 艺术众筹平台等专业性的众筹平台，促进了艺术品的交易。与此同时，美国颁布了 JOBS 法案、英国发布了《关于网络众筹和通过其他方式推介不易变现证券的监管规则》等，可见国外及时出台了艺术品众筹平台的法律规范，在源头上严格要求众筹平台，规范众筹模式的交易，以达到规制众筹交易中的风险。所以，在成熟机制下运行的众筹模式将会有力地推动艺术品市场交易的升级发展，当前国内需对众筹相关法律机制进行完善，特别是对风险的有效规制显得势在必行。

二、国外艺术品众筹的运作状况

对于西方国家而言，"艺术众筹"并不陌生，反之，可以追溯到史上欧洲的文艺复兴（Renaissance）时期，"艺术众筹"最先是被运用在投资人定制艺术家的创作作品上。17 世纪，荷兰历史上最伟大的画家伦勃朗

[①] 参见王征：《艺术品投资与市场法律法规》，四川大学出版社 2011 年版，第 11—12 页。

（Rembrandt）的作品《夜巡》（De Nachtwacht）就是众筹模式下的产物，而《夜巡》是伦勃朗最著名却又充满着争议的作品。① 在 1642 年，由阿姆斯特丹射击手工会的 16 名官兵每人拿出了 100 个荷兰盾向画家定制了一幅集体肖像的艺术作品，这些艺术品的"投资人"对画家的要求就是将他们按照各自的身份，以军衔正面展示在画作上，人物的画像要求展示在同一层面上。但是画家为了追求艺术的创作，并没有按照定制人的"要求"把 16 人的画像呆板地堆放在一起，简单画成平面图，而是一反常规，设计了一个场景，运用强烈的明暗对比手法，以光线层次感塑造画面效果，人物的安排错落有致。可遗憾的是伦勃朗的"艺术之举"没有得到这 16 个民兵们的理解和认可，相反是被他们拒绝接受，画家为坚持自己的艺术创作也拒绝修改画作，双方终因争执不下而诉之法律，最后画作被退定，画家退还了订金。可是，后来历史证明《夜巡》是一幅当之无愧的艺术珍品，是伦勃朗追求艺术境界的不朽之作。现在，当人们回首这段往事，为艺术家的那次遭遇及所带来的负面影响而感到叹惋，从中可以看出"艺术众筹"的发起渊源确实较为久远。但与此同时，也可窥见艺术品众筹风险之所在。这起古老的事件让后世见证了艺术品众筹模式的存在，却也了解到艺术品众筹模式的运用具有"双向性"的风险特质，或成或败，两种结果的影响对艺术家而言都是巨大的。

其实，历史上还有不少项目是运用艺术品众筹模式来完成的，不少的艺术梦想是由艺术品众筹来实现的，比如说上文详细叙述过的英国诗人蒲柏在 1713 年发起众筹项目来完成用英文译制古希腊诗歌《伊利亚特》。在 1783 年，音乐家莫扎特（Mozart）发起三部钢琴协奏曲的手稿众筹，由 176 名支持者帮助其实现在维也纳音乐大厅表演的愿望。在 1885 年，

---

① 参见李虎：《艺术众筹：艺术投资高风险地带？》，载《上海证券报》2015 年 7 月 11 日，第 8 版。

美国自由女神像的基座建造是通过发起众筹项目来实现的，最终获得了12万人次支持的十万美金而得以顺利竣工。① 欧洲文艺复兴时期的杰出艺术家达·芬奇（Da Vinic），他的艺术创作作品主要得益于米兰公爵卢多维科·斯福尔扎（Ludovico Sforza）的资助，② 其享誉世界的名作《蒙娜丽莎》（Mona Lisa）就是在艺术赞助的基础之上完成的。该时期的艺术作品有很多是以个人赞助或是公共团体赞助的形式完成创作的，比如达·芬奇绘画的著名作品《岩间圣母》（The Virgin of the Rocks），是受到宗教慈善会之委托而作，其受到共和国政府的委托又创作绘制了佛罗伦萨基奥宫的执政厅壁画《安加利之战》。还有，同时期与达·芬奇并称文艺复兴后三杰之一的米开朗基罗（Michelangelo di Lodovico），在1508年因受教皇朱理二世的赞助委托，为西斯廷礼拜堂而作经典的《西斯廷天顶画》，受共和国政府的委托也创作了另一幅壁画《卡西那之战》。③ 论及以上这些项目的实质，均是艺术品众筹模式的早期雏形，正是通过成功运用这一模式，艺术家们得以创作了不少传世的经典作品。

到了现代21世纪，伴随着互联网时代的到来，众筹模式已然成为一种时尚的融资方式被艺术领域所推广运用。对于艺术家或是艺术从业人员而言，在众筹网站上可以轻而易举地创建一个注册账号，通过众筹平台可以上传自己的艺术作品，分享自己的创作，比如影视剧、音乐

---

① 参见零壹财经、零壹数据：《众筹的历史渊源》，载《第一财经日报》2014年5月27日，http://www.yicai.com/news/3859966.html，访问时间2014年9月8日；参见刘文献：《历史上的众筹：传媒大亨与自由女神众筹》，载未央网2015年2月19日，http://www.weiyangx.com/119554.html，访问时间2015年9月8日。

② 参见朱明：《米兰公爵与达·芬奇》，载腾讯文化网2015年11月17日，http://cul.qq.com/a/20151117/016445.htm，访问时间2015年11月18日；尚智：《喜欢达·芬奇的理由：只有他才能画出美的惊人的女性》，载凤凰文化网2015年4月23日，http://culture.ifeng.com/a/20150423/43616494_0.shtml，访问时间2015年9月8日。

③ 参见张敢：《文艺复兴时期的艺术赞助》，载《装饰》2011年第9期。

歌曲、艺术画作等，而相应地这个交互性平台可以为艺术家们吸引大量"粉丝"的关注，进而向全世界更广泛的人群分享推介，借助互联网的力量吸引来自世界四面八方的支持和融资。在美国，一般认为华尔街的金融创新是支持其经济繁荣的功臣，事实上，当金融与艺术品交易相融合时，借助互联网的信息技术和金融业的多样性新型手段，艺术品交易市场倍增活力，经济繁荣，尤其是在金融危机后，经济回暖，给市场整体运行注入动力。而且在当前，美国是全球最大众筹平台的聚集地，拥有着诸如 Kickstarter、Indiegogo、Crowdfunder、Somelend 等知名众筹综合平台[①]，还有 Patreon 专业的艺术品众筹平台、ArtistShare 艺术众筹平台等，正是在这些众筹平台媒介的牵引下，文化艺术的发展空前繁荣，创新层出。

在 2005 年，美国作曲家 Maria Schneider 通过 ArtistShare 艺术众筹平台将自己的专辑 "Concert in the Garden" 向"粉丝"们发起了众筹融资项目，后来该专辑成为了首个没有经过零售店出售而得到了美国最高音乐奖项格莱美奖的获得者。[②] 目前，影视艺术作品中众筹模式已相当红火，2013 年奥斯卡颁奖典礼中有三部作品就是来自 Kickstarter 众筹平台，入选最佳纪录片奖的《Kings Point》《Inocente》和入选最佳真人短片的《Buzkashi Boys》都是通过众筹模式完成筹资的。[③] 越来越多的音乐家、影视明星乐于以自己的知名度和影响力来发起影视音乐作品的众筹项目，筹集获得了大量的资金支持，并将作品积极推广宣传，众筹模式成

---

① 参见司马钱：《全球的十大知名众筹平台》，载未央网 2014 年 6 月 21 日，http://www.weiyangx.com/42656.html，访问时间 2015 年 7 月 8 日。

② 参见高义广：《众筹的发展及其法律规制》，载"360 文库"2014 年 10 月 16 日，http://www.360doc.cn/article/15554915_417549400.html，访问时间 2015 年 7 月 8 日。

③ 参见盛佳、汤浔芳、杨东、杨倩：《互联网金融第三浪》，中国铁道出版社 2014 年版，第 82—86 页。

为了文化艺术发展的助推器，也因此迎来了电影行业的黄金时代（Golden Age）。自从 Kickstarter 电影节创立的四年间，通过 Kickstarter 平台为电影获得了一亿美元以上的融资，实现了为 3000 部短片、5000 部电影成功众筹完成拍摄。比如说影片《美眉笑探》（Veronican Mars）、《心在彼处》（Wish I was Here）、《超级骑警 2》（Super Troopers 2）等都是成功的电影众筹作品，得到了粉丝们的大力支持，分别获得了 570 万美元、310 万美元、440 万美元的众筹融资资金。[①]

在各大综合性的众筹网站上，如 Kickstarter、Indiegogo 等均含有以各种各样形式上线的艺术品项目，在"Art"类别的栏目之中，它们以每个创意或每件艺术品作品来发起的众筹项目，大多数是回报式众筹项目，发起人或以出售艺术品为目的，或是为了融资成立艺术机构等，成功众筹的艺术品项目以众筹目标设置为数百美元至数千美元者居多，成功实现百万美元以上的巨额融资的艺术品众筹项目则较少，但是与影视、动画或游戏相结合的艺术项目则能收获更多的融资。在为艺术家而设立的 Patreon 平台上则主要是以艺术家为组成单位，为各自的艺术项目设计而发起众筹的平台，对艺术家而言这种融资方式是持续性的。具体有音乐、绘画、设计、动画等，其中有的艺术家每月可获得 1 万多美金的资金支持艺术创作，而大多数的艺术家每月也可以获得上千美金的筹资，同时他们也可收获成百上千的粉丝。[②] 再比如说，国外的雕塑家大卫·罗德曼、油画艺术家路易斯·卡尔是因发起艺术品众筹项目所广为人知的人士[③]。

① 参见华谊兄弟研究院：《电影众筹，在好莱坞同样是有前途的难题》，载网易科技网 2015 年 10 月 8 日，http://tech.163.com/15/1008/09/B5D61PUP00094P40.html，访问时间 2015 年 10 月 8 日。

② 参见 Patreon 官方网站：https://www.patreon.com/。

③ 参见陈晓萌：《艺术众筹"趋势"还是"炼金"》，载搜狐网 2015 年 7 月 29 日，http://mt.sohu.com/20150729/n417788006.shtml，访问时间 2015 年 7 月 30 日。

　　此外，世界上许多博物馆正兴起运用艺术品众筹模式来融资，进行建馆、策展等丰富多样的艺术活动，并成为了一种时尚潮流。在 2012 年，美国的一位漫画网创始人马修·因曼在第二大众筹平台 Indiegogo 发布了众筹新建博物馆的项目，为的是给 19 世纪末 20 世纪初创造出世上第一台交流发电机的美国电机工程师尼古拉·特斯拉建设博物馆而筹资购买场馆，当时这个众筹项目的原计划是筹集资金 85 万美元，然而最后却在很短的时间内成功筹得了 137 万美元，之后为该博物馆的建设和装修还发起了另外的众筹项目，最后成功众筹的金额累计达到了 800 万美元。到 2014 年 9 月，马修·因曼再次为博物馆的修建而发起新的众筹项目，用户出钱可以购得博物馆的墙砖，并在上面优先刻出投资人的名字或具体信息，为期一个半月的项目，超倍完成了预计融资目标的 20 万美元，最终共获 40 多万美金的筹资。还有，世界上最著名的博物馆法国卢浮宫也发起了不少众筹项目，并以此作为开辟资金来源的新路。卢浮宫从 2010 年以来发起了多次的艺术品众筹，获得了大约 2 万名捐助人的支持，筹集了 400 多万欧元的资金用于各项艺术品收购的活动中，包括卢浮宫有"镇馆三宝"之称的《胜利女神》雕像作品就是在 2013 年时发起众筹项目融资而得以完成修复工作的，而且博物馆卢浮宫发起众筹项目回购艺术珍品的活动也一直在持续中。① 还有 2014 年英国成立了非营利性的"Art Happens"（译称：艺术就这样发生了），即捐赠式的艺术品众筹平台，属于英国艺术基金会官方网站上的一个子网站，是由英国为艺术而筹款的慈善性机构艺术基金会所设立，专门为博物馆和艺术机构小规模的项目筹集资金。首批参与众筹项目的是"沃里克郡的康普·顿弗尼美术馆、黑斯廷斯的杰伍德美术馆、卡迪福的法更斯国家历史博物馆、什罗普郡的铁桥峡

①　参见郑苒：《外国博物馆流行众筹》，载《中国文化报》2014 年 10 月 16 日，第 010 版。

谷博物馆和达勒姆郡的宝尔博物馆"五家博物馆机构，联合发起众筹融资项目，在后期，Art Happens 上还有不断加入的博物馆参与到各种艺术品众筹活动中，为筹融资带来了便利。①

三、国外艺术品众筹的相关规范

当众筹模式的浪潮席卷全球，各国相继对这一创新融资交易方式进行监管，艺术品众筹的发展正是在众筹模式的进程中而相伴同长，各国对之采取的监管方式也多合并于众筹模式的整体监管之中，而且根据众筹模式的种类而实施不同的监管，在捐赠式众筹、奖励式众筹、P2P 债权式众筹和股权式众筹四类模式中，由于股权式众筹模式对投资者的利益影响是最大的，因此也成为了各国监管的重点。

截至 2016 年 2 月，美国、英国、法国、意大利、新西兰等国家已颁布了针对股权众筹的相应立法，加拿大、澳大利亚等国则正在进行建议和征求意见，以对股权式众筹采取监管措施。其中，美国、法国、新西兰以及加拿大所采用的是对所有的投资者开放股权式众筹，但是却单独建立一套针对股权式众筹模式进行自我约束的法律规范，即专门对股权式众筹而制定新法。美国对股权式众筹的监管内容较为全面，涵盖发行人、投资人和平台中介机构，加拿大也是采取类似的全面监管。法国和新西兰则主要是重点对中介机构进行的监管。英国的监管措施略有不同，对股权式众筹

---

① 参见侯雁编译：《英国艺术基金会在线筹资平台上线，帮助博物馆众筹资金》，载湖南省博物馆网 2014 年 9 月 10 日，http://www.hnmuseum.com/hnmuseum/generalIntro/introContent.jsp?infoid=01485d27772940288483481e0c260fb5，访问时间 2015 年 10 月 8 日。

限定于向"有限的人群"发出要约，即仅针对成熟的、有经验或专业的特定投资人。① 下面，就从美国和英国对众筹模式具体监管的法律规范中来体会艺术品众筹的监管措施和经验。

1. 美国对众筹模式的法律规范

（1）JOBS 法案

在 2012 年 4 月 5 日，美国总统奥巴马特地签署了《促进创业企业融资法案》（Jumpstart Our Business Startups Act），一般简称为"JOBS 法案"，俗称"乔布斯法案"，由此正式成为了法律。美国的 JOBS 法案对众筹交易中的发行人、交易平台以及投资者的资质均作出了规定，即允许小型企业公开地宣传、招揽，可以通过众筹交易从广大的投资者获得企业发展的资金。JOBS 法案的重要意义在于其以法律的形式对通过互联网为创业企业项目进行众筹资金的活动予以了认可，扩大了投资人群体，拓宽了融资渠道，为众筹合法化、规范化奠定了法律基础。②

众筹模式为中小型企业的融资困难带来了极大的便利，这一创新模式在全球兴起，既显示了其强大的创新力和影响力，也伴随着潜在的诸多风险，JOBS 法案的出台，实现了美国对风险系数最高的股权式众筹的及时监管，在肯定股权式众筹创新发展的同时，也加强了风险的规制，注重对投资人的利益保护。而在 JOBS 法案出台以前，美国《1933 年证券法》（Securities Act）的 Section 5 中规定：未经美国证券交易委员会（Securities and Exchange Commission，简称"SEC"）

---

① 参见零壹财经：《国外是如何监管股权众筹的》，载和讯网 2016 年 2 月 9 日，http:// zhongchou.hexun.com/2016-02-09/182170416.html，访问时间 2016 年 2 月 9 日。

② 参见韩云：《众筹，让创业变得更容易》，载《人民日报》2015 年 7 月 29 日，第 22 版。

注册而发行证券的行为是违法的，但 Section 3 和 Section 4 规定中豁免的有关证券交易行为除外。也就是说，美国的小型公司从非公开的渠道获得融资相当困难，并且监管严格。在小型公司融资状况不断恶化、社会问题突显的情况下，美国推出了"Startup America"（创业美国）计划，通过出台一系列的改革来帮助和鼓励那些新兴成长的小型企业的发展，① 这就是 JOBS 法案诞生的背景。当 JOBS 法案施行以后，就相当于在美国证券法 Section 4 的框架内为众筹交易方式也创建了"豁免权"。② 而且，法案的提出也产生了一个"新的企业类别"，即"新兴成长型企业"，这类小型企业的定义为：在近期的财务年度总收入低于 10 亿美元的企业。③ 通过法案中一系列的政策改革，使融资监管有所松动，鼓励了小企业的融资，④ 美国小企业的发展也就更为快速，从而带动了经济复苏，增进市场活力。

JOBS 法案的具体内容如下：

JOBS 法案的第三章 Section 302 就是有关众筹豁免的规定，该章又称为"2012 年在线集资及防止欺诈和不道德隐藏法案"或是"众筹法案"，在遵循原来的美国《1933 年证券法》第 4 条的基础之上，对其进行了修正和补充，涉及发行人、投资人和众筹发行平台等一系列内容。首先，对于发行人的最大众筹金额，Section 302（6）A 中规定证券发行人在 12 个月内对所有投资人所能累计出售的总金额不得超过 100 万美元。由此，可以避免因众

---

① 参见鲁公路、李丰也、邱薇：《美国新股发行制度改革：JOBS 法案的主要内容》，载凤凰网 2013 年 3 月 15 日，http://finance.ifeng.com/stock/zjdp/20130315/7779554.shtml，访问时间 2015 年 12 月 8 日。

② 参见刘志洋、宋玉颖：《众筹监管国际实践》，载《黑龙江金融》2015 年第 5 期。

③ 参见甫瀚咨询：《美国"JOBS 法案"评析》，载《首席财务官》2012 年第 5 期。

④ 参见傅喆：《"美国 JOBS 法案"打通民间资本与中小企业融资渠道》，载凤凰网 2012 年 4 月 19 日，http://finance.ifeng.com/news/special/qkshbg/20120419/5963359.shtml，访问时间 2015 年 12 月 8 日。

筹主体"多次设立法人实体而多次行使豁免权"获得的监管套利。①Section
302（6）B 则更进一步对最高众筹金额有所限定，规定当投资人的年收入
或者资产净值在 10 万美元之内，那么证券发行人在 12 个月内对任一投资
人所能累计出售的金额应在 2000 美元以下，或是为该投资人年收入或者资
产净值的 5%；当投资人的年收入或者资产净值超过了 10 万美元，那最高
投资额为投资者的年收入或资产净值 10% 的份额，但最高不可超过 10 万
美元。且 SEC 每年要对投资人的最大投资限额进行及时的调整。②

其次，在 Section 302B 条款还对证券发行人、发行中介的资质作出了
具体规定，发行中介需经 SEC 注册为"经纪商"或"集资门户"。Section
4A 列出了有关众筹发行的披露要求：发起人须将名称、法律身份、注册位
置、网站地址、董事和高管及持有 20% 以上股权的股东姓名、业务介绍、
未来的商业计划、财物状况介绍、目标发行额及收益目的与使用规划的介
绍、发行时间、众筹进展、发行价格或定价方式等所有应披露的信息均提
交给 SEC 完成备案。并且，根据发行人目标融资金额的不同，法案中给出
了不同的财务信息披露要求，一共划分为三类，其一是发行金额以 10 万
美元或以下为限，发行人要提供近期完整年度的所得税报表和经发行人的
主要行政人员确认真实性与完整性的财务报表；其二是以超过 10 万美元至
50 万美元内为限，须公共会计师根据 SEC 的规则设立专业标准与程序审
核的财务报表；其三是超过 50 万美元的，须提供审计过的财务报表。由此
可见法案为了保护投资人的利益所作的严格限制，并旨在为防止虚假欺诈
行为的发生而作出相关要求和规范。此外，Section 501 中对注册门槛较以
往有所放宽，修订内容是总资产超过 1000 万美元的发行人，记名股东人

① 参见刘志洋、宋玉颖：《众筹监管国际实践》，载《黑龙江金融》2015 年第 5 期。
② 参见高义广：《美国 JOBS 法案译文（完整版）》，荣浩、顾晨译，载未央网 2014 年 10 月 27
日，http://www.weiyangx.com/109909.html，访问时间 2015 年 10 月 7 日。

数达到 2000 人时需向 SEC 进行上市公司注册并尽信息披露之责，而在过去的股东人数限定为超过 500 人，这一调高股东人数限制的做法可以减轻企业信息披露所带来的负担，有利于鼓励小型企业众筹融资扩大规模。

还有，JOBS 法案对众筹平台的要求较为严格，需在 SEC 或相关自律组织进行注册、按规定向投资者披露众筹投资风险的信息，并对投资者进行教育。根据 Section 4A，众筹平台以经纪人（Broker）或是融资门户（Funding Portal）的方式在 SEC 进行登记注册，融资门户是法案推出的"新监管实体"。Section 304 修改了原先证券交易法 Section 3，使融资门户注册享有"有限豁免"，但须满足三个条件：接受 SEC 的审查、执法和遵守其颁布的规则；注册为全国性证券业协会的会员；接受 SEC 其他要求的约束。[1] 有关众筹平台信息披露的要求方面，Section 302B 规定融资门户须披露投资风险，不仅如此，还要求确保投资者审阅并了解披露的投资风险及相关教育信息，通过回答问题的方式确认投资者已了解平台、发行人的风险等级和风险信息。而众筹时只有当筹得的资金总额达到或是超过发行的目标总额，发行人才能获得发行所筹收益，但允许所有的投资者也享有撤销出资承诺的权利。同时，法案中规定不准为向经纪人或是融资门户提供"任何潜在投资者的个人识别信息的发起人、搜索人或是领头人支付报酬"，也禁止经纪人或融资门户的"董事、高管、合伙人等相似职能的人从使用该平台服务的发行人获得经济权益"。[2] 也就是说，众筹平台被界定为纯粹"中介"的性质，在这个服务平台上，主要通过对项目发行人收取服务费用来获取利益。

---

① 参见刘志洋、宋玉颖：《众筹监管国际实践》，载《黑龙江金融》2015 年第 5 期；参见高义广：《美国 JOBS 法案译文（完整版）》，荣浩、顾晨译，载未央网 2014 年 10 月 27 日，http://www.weiyangx.com/109909.html，访问时间 2015 年 10 月 7 日。

② 参见高义广：《美国 JOBS 法案译文（完整版）》，荣浩、顾晨译，载未央网 2014 年 10 月 27 日，http://www.weiyangx.com/109909.html，访问时间 2015 年 10 月 7 日。

（2）"Regulation A"细则

美国证券交易委员会（SEC）为了众筹的进一步发展，从而推进了法律条例的制定。根据 Crowdfund Insider 的报道，在美国时间的 2015 年 3 月 25 日，SEC 通过了称之为 "Regulation A" 的新实施细则，即《JOBS 法案》的第四章 A+ 条例，其效力优于州立法律。该条例将过去规定的最高融资金额在 500 万美元以内等限制性规定放宽了十倍，新条例运用两个 "分层式" 的计算统计方式，划分为两个部分：第一个部分是应允企业筹资达 2000 万美元，需要企业接近投资者所在的各州进行协调审查并批准；第二部分则是当募集金额达到 5000 万美金时可免于国家批准，但需遵循公司每年一次的审计要求，公司要具有经过审计的财物报表，还须定期向 SEC 进行报告、提交相关的文档信息。[1] 简而言之，A 条例就是 "允许私人或企业在 12 个月内从投资者手中筹集 5000 万美元的资金"。同时，A 条例的优势还在于 "广泛征集散户投资者的能力"，并亦可从未经认可的投资者筹集资金。[2]

A 条例的出台为电影业众筹时代的到来做好了准备，更是为创新金融模式——众筹投资的发展奠定了法律基础。由此，电影制片人可以为一部电影每六个月以内融资一次，最高的可融资金额达到 5000 万美元，A 条例的颁布使众筹成为电影人筹融资拓展的新渠道。[3]

① 参见《众筹监管：美国证券交易委员会（SEC）发布 A 条例及解读》，载未央网 2015 年 4 月 17 日，http://www.weiyangx.com/127418.html，访问时间 2015 年 10 月 7 日。

② 参见《众筹监管：美国证券交易委员会（SEC）发布 A 条例及解读》，载未央网 2015 年 4 月 17 日，http://www.weiyangx.com/127418.html，访问时间 2015 年 10 月 7 日；参见汉新：《SEC 发布 JOBS 法案 A+ 条例　众筹 5000 万不是梦》，载腾讯财经网 2015 年 3 月 27 日，http://finance.qq.com/a/20150327/040018.htm，访问时间 2015 年 10 月 7 日。

③ 参见华谊兄弟研究院：《电影众筹　在好莱坞同样是有前途的难题》，载网易科技网 2015 年 10 月 8 日，http://tech.163.com/15/1008/09/B5D61PUP00094P40.html，访问时间 2015 年 10 月 8 日。

（3）其他相关政策

美国在金融科技（FinTech）的创新领域，对风险的防控和消费者的保护一直高度关注，美国的金融消费者权益保护局在 2016 年 2 月 18 日发布了《B 创新细则》，以此来引导和促进展开对消费者有利的创新，其中的《无异议函细则》（Policy on No-Action Letters）要求申请人对其提供的产品与服务向消费者作出相应说明，包括其区别于市场上产品的创新点、产品潜在的风险、应对风险的保障措施以及特征、条款等。"无异议函"属于"事前认可机制"，对于已经正式推出的产品或是仅在设想阶段的、没有明确时间表的产品是无法申请的，这些做法都是为了降低创新性的金融产品与服务的风险。同年 3 月 31 日，作为美国监督机构的货币监理署，在发布的《货币监理署：支持联邦银行系统负责任的创新》"白皮书"中就直接指出鼓励"负责任的创新"和"普惠金融创新"，提出八项原则来引导"金融创新评估框架"等。这些政策反映出美国对金融创新领域的监管，既要维护创业者的创新积极性，支持创业创新，也对金融创新进行规范和引导，而消费者的保护和风险监管贯穿始终。①

2. 英国对众筹模式的法律规范

众筹文化在英国发展得较为不错，依照"众筹中心"研究机构对全球十大众筹平台上发起的众筹活动位置数据统计，英国以发起最多数量

---

① 参见零壹财经：《Fintech 监管的美国实践：鼓励创新　但别忘了风险和保护消费者》，载搜狐财经网 2016 年 11 月 19 日，http://business.sohu.com/20161019/n470662650.shtml，访问时间 2016 年 11 月 19 日；参见 Lindsay Raffetto：《CFPB Releases Final Policy on No-Action Letters》，载《JD SUPRA》2016 年 2 月 23 日，http://www.jdsupra.com/legalnews/cfpb-releases-final-policy-on-no-action-20478/，访问时间 2016 年 11 月 19 日。

的众筹活动而成为世界众筹的领跑者。① 因为英国的监管部门对于众筹模式的发展安全予以持续关注，并推进了法律方面的规范。英国是"最早发展相关监管机制的国家"，英国的金融行为监管局（Financial Conduct Authority，简称"FCA"），在 2014 年 3 月 6 日发布了《关于网络众筹和通过其他方式推介不易变现证券的监管规则》（以下简称《众筹监管规则》），这一法律已于 4 月 1 日正式施行。在该项监管规制中，FCA 对平台的准入作出了严格限制。出于最大限度地保护消费者权益和缓释风险的目的，FCA 对于凡是通过互联网等媒介向公众进行证券推销的行为予以监管，并认为作为媒介的平台应保持中立。英国对股权众筹作出了新的规定，禁止投资者每年在股权众筹的投资投入超过 10% 的净资产。

据 Code Investing（此前为 CrowdBnk）的 CEO② 阿亚·米特（Ayan Mitra）在 2015 年指出"英国拥有全世界最好的众筹方法"，因为目前英国是"全球唯一一个真正允许众筹发展成长的国家"，并认为"已进入了一个监管规定和风险相互平衡的阶段"，英国众筹行业从一开始就采取了监管措施，"自觉遵守诸如英国众筹协会（The UK Crowdfunding Association，简称"UKCFA"）③ 起草的行业规则""要求 UKCFA 的成员与投资者的资金及平台的资产划清界限"，以"保持透明度""信息和投资的安全"。阿亚·米特评价 FCA 在对股权众筹的法律规定付诸实施以后，为英国的众筹行业予以确认合法性，为投资者提供了更多的保障，并认

---

① 参见孟叶雄：《伦敦崛起成为全球众筹领导者》，载金评媒网 2014 年 8 月 15 日，http://www.jpm.cn/article-70-1.html，访问时间 2015 年 10 月 7 日；Jonathan Moules：《London emerging as world leader in Crowdfunding》，载《Financial Times》2014 年 8 月 15 日。

② 参见 Tech SPARK：《Interview: Ayan Mitra, CEO of Code Investing on alternative finance for small businesses》，载星技网 2016 年 11 月 4 日，http://techspark.co/crowdbnk-rebrand-code-investing-move-support-startups-smes/，访问时间 2016 年 11 月 19 日。

③ 参见英国众筹协会官方网站：http://www.ukcfa.org.uk/。

为"市场的自我调节和 FCA 当前立法水平的结合还是很有成效的"。当然，他也指出众筹、P2P 借贷的发展前路漫漫，还需更多的交流和相关知识内容的普及。[①] 在 2016 年 5 月，英国 FCA 提出全球的首个"监管沙箱"项目（regulatory sandbox），以监管试验的方式来创造"安全区域"（safe place），进行对有关创新产品与服务的一系列筛选测试，并以测试结果来制定和完善监管政策以防范金融风险。[②] 简言之，FCA 通过营造对 FinTech 产业有利的监管环境以支持金融科技 FinTech 等创新产业的发展，致力于"化解监管与创新之间的矛盾"，这可以为我国金融科技领域的创新、监管等方面提供一些有益经验，[③] 特别是对于艺术品众筹等文化艺术金融创新活动的未来监管发展作为参考。

接下来，通过英国金融法律规范的发展历程以及对众筹等创新金融交易方式的具体法律规范来深入了解其法律监管、风险规制的发展与现状。

（1）《2000 年金融服务与市场法》

英国在 1998 年颁布了《2000 年金融服务与市场法》（Financial Services and Markets Act 2000，简称《FSMA 2000》），该法案被称为英国金融业的一部基本法，是英国的金融监管模式走上了统一与法制化的标志。金融服务局（Financial Service Authority，简称"FSA"）在该法案颁布实施后开始行使其全部职能，是从英国的法律上正式确认为唯一的金融监管机构，即法案所构建的是单一监管体系。《FSMA 2000》要求英

---

① 参见 G.Tong :《CrowdBnk CEO: 英国拥有最好的众筹监管规定》，载金评媒网 2015 年 6 月 9 日，http://www.jpm.cn/article-2226-1.html，访问时间 2015 年 10 月 7 日。

② 参见中国银行:《经济金融热点快评: 英国提出"监管沙箱"项目，支持 FinTech 企业发展》，载腾讯网 2016 年 5 月 25 日，http://finance.qq.com/a/20160525/044918.htm，访问时间 2017 年 9 月 27 日。

③ 参见众筹金融研究院:《杨东教授率团赴英考察报告之三: 金融科技中英闭门对话》，载微信网 2017 年 8 月 12 日，http://mp.weixin.qq.com/s/xHJwbupwmYCTKgBsvT8Oxw，访问时间 2017 年 9 月 23 日。

国在向公众发行上市证券时，必须要经过监管机构的批准，在得到审批后方能公布招股说明书，且这种监管认定、许可是对个案以"自由裁量"的方式逐案进行的。简言之，《FSMA 2000》规定参与主体必须为获授权人，否则任何人均不得"在经营过程中传播关于从事投资活动的邀请或引诱"[①]。

（2）《2010 年金融服务法》

2010 年，英国进一步修改推进法律改革，更加明确了金融机构和被监管者的权利与义务，以维护"金融稳定"为目标，实现了对银行、投资机构和保险公司以及其他各种金融机构集于金融管理局（FSA）来更为严格的统一监管[②]。在 2010 年 4 月 8 日英国国会通过了《2010 年金融服务法》（Financial Services Act 2010，简称《FSA 2010》），该法正是对之前的《FSMA 2000》进行了修改和补充，在内容上强化了维护金融体系稳定的宗旨，注重对金融消费者的保护，比如说通过了为金融消费者设立金融教育机构、以设立"海外的监管机构"来进一步推进完善"金融服务补偿计划"、明确"消费者赔偿计划"的具体对金融消费者的保护等系列举措，还有着手加强对金融体系的风险监管。《FSA 2010》扩大了 FSA 的职权，使其享有"禁止卖空交易""披露卖空交易"等权力来规范金融行为和维护金融系统的稳定。[③]

（3）《2012 年金融服务法》

2013 年 4 月 1 日《2012 年金融服务法》（Financial Services Act 2012，

---

① 参见陈雨露：《英国投资型众筹监管规制综述》，载《互联网金融与法律》2014 年第 6 期。

② 参见夏纯、井维维、梁青：《英国〈2010 年金融服务法〉评述》，载《金融服务法评论》2012 年第 1 期。

③ 参见夏纯、井维维、梁青：《英国〈2010 年金融服务法〉评述》，载《金融服务法评论》2012 年第 1 期。

简称《FSA 2012》）① 正式生效，该法案的出台，更进一步完善了英国的金融监管体系，可以称之为是对英国金融监管体制的一次较为彻底的改革。金融政策委员会（Financial Policy Committee，简称"FPC"）、审慎监管局（Prudential Regulation Authority，简称"PRA"）和金融行为监管局（就是上文中简称的 FCA）的设立，使英格兰银行被赋予更多金融的监管职能，系统性监管与风险性监管融为一体，从而能"统合"监管②。其中，FPC 以识别、监测、管理和应对英国金融的系统性风险为宗旨，从宏观上强化金融稳定框架；PRA 则展开对各类金融机构的审慎监管，促进"PRA 许可实体"（PRA-authorized persons）的安全与稳健，对"受 PRA 监管之活动"（PRA-regulated activities）保险业务予以保护与监管；FCA 是 FSA 更名而来，以保护消费者、增强与维护金融体系的健全和促进市场效率与选择为战略目标。此外，新设立了金融消费者保护局（Financial Consumer Protection Authority），负责保护消费者的工作。《FSA 2012》的最大特点在于其推进加强各监管机构之间法定监管的有效协调机制，最大可能地降低市场主体的监管负担，根据不同的监管目标来设立监管机构和划分职权，将宏观审慎监管与微观审慎监管有机结合，让监管全面覆盖，维护整个金融系统的稳定。③

（4）英国金融行为监管局与《众筹监管规则》

2013 年在英国称之为"替代性金融业务"（Alternative Finance）的各式众筹模式投资获得快速发展，仅 2013 年前 11 个月英国该领域的金融市

---

① 参见中国人民银行、银监会、证监会、保监会联合调研组：《英国金融消费者保护法律制度》，载《中国金融》2013 年第 8 期。

② 参见杨东：《金融消费者保护统合法论》，法律出版社 2013 年版，第 25 页。

③ 参见廖凡、张怡：《英国金融监管体制改革的最新发展及其启示》，载《金融监管研究》2012 年第 2 期；参见中国人民银行、银监会、证监会、保监会联合调研组：《英国金融消费者保护法律制度》，载《中国金融》2013 年第 8 期。

场份额就达到了 6 亿英镑，P2P 所占比例更是高达 79%，所以英国的监管机构开始逐渐重视该金融领域所涉及的证券发行、众筹投资等行为，英国的监管者 FCA 对国内的众筹活动展开监管，由此推进了相关众筹监管的规则出台。在 2014 年 3 月 6 日 FCA 发布了《关于网络众筹和通过其他方式发行不易变现证券的监管规制》(Regulatory Approach to Crowdfunding over the Internet and Promotion of the Non-readily Realisable Securities by Other Media)，简称《众筹监管规则》，首先从立法层面肯定了众筹这种创新融资模式，也提出了"不易变现证券"的新术语来同时涵盖股票、债权等所有"除'可随时变现证券''包装产品'与'非主流集合投资'之外的证券"，这显然是拓宽了监管的范围，即对于投资性众筹活动的监管不仅包括"购买股票、债券和不受监管集合投资计划中投资单位的方式以直接或间接地投资于新设或已有的公司"，还囊括对"非上市股票""非上市债券"等活动的监管。还有，FCA 对众筹风险进行了全面界定和监管标准的划分，将 P2P 债权式众筹和股权式众筹划分为一类，从事这两种众筹业务的企业需经过 FCA 的授权，受其监管；而另一类划分是捐赠式众筹和预付或产品类众筹（即上文所述的"奖励式众筹"），则无需 FCA 的授权。

规制中对 P2P 限定了最低资本的要求来监控投资风险，同时，又通过限制投资者的做法来监管投资型众筹，要求众筹平台上提供投资的企业须对应特定类型的投资者，比如：专业客户；获得建议的零售客户；公司融资或风险投资相关人的零售客户；经认证的"成熟投资人"或者是"高资产投资人"，具体是指年收入超过 10 万英镑或除去常住房产、养老保险金等的净资产超过 25 万英镑的零售客户；而"非成熟"的投资人，其所投资金额不超过其除去常住房产、养老保险金等的可投资净资产的10%。此外，FCA 还要求对未获得建议的零售客户进行"适当性检测"，通过检测客户对"特定产品或服务投资领域"的知识经验和有关理解来评估其是否为合格的投资者，且众筹平台应在发行和销售金融产品之前对投资者进行检测，让有风险防范能力的投资人才参与到众筹投资中，特别是风险系数较高的 P2P。关于信息披露方面，FCA 依然沿用已有原则，要求 P2P 和众筹平台均建立信息披露制度，涉及星级评定等内容则需要 FCA 的授权，且格外强调的是金融产品发行的公平明晰，还要对被投资公司做"尽职调查"的工作，像网贷的众筹平台还需把相关的审慎数据定期向 FCA 报告。总的来说，FCA 出台的《众筹监管规则》是对英国众筹市场及时的规制，也是对投资者参与众筹投资及类似的金融活动提供了更强大的保护。[①]

四、国外艺术品众筹成功运作经验

艺术品众筹本是发源于国外，现今已在全世界范围内得到快速发展，为艺术品市场的融资拓宽了新道路，接下来从国外艺术品众筹的典型具体案例中，细细品味其成功运作的经验，为我国艺术品众筹的完善与发展作借鉴。

案例：Patreon 众筹网站的运行模式

Patreon 是由艺术家杰克·康特（Jack Conte）和技术研发工程师、移动广告平台 AdWhirl 的创始人 Sam Yam 于 2013 年 5 月在美国旧金山联合创建的众筹网站。而这个众筹平台是专门为

---

① 参见张雨露：《英国投资型众筹监管规则综述》，载《互联网金融与法律》2014 年第 6 期；参见王娟：《英国〈众筹监管规则〉之解读及对我国的借鉴意义》，载观典律师事务所网 2014 年 5 月 30 日，http://www.risinglawyer.com/page58?article_id=474，访问时间 2015 年 7 月 8 日。

艺术家设计的，用于众筹艺术家的发展资金，艺术家可以将自己的创作作品直接销售给"粉丝"，由此催生了"粉丝经济"，Patreon 将此成功的运用于实践中。与其他众筹平台如 Kickstarter 所不同，Patreon 平台上的项目"不是一次性发起的"，而是为艺术家们提供"持续的"资金支持，即只要有艺术作品上传就可以向人们发起众筹吸引"赞助费用"。

在创始人杰克·康特看来，Patreon 众筹平台的特色之处在于为艺术家提供了一个展示技艺并出售作品的"舞台"，在现代互联网高度发达的社会中，艺术家们仅依靠出版作品来获得收入的方式已不入时，还要面对的是"商业模式的转型"和知识产权被盗版侵害的问题。Patreon 所着力打造的是 18、19 世纪中艺术家以"外来的赞助发展并获取收益"的状态，运用互联网平台重新打造和展现"米开朗基罗与达·芬奇时代的艺术家生存模式"。而杰克·康特自己就是 Patreon 平台上的一位音乐人，他目前"拥有 835 个支持者"，当他每出品一个音乐作品就能从支持者中获得累计 6171 美元的赞助费用。

从具体的运营模式来看，在 Patreon 平台上，艺术家可以自由发起众筹项目为艺术作品的创作筹集资金，而投资人或是用户可以根据兴趣为自己所支持的艺术家们"支付一定金额的赞助费用"，作为纽带"中间人"的 Patreon 平台，则会从中收取 5% 的手续费用，且项目发起人需承担 4% 的信用卡交易费用，最终发起人所能获得的是占总筹资金额 91% 的资金。还有，其他的艺术品众筹网站一般打开网页后就可以直接看到所推荐的一个个项目，而 Patreon 的页面上是一位位的艺术家们，每位艺术家都是独立的个体，他们会发布一段有关自我介绍的视频短片，并从中具体介绍自己的个人信息、艺术特长和艺术作品的情况，以及说明众筹资金的用途和"支持者"将获得何种回报的承诺。对于投资人而言，Patreon 平台对投资金额没有设置特别的门槛，是以"小额赞助人"为设计理念的，"只需要 1 美元即可"，艺术家就可以任意设置 3 美元、10 美元等诸如此类的资金档位，投资人则可以根据兴趣和需求进行小额投资。① 同时，对每位艺术家的资金支持是持续的，绝大多数是以月来计算，并非像一般的艺术品众筹那样以每个项目的完成来实现筹资。

Patreon 众筹网站在实践中的运营还是取得了不错的成绩，在 2014 年之初就达到有 2300 名艺术家参与到平台当中，每位艺术家每月可在平台上通过众筹获得发展资金 10 万美元左右。② 尽管是"小额赞助"的投资，但"粉丝经济"却能汇聚成"大能量"，小额投资"聚沙成塔"，也成就了 Patreon 的成功实践，截至 2014 年年底，Patreon 平台上已有"超过 12.5 万位的小额赞助人"。③Patreon 众筹网站经历了一个极其快速的成长过程，从上线之后不过 3 个月时间，在"Freestyle Capital"领投下，Patreon 众筹网站于 2013 年 8 月获得了 210 万美元的融资，由原先只有杰克·康特和 Sam Yam 两名员工的 Patreon 开始不断扩展，先是计划推出"移动版本"，到 2014 年 6 月就获得了 1500 万美元的"A 轮融资"，再到 2015 年 3 月，Patreon 就和另外的一家艺术类众筹网站"Subbable"相合并，拓展了规模，

---

① 参见 Pingwest：《Patreon：为艺术家搭建价值舞台》，载《中国文化报·文化财富周刊》2014 年 4 月 12 日，第 4 版；参见 Patreon 官方网站：https://www.patreon.com/discover。

② 参见 Patreon 官方网站：https://www.patreon.com/discover。

③ 参见静涵：《众筹网站妙用粉丝经济来打造艺术赞助平台》，载华夏收藏网 2015 年 9 月 5 日，http://news.cang.com/info/424868.html，访问时间 2015 年 9 月 6 日。

发展迅速。[①] 而且，2015 年 Patreon 平台的艺术作品众筹项目仅在数量上就增加了 80%。[②] 时至 2016 年 1 月 20 日，Patreon 艺术家众筹平台又获得了 3000 万美元的融资，在美国 Thrive Captial 的领投下，风险投资公司 Allen & Company、Charles River Ventures 和 Index Ventures 跟投，Patren 平台目前的融资总额累计已达 4710 万美元。[③]

简言之，Patreon 众筹网站的运营是建立在艺术家们的"粉丝群"基础之上的，假如艺术家拥有足够多的"粉丝"，集众力的"小额支持"就能汇合为大量的资金流，用于支持艺术家的作品创作，并解决了作品销售的问题，还有通过建立"粉丝群"也积累人气，加速了推广宣传，一举而多得。

案例分析：

Patreon 平台在成立不到三年的时间，接连成功获得几轮大额的融资扩建，其之所以能获得如此快速的发展，主要是在于独具特色的运营方式和创新理念，Patreon 是专为艺术家融资而设计的平台，较强的专属性使其容易获得艺术家群体的青睐，以持续性进行众筹的方式更是为艺术家们开辟了新的发展之路。案例中对 Patreon 众筹网站的运营模式有了比较详尽的介绍，那么归纳总结其主要特色有以下几点。

---

① 参见静涵：《众筹网站妙用粉丝经济来打造艺术赞助平台》，载华夏收藏网 2015 年 9 月 5 日，http://news.cang.com/info/424868.html，访问时间 2015 年 9 月 6 日。
② 参见音乐财经：《盘点全球五家音乐相关众筹平台》，载界面网 2016 年 3 月 2 日，http://www.jiemian.com/article/555122.html，访问时间 2016 年 3 月 2 日。
③ 参见《艺术家众筹平台 Patreon 融资 3000 万美元》，载亿邦动力网 2016 年 1 月 20 日，http://www.ebrun.com/20160120/163249.shtml，访问时间 2016 年 1 月 20 日。

（1）众筹平台设计理念与机制的创新

Patreon 平台和 Kickstarter、Indiegogo 等众筹网站有一个很大的不同之处，艺术家们设有自己的窗口栏，上面介绍有艺术家的个人信息和擅长领域，有兴趣的爱好者可以关注成为"粉丝"，众筹项目的发起是以每位艺术家为单位进行的，由粉丝们每月持续性地对艺术家们提供资金支持，资金的数额上没有限制，一般是小额投资。平台上的这种创新设计便于让艺术家有归属感，通过专属自己的窗口展示艺术作品，可以多次发起项目并提供各种形式的回报，推广艺术作品的同时也吸引了粉丝关注，从而便于获得持续性的融资，由此为艺术家们更好地投身艺术创作提供了环境和条件。比如说平台上有的艺术家得到上千粉丝的支持，每月可获得上万美元的融资资助，这可以很大程度上改善一些艺术家们的现状，特别是刚毕业的青年艺术家，获得的资金支持有利于他们更好地创作艺术。可以说，Patreon 平台的运行机制对于培养艺术家是有着积极的意义，可以有效缓解艺术家们高昂创作成本的压力，也提供了对接市场的窗口。

表6　众筹平台运营方式比较[①]

	Patreon 平台	其他众筹平台
众筹项目的发起	以艺术家为单位	以单个项目为单位
众筹项目的发起次数	持续性	一次性

（2）"融资＋推广"的多效运作

众筹模式为各行各业带来了发展的新机遇，特别是对文化艺

---

① 参见 Patreon 平台：https://www.patreon.com/。

术产业意义深远。Patreon 平台上的艺术众筹能够更好体现"融资＋推广"的多种效用，一方面不仅为艺术家带来了融资便利，另一方面在艺术众筹的发起运作过程中，还是一种市场推广的有效手段。Patreon 平台为每位艺术家提供了一个窗口，艺术家们可以根据自己的情况来持续性地发起众筹项目，在众筹融资的过程中可以大力推广的艺术作品，也同时起到向市场的用户宣传推广艺术家的作用。

（3）"粉丝经济"＋"名利双收"

Patreon 平台是专门为艺术家设计，因此以每位艺术家为单位发起众筹项目，艺术家通过创作作品发起项目吸引粉丝支持，在这个过程中不断地积累粉丝，也正是这些粉丝们为艺术家提供了资金资助，所以，在 Patreon 平台运营的实际上是"粉丝经济"，艺术家吸引越多的粉丝关注，积累人气，就能将自己的作品项目传递推广给更多的人，也就更容易获得更多的资金资助去完成艺术创作。从消费者的角度来说，在平台上对个性化的艺术品有了更大的选择空间，同时，发起的艺术众筹对艺术家可谓是"名利双收"的，因为在"粉丝经济"的推动下，从"利"而言，艺术家可以直接面对潜在的客户，只要潜心创作优秀的艺术作品就能通过平台吸引粉丝的关注与支持，并能持续性获得不少的资金支持；从"名"而言，艺术家的作品得到粉丝认可与支持，就会扩大推广宣传，从而增加了艺术家的知名度，那么艺术的无形附加值也会得到提升。

总而言之，Patreon 平台为艺术家提供了一个较为有利的发展空间，为初创艺术家、青年艺术家搭建了一个联通市场的窗口，大有艺术家培育的"孵化室"之深意，有利推进艺术事业的开拓与发展。

案例：Kickstarter 的成功运营

谈论起 Kickstarter，众人已是耳熟能详，因为这是目前在全球极具影响力的知名众筹网站之一，也是运营得相当成功的众筹平台。2009 年 4 月，Kickstarter 在美国纽约成立，是一个致力于鼓励创新、创造活动的综合性众筹平台。在 2015 年 12 月 16 日举办的世界第二届互联网大会首场"互联网＋"论坛上，Kickstarter 众筹网站的联合创始人查尔斯·艾德勒（Charles Adler）介绍说该平台已支持了 96000 个项目，其众筹的总资金额达到了 20 亿美元。[①] 从 Kickstarter 所公布的一些数据图表中可以看到，在 2014 年 3 月当其成功众筹融资总额突破 10 亿美元时，平均每小时就有 9 个新的项目诞生，而平均每分钟有 1200 美元的融资注入平台，还有 49 个人同时参与的众筹项目就超过了 1000 多个。[②]Kickstarter 平台融资 10 亿美元用了近五年的时间，而融资第二个 10 亿美元众筹总额突破 20 亿美元所用时间仅仅 19 个月。Kickstarter 从创立之初截至 2016 年 2 月 15 日，该平台上一共成功众筹了十万个项目，由 86101 名用户所共同创建，有 9088422 名赞助人在背后支持了这十万个项目助其成功，这一切只不过是在 6 年 9 个月加 10

---

① 参见《Kickstarter 联合创始人：平台众筹总额达 20 亿美元》，载网易科技网 2015 年 12 月 16 日，http://tech.163.com/15/1216/15/BAVFKCKK000915BF.html，访问时间 2015 年 12 月 17 日。

② 参见子萌：《Kickstarter 众筹总额破 20 亿美元　游戏类总额最多》，载中国经济网 2015 年 11 月 5 日，http://www.ce.cn/culture/gd/201511/05/t20151105_6912529.shtml，访问时间 2015 年 12 月 7 日。

天里实现的。① 而在刚刚过去的两年时间里，众筹在全世界范围内掀起了狂热的浪潮，发展速度让人惊叹。

　　具体来看，Kickstarter 众筹平台包括有艺术、漫画、工艺品、舞蹈、设计、流行时尚、影视与视频、食物、游戏、新闻、音乐、摄影、印刷、科技和戏剧 15 个类别，根据 2015 年 11 月初的一份数据统计显示，实际参与众筹的项目就多达 26 万个。其中，影视和视频是 Kickstarter 平台上融资项目最多的类别，到 2015 年 10 月 11 日，此类项目有 50852 个，仅影视和音乐就占去了所有众筹项目的一半以上，其次就是出版、游戏、艺术。② 而获得融资资金额最多的项目是游戏类、科技类和设计类，分别融资有 4.124 亿美元、3.6 亿美元和 3.516 亿美元。Kickstarter 众筹平台为有创意的人提供了广阔的舞台展示自己的创新理念，可以设置多种众筹额度，投资者则有了更丰富便捷的投资选择。

　　Kickstarter 众筹平台在实际的运营中，特别是现在，对项目的审批有着更为严格的流程，这是有别于其他的众筹网站之处，包括居之其后的第二大众筹平台 Indiegogo。还有，Kickstarter 一直关注于解决众筹项目的"流产问题"，并在 2015 年 6 月得到了美国联邦贸易委员会的协助，"将跟踪追查所有的获得融资后而执行失败的项目"。就正如发生在 2015 年 10 月，一个融资金额为 400 万美元左右的激光剃须刀项目，当时因为项目的发起人没有提供真实产品模型或是公布真实可靠的产品示范视频，

---

① 参见黄美菁：《众筹成功项目达到 10 万，Kickstarter 的又一里程碑》，载爱范儿网 2016 年 2 月 15 日，http://www.ifanr.com/620120，访问时间 2016 年 2 月 16 日。

② 参见晓桦：《Kickstarter 众筹总额破 20 亿，哪些项目来钱快》，载搜狐科技网 2015 年 11 月 5 日，http://it.sohu.com/20151105/n425397408.shtml，访问时间 2015 年 12 月 6 日。

Kickstarter 平台审核未通过，而这个项目发起人转投到 Indiegogo 平台上了。由此可见该平台在制约恶意集资和防范众筹风险方面所作出的努力。

2015 年 9 月 22 日，Kickstarter 众筹平台通过重新改组成为 "公益公司"（Public Benefit Corporation，简称 PBC），在特拉华州注册，由此转型公益事业，将自身的定位界定为 "各类创意艺术成果的融资工具"，弱化了功利性，而强调 "造益社会"，追求社会价值。PBC，不仅要像传统企业那样经营，还有更高的价值追求、更高标准的企业宗旨、更健全的问责机制和更高程度的透明度。[1] 当 Kickstarter 进行转型之后所做的第一个公益慈善项目就是 "帮助难民"（Aid Refugee），是由联合国难民署美国分部（USA for UNHCR）在 Kickstarter 平台上于同年 10 月 6 日发布的，是为了帮助因受长期内战而逃难的数百万叙利亚难民，该项目上线仅一天之后就筹得了 100 万美元的资金，在七天筹得了 177.7 万美元。据 Kickstarter 的发言人 Justin Kazmark 所言，这个项目是平台上第一次上线的 "非创意领域的项目"。[2]

案例分析：

作为当前全球市场最大的众筹平台，运营近七年来，Kickstarter 一次次地刷新了众筹的世界记录，其取得的巨大成功在于运营上有不少独到之处。尽管平台所涉内容包罗万象，众筹

---

[1] 参见黄美菁：《众筹成功项目达到 10 万，Kickstarter 的又一里程碑》，载爱范儿网 2016 年 2 月 15 日，http://www.ifanr.com/620120，访问时间 2016 年 2 月 16 日。

[2] 参见徐弢：《众筹平台 Kickstarter 转型公益 为难民筹款》，载网易科技网 2015 年 10 月 8 日，http://tech.163.com/15/1008/18/B5E5I66S00094P0U.html，访问时间 2015 年 10 月 16 日。

项目的数量日益倍增，但是 Kickstarter 运营上的严格管理让一切项目有条不紊地进行，特别是平台的项目审核审批制度、风险防控制度的建立与运转，平台上项目的未能履行率不及百分之十，虽然常见有项目延期推迟完成的现象出现，但是恶意欺诈性的融资行为在平台上仍只是小概率事件。正如案例中所介绍的那样，众筹项目的发起需经过 Kickstarter 平台相对严格的程序审核，并且只有众筹达到预期目标金额，发起人才能获得除去平台手续费用的众筹资金。"激光剃须刀项目"因为不能提供真实产品模型或是产品的真实示范视频而未能审核通过，就不可在 Kickstarter 上发起众筹，由此可见 Kickstarter 的管理制度着重于在源头上防控风险，要求项目的发起人做足前期的准备工作，而创意需经过一定的研发初步成型方可，如此可以防范一些无法实现的项目或是带有明显欺诈性质的项目进入实际的融资阶段。

根据 2015 年的一份有关 Kickstarter 平台融资项目调查的报告显示，平台上众筹项目的成功率接近 50% 左右，成功率最高的是舞蹈和剧场类，分别达到 63.45%、60.95%，但筹得资金最多的是游戏类，其次是科技类。而艺术类众筹的成功率在 41.55%，项目的成功总数有 19961 个，约占 Kickstarter 平台各项目总项目数的 7.6%，筹得 5824 万美元。[1] 同时，进一步分析数据可以发现，艺术类众筹鲜有"巨额超募"[2]（据称众筹金额为 100 万美元以上）的项目出现，实际上以数千或数百美元目标额

---

[1] 参见钟舒婷：《从众筹鼻祖变身公益企业的 Kickstarter，在创办六年里都改变了什么？》，载一点资讯网 2015 年 10 月 16 日，http://www.yidianzixun.com/0AxHVfk1?appid&s=11，访问时间 2015 年 10 月 16 日。

[2] 参见贺裴菲：《Kickstarter 众筹融资特征》，载《清华金融评论》2014 年第 9 期。

度的成功众筹项目居多，也就是说在 Kickstarter 平台普通大众化的艺术众筹较为常见，而高端艺术品却较少运用众筹模式来融资，平台上为大多数的青年初创者提供了实现梦想的天地，也为众多有创意的产品或创业者筹到起步发展"第一桶金"。而且，通过市场的激烈竞争和消费者的投资选择，平台运营的众筹模式有助于最终淘得"真金级"的项目，让"珍珠"般的创新型企业拥有绽放光彩的舞台。

综合分析 Kickstarter 的飞跃式发展和成功运营，可以总结出该平台的几点经验与特色。

（1）社交化的众筹理念

Kickstarter 的发展是建立在 Facebook 等社交网络化的基础之上，就其本质而言是社交化的活动。根据平台上电影类众筹的数据反映，Facebook 好友数为 10 人，在平台发起众筹项目的成功概率为 9%；当好友数升至 10 倍 100 人时，发起众筹项目并成功获得融资的概率会达到 20%；当好友数再升 10 倍达到 1000 人时，那么众筹项目发起的成功概率可以达到 40%。也就是说，"好友数"越高，项目关注的人越多，那么发起众筹获得资金的成功概率就越高，所以，社交化是 Kickstarter 平台众筹运营的显著特征。

与常人所想不同的是，在平台上一般人发起的众筹项目，融资往往是从熟人开始的，进而推广到陌生人群，所以"朋友圈"是影响众筹项目融资成功与否的重要因素之一。还有项目发起人的名气也是一个重要的影响因素，如果是公众知名度越高的发起人，那么名气效应下会聚集大量"粉丝"支持，那众筹融资就会增加成功几率，在电影类众筹、音乐类众筹等项目中体现得格外明显。"众人拾柴火焰高"，众筹项目要"火"，还需人气旺，往往融资千万级的"明星项目"是通过成千上万人的点滴资金积累而成的。所以众筹的经验之一是在发起众筹项目之前需做好充分准备，积累人脉，拓宽"朋友圈"，可以助融资事半功倍。

（2）严格审核把好"项目质量关"

Kickstarter 平台获得了同行业里瞩目的成就，与其严谨的运营管理机制是分不开的。"严格审核""项目质量""完整方案设计"就是该平台"把关"的核心要求。一般项目在发布到平台之前，需经过 Kickstarter 管理人员的评估审核，筛选出质量相对不错的项目，由此提升了项目的整体质量，也加大了众筹的成功率，这套审核运营机制与 Indiegogo 平台上无需进行项目审查的做法是截然不同的。[①] 平台对发起人的要求是提供"完整方案设计"，需要发起人准备充分，从产品的全面介绍，到产品的设计原型展示，再到相关的视频介绍等工作，发起人需要事先做好一套完整的融资方案。所以，Kickstarter 这种严格审核把好"项目质量关"的运营机制可以有效避免"低门槛"下众筹所易招致的高风险问题，使得其较少出现欺诈性的众筹行为。

（3）"融资＋推广"的双效机制

众筹模式的最大特色不仅仅是通过融资获得资金的融通，还有能额外获得市场推广的作用，这种双效机制在全球最大的 Kickstarter 众筹平台上更是效果显著。对于青年创业者、初创企业而言，获得起步"第一桶金"的融资至关重要，而同时，对于产品的宣传，品牌的建立与推广却是决定企业未来能否持续性发展的核心力量。平台上运营的众筹模式，本是融资取之于"众"，

[①] 参见杨东、黄超达、刘思宇：《赢在众筹：实战·技巧·风险》，中国经济出版社 2015 年版，第 140—142 页。

而以"一传百、百传千"的效应使众筹项目也得到迅速推广，品牌在无形中确立，还收获和积累了潜在的客户，一举多得，效益双收。

（4）完成众筹设定目标是放款的前提

Kickstarter平台的运营还有一大特色，即完成众筹设定目标是放款的前提，也就是说，发起人在发布项目时，需提前设定好众筹的时间和众筹资金的数额。当项目正式发布以后，只有在预定好的时间内完成既定众筹目标金额的筹集，那么Kickstarter平台才会认定该项目的成功，平台将会收取10%的佣金，并会允许发起人提取剩下的全部众筹资金，但假如项目没有在预定时间筹集满目标资金额，那就意味着项目的失败，平台则会把所有的资金返还给投资人。这样的管理制度，从一定程度上保护了投资消费者的权益和防范了投资风险。

然而与此同时，在Kickstarter运营的过程中，也反映出了一些问题，引人深思，有待进一步的研究分析，主要有以下几点。

（1）项目专利或版权保护的问题

由于众筹模式所依赖的是互联网，那么开放性是任何一个众筹平台都会面对的事情，所以当项目在平台上发布，项目的信息是面向全世界的，即便在Kickstarter平台，也需要考虑到项目的专利或版权保护等问题。众筹项目本身大都是创意型的创新产品或作品，特别是文化艺术类，比如说电影、音乐、艺术品等，较易受到版权剽窃的影响，所以，众筹项目的专利或版权保护是每位发起人自己最先需要考虑的问题，因为目前在平台上尚不会专门去负责解决专利或版权的问题，当然，这个问题的完善与解决将会是未来的发展所趋。

（2）众筹款的代付与返偿

在平台的众筹过程中，出现有如此现象，当众筹时间接近截止期，众筹资金还没有或者可能难以达到既定目标资金额时，发起人通过向亲朋好友或是他人借款的方式把众筹款代为付出，让项目达到"成功众筹"的效果，等待平台把扣掉10%佣金后的剩余全部众筹款提取给发起人，再把先前的借款返还给借款人。这种"造假"[①] 现象的出现，从大体上来说是显然不利于众筹模式的发展，也会增加众筹的交易风险，但目前尚且没有有效方法予以防范，需要进一步的研究规制。

（3）产品兑现的时间拖延

Kickstarter平台的运营成效在业内看来是相当不错的，网站上实际未能履行的项目所占比例仅在10%之内，但所有平台的众筹项目都会遇到一个共同的风险，那就是当项目众筹融资成功以后，有关项目承诺的产品或作品的兑现问题，因为在实际中常常会遇到逾期交付的延迟现象，这对投资人或消费者而言是参与众筹所要面临的主要风险之一。

总而言之，众筹模式来源于国外，其运营与发展的时间相对更长，经验更为丰富，上文中通过介绍和分析的国外知名众筹平台的成功运营，旨在为国内众筹平台的发展完善提供一些有益的经验参照，特别是艺术品众筹的发展在国内尚处于初级阶段，从平台的管理运营，到项目的发起运作，有待升级完善，并亟需建立行之有效的风险防范机制，让艺术品众筹充分发挥其优势与作用。

---

① 参见王曦：《一个正在Kickstarter上众筹的真实案例——Art Life：The Game》，载36氪网2013年12月3日，http://36kr.com/p/208109.html，访问时间2015年12月9日。

五、国外艺术品众筹的失败案例分析

国外艺术品众筹模式的发展呈现"热火朝天"之势，掀起的时尚潮流席卷全球，与此同时一些问题也相伴随之产生。因为众筹项目有可能面临着无法筹集资金而失败的风险，同时又与其他融资方式一样，当经营不善或是众筹资金的滥用都会招致项目失败的风险，乃至引发投资者的信任危机。以 Kickstarter 平台的数据统计为例，该平台项目的众筹成功率在 50% 以上，艺术类众筹的成功率为 41.55%。[①] 那么，大约还有将近一半的项目是因没有在设定的时间内完成预定的众筹额度而宣告失败，而同时这些项目当中所发生的一些比如诈骗募资行为、违约行为、不按约定滥用众筹资金等问题都是值得深思和引以为鉴的。

接下来，笔者从反思的角度出发，对国外所发生的几起失败的众筹项目案例进行具体的分析，主要分析众筹模式的潜在风险，特别是影响艺术品众筹发展的因素。

案例：涉嫌诈骗的法国艺术品众筹公司

阿里斯托菲尔（Aristophil）公司是法国知名的艺术品众筹公司，就在 2013 年还被法国媒体评选为"百家最优秀的法国企业"之一。该公司的总裁以及法国巴黎书信和手稿博物

---

① 参见钟舒婷：《从众筹鼻祖变身公益企业的 Kickstarter，在创办六年里都改变了什么？》，载一点资讯网 2015 年 10 月 16 日，http://www.yidianzixun.com/0AxHVfk1?appid&s=11，访问时间 2015 年 10 月 16 日。

馆（LeMusée des Lettres et Manuscrits）的创始人热拉尔·莱里
（Gerard Lhéritier）却在 2014 年陷入了一场"巨大的风波"当中。
就在 2014 年 11 月，法国反诈骗调查团突击检查了该艺术品众筹
公司 Aristophil 及其一系列的分支机构和书信手稿博物馆，法国
的检方怀疑阿里斯托菲尔公司在此前设立的价值 5 亿欧元（折合
人民币约为 38.3875 亿元）的基金项目是一场"庞氏骗局"，该
基金所吸引的投资人竟达 16000 名之多，而这场基金设立的目的
却是试图从不错的艺术品市场行情中投机获益。

而就在事发之前，2014 年的 9 月 21 日，拿破仑与约瑟芬
的结婚证书在巴黎的吕埃马勒梅松拍卖会上竞拍出售，最终被
阿里斯托菲尔公司的总裁热拉尔·莱里以 43.75 万欧元的天价
拍下这一独一无二的婚书，并准备在巴黎书信手稿博物馆里展
出。当天，巴黎书信手稿博物馆还将拿破仑时期"以叛国罪对
拿破仑 1794 年 8 月 9 日签发的逮捕令"和"1794 年 8 月 20 日
对拿破仑的释放令"的文件手稿以 11.875 万欧元的价格竞拍
买下。① 法国的反洗钱检方已在当年春天的时候对阿里斯托菲尔
公司展开了调查，发现公司涉及虚假交易和有组织的诈骗，涉嫌
的正是"市场欺诈"与"大型诈骗"。阿里斯托菲尔公司成立于
1990 年，其所涉的诈骗行为属于"一种新的'旁氏骗局'模式"。
所谓"庞氏骗局"（Pyramid scheme）源自投机商人查尔斯·庞兹
（Charles Ponzi）的骗术，一般是指利用新投资人的钱来支付老投
资人的利息和短期回报，以赚钱的假象来骗取更多的投资。然而，

① 参见严葭淇：《拿破仑与约瑟芬婚书近 50 万欧元拍出　拿破仑的爱情物证》，载新浪财经网
2014 年 10 月 8 日，http://finance.sina.com.cn/roll/20141008/235820485180.shtml，访问时间
2015 年 10 月 7 日。

阿里斯托菲尔公司所涉的新"庞氏骗局"，并不是通过密集交易所进行的投机行为，而是针对那些"被利益冲昏头脑"的收藏家展开的"投机"，通过对收藏、投资家鼓吹不要投资股票或债权，而是鼓动他们投资买进信件或是手稿。出于对受害人利益最大程度的保留，法国的检方不仅对 Aristophil 公司展开调查，还查封了公司的资产。①

案例分析：

　　上文中介绍的"阿里斯托菲尔之案"所呈现的就是通过欺诈、欺骗的手段以名家书信、手稿等艺术品而大量获取公众筹款的犯罪行为，这是一起典型的国外艺术品众筹失败项目的案件，其中所涉及的人数之多，标的额之大，而这场艺术众筹的"庞氏骗局"所带来的影响极为恶劣，打击了投资者的信心。正如近期频出的 P2P 平台"自融"（From the Melting）的现象，即已经拥有实体的企业借助互联网搭建网上的融资借款平台，然后以虚假包装的高收益回报项目吸引公众投资，而筹得的资金却用在自己的企业上。而本案件的情况有些类似，主要是热拉尔·莱里以自己博物馆的书信、手稿的艺术品在自己的艺术品众筹公司发起基金众筹项目，借助艺术品市场的走高势头和鼓吹行情，鼓动众人投资购买其基金。

　　论及本案例之实质，阿里斯托菲尔作为知名的艺术品众筹公司，其进行欺诈行为时迷惑性强，不易被投资者们察觉，该公司借机造势鼓吹书信、手稿的艺术品的价值，迷惑大众而大量购买

---

① 参见王维编译：《法国艺术品众筹公司 Aristophil 涉嫌诈骗遭检方调查》，载雅昌艺术网 2014 年 11 月 20 日，http://news.artron.net/20141120/n678890.html，访问时间 2015 年 10 月 7 日。

其艺术品基金，涉嫌集资诈骗。"阿里斯托菲尔之案"从另一角度反映了艺术品众筹风险之所在，具体有以下几点。

（1）艺术品众筹是高风险的金融投资

案例中呈现了艺术品众筹的高风险性特点，由于艺术品在确权估价时具有变化性和可不测性，难以准确地评估衡量，而互联网众筹模式无疑会放大这一风险系数。当艺术品众筹遭遇诈骗项目时，所带来的影响和危害极大，有如"阿里斯托菲尔之案"的投资欺诈风险，该艺术品众筹骗局高达5亿欧元的涉案金额，对投资消费者而言，无疑是严重地侵犯了其权益。所以，认识到艺术品众筹是高风险的金融投资行为是非常重要的，投资者需事先有所了解，并且应当具备一定的风险承受力，不仅是心理上，还有经济上的承受能力，如此才能更好地面对潜在的高投资风险。还有，对艺术品众筹的有效监管是防范投资高风险的必备手段，在本案中法国的反诈骗调查团展开的及时调查取证，并做出查封阿里斯托菲尔公司资产的处理，为维护与追回投资人的合法权益争取了宝贵时间。

（2）艺术品众筹的欺诈行为较为隐蔽

当艺术品众筹的欺诈行为发生时，往往带有很强的隐蔽性，在本案中体现明显，比如说直到法国的检方介入调查，阿里斯托菲尔艺术品众筹公司基金项目的诈骗真相才得以为公众所知。因为艺术品众筹公司对一般投资人而言有着知名与光鲜的"外表"，企业的实力也极易获得投资者们的信任，还有就是同属于热拉尔·莱里名下的书信和手稿博物馆经常参与的"高价竞拍"活动，让众人看到艺术品众筹公司的"实力"，所以这些"光鲜的外衣"让欺诈众筹项目充满隐蔽性，导致了投资者盲目性地投资和对项目的过高估值。就一般的艺术品众筹而言，当发生诈骗行为时的确较之一般的众筹项目会更具迷惑性，伴随现代科学技术手段的日新月异，艺术品真伪难辨、虚假拍卖等炒作行为易致艺术品众筹欺诈行为的隐蔽性强化。因此，对艺术品众筹的运营管理需要严格监管，并加以法律上的强制规范。

（3）艺术品众筹的欺诈涉及面较广

互联网信息技术为金融创新提供了广阔的空间，为艺术品众筹的发展提供了强大的推动力，但一体两面的是，当艺术品众筹的欺诈行为来袭，波及和影响的人群较为广泛。上文的"阿里斯托菲尔之案"涉及欺诈金额为 5 亿欧元，而涉案被欺诈的投资人达到了 16000 名，可见利益受损害群体之广。艺术品众筹一旦发生欺诈骗局，就会影响较为广泛，这也是其高风险的体现之一，须予以有效的规制。

总而言之，艺术品众筹为艺术品市场开辟了一条创新发展之路，带来了机遇，也带来了投资的高风险，特别是艺术品众筹中的投资欺诈风险，因为艺术品的"确权""评估"难以像普通商品一样具体量化标明，"确值""保真"在互联网上的艺术品众筹项目中更加难以保证，所以就给欺诈欺骗行为有了可乘之机，因此平台对项目的审核与规范，相关机构对问题项目的监管是必不可缺的环节。

案例：Kickstarter 平台上首个遭罚的众筹违约项目

Kickstarter 众筹网站是目前世界上居于第一位的综合众筹平台，因其飞速的发展、巨大的规模、广泛的影响力和良好的信誉而引来人们的热切关注和支持。自 2009 年成立到 2015 年，

Kickstarter 平台上出现了首个众筹项目因违约而遭致美国联邦贸易委员会（Federal Trade Commission，简称 FTC）的处罚，罚款达 11 万美元。

这起案例的具体情况是这样的，2015 年 6 月 11 日，FTC 对埃里克·薛佛莱（Erik Chevalier）在 Kickstarter 平台经营的一项桌上游戏的众筹活动中误导赞助人而提出指控。其实早在 2013 年，薛佛莱就在 Kickstarter 上发起了一款名为"大西洋城末日"桌上游戏的众筹项目，在网页的相关介绍中，他把游戏描述成"带有轻微志怪奇幻特色"的都市游戏来吸引人的眼球，并假定如果投资人的捐款达到 75 美元则可获得白镴制成的游戏雕像一个作为回报来吸引投资。薛佛莱设定了 35000 美元的筹资目标，不曾想最终他竟获得了三倍于预期的赞助，共筹集资金 122874 美元。然而事实上却是另外一回事，薛佛莱成功在 Kickstarter 平台上获得了众筹资金，但是他设计的那款桌面游戏却从未真正投入研发，他只不过是于 2013 年间在网站上一直更新着游戏的研发进程。FTC 对薛佛莱提起起诉主要就是因其涉嫌欺骗，其成功众筹获得的资金没有按照承诺用于开发游戏当中，而是花费在自己个人的房租、搬迁等开支上，构成了违约行为，因此对薛佛莱作出了 11 万美元的处罚决定，并要求遵循"退款政策"。因此，这就成为了 Kickstarter 平台上首个因众筹项目违约而项目发起人遭 FTC 处罚的事件。

Kickstarter 平台在 2014 年 10 月 19 日更新了自己的用户使用条款第四部分内容，即投资人支持了一个众筹项目以后，那么投资人与项目的发起人之间就建立了一个有效的法律协议，投资人并不是与 Kickstarter 之间签订法律协议。当出现众筹项目遭遇失败、无法兑现承诺产品不发货或是众筹获得的资金消失等状况时，投资人可以提起法律诉讼，项目发起人则极可能会承担相应的法律责任，而 Kickstarter 也以此条款摆脱了责任。[①] 此外，Kickstarter 平台上的一项退款政策就是当项目发起人无法完成众筹项目的计划，没有如约进行相关的开发和产品生产，那么解决步骤是：第一，退款；第二，详细叙述资金款项的用途细节；第三，采取其他的措施补助投资人。还有，对于该众筹后所发生纠纷的完整解决补救方案需要项目的发起人能够证明众筹资金运用得当、对投资人所报的信息是实情而没有欺骗，并将余下的资金退还给投资人，如果当投资人对这些采取的补救解决标准并不认可时，则可以向项目发起人提起法律诉讼。[②]

案例分析：

Kickstarter 平台一直以其良好的信用，成就了不少"明星项目""明星企业"而在业界享有美誉。根据 Kickstarter 平台在 2015 年 12 月 8 日发布的一份独立研究报告中的数据显示，该平台上众筹项目的未能履约率在 9% 左右，大约 8% 的众筹资金流入到这类失败的项目中了。还有，当众筹项目失败时，向支持者退还资金的仅占 13%，一些众筹项目的投资人则表示能够妥善处理众筹失败后问题的项目方所占比例在 15%—20%。[③] 所以，

---

① 参见顾秋实译：《Kickstarter 更新使用条款中有关项目失败的说明》，载 TC 网 2014 年 9 月 20 日，http://techcrunch.cn/2014/09/20/kickstarter-updates-terms-of-use-section-related-to-failed-projects/，访问时间 2015 年 10 月 7 日；参见 Kickstarter：《Terms of ues》，载 Kickstarter 网 2014 年 10 月 19 日，https://www.kickstarter.com/terms-of-use/，访问时间 2015 年 10 月 7 日。

② 参见 Geneva：《Kickstarter 首个众筹违约遭罚款 11 万美元》，载金评媒网 2015 年 6 月 18 日，http://www.jpm.cn/article-2328-1.html，访问时间 2015 年 10 月 7 日。

③ 参见书聿：《Kickstarter 约 9% 众筹项目未能履约》，载新浪科技网 2015 年 12 月 8 日，http://tech.sina.com.cn/i/2015-12-08/doc-ifxmhqac0201635.shtml，访问时间 2015 年 12 月 9 日。

总的来说，Kickstarter 平台的运营状态是不错的，作为世界上最大的众筹网站，其发言人大卫·加拉格尔曾在《华盛顿邮报》上发表声明说道：从信守承诺这一方面而言，Kickstarter 平台上的"众筹发起人的诚信记录还是令人惊叹"，因为假如项目"发起人滥用我们的网站系统，辜负赞助人的信任，那他就将会受到法律的制裁"。因此，Kickstarter 平台成立了六年以后才出现了首件因违约而遭致 FTC 处罚的项目，一方面可以看到 Kickstarter 众筹平台整体运行的实力，运营过程的规范和严格的风险监督规制让平台上一切秩序井然；另一方面，Kickstarter 平台的所在国对于众筹的法律规范及时地出台，使众筹模式予以法律上的认可，并制定出法律框架内的规范，起到了防御和规制风险的作用。

具体分析上文所述的案例，作为 Kickstarter 平台上首个遭受 FTC 严厉惩罚的众筹项目，备受多方的关注，也因其对整个众筹行业具有典型的代表性意义。笔者就将从这个典型的案例中提取有益经验，以期对国内艺术品众筹未来发展有所助益。下面具体来看：

首先，Kickstarter 平台上发起的"大西洋城末日"桌面游戏众筹项目属于奖励式或回报式众筹，该项目出现的问题是发生在前期筹资完成了众筹目标以后。其次，该项目在众筹过程中出现"超额"筹资的现象，也就同时带来了资金是否合理、如约的使用，资金使用监管，承诺能否兑现等方面的风险问题。还有在本案中，平台依据其管理条款所作出的处理，比如说 Kickstarter 平台的"退款政策"，为项目所发生的欺诈、承诺无法兑现等问题作出了相应的管理和安排，为其他众筹平台的运营发展做了一个很好的范例。此外，美国 FTC 在本案中首次对 Kickstarter 平台上的众筹项目开出罚单，意味着美国法律将众筹模式、众筹平台纳入了正式的监管范围之中，这个罚款惩戒之举，乃是今后法律监管众筹模式的运营、规制众筹融资风险的开端，所以意义深远。

透过案例，我们可以看到，项目众筹的风险不仅仅只是在于能否筹集到目标资金，还有存在于当前期成功获得融资以后的有关项目投入实际研发运营、资金使用和产品的生产之上，能否兑现承诺是投资者所要面临的最大风险因素。而本案在众筹开始之初，项目就存在着欺诈，发起人薛佛莱并未进行真正的游戏研发，只是用网站更新"研发数据"的假象来欺骗消费者吸引投资，最后实则将众筹资金用在个人消费开支上，可见当众筹项目发生欺诈时，往往是要等到众筹融资成功以后、资金进入了使用阶段才易被发觉，那么潜在的投资风险便会倍增。因此，接下来通过反思本案，具体来分析 Kickstarter 平台上项目众筹融资的风险。

（1）超额募资的风险

在案件中原本所预期众筹目标资金只有 35000 美元，可是，到后来该项目众筹出现了"超预期"的募资现象，获得了三倍于预期目标的资金。超额募资的现象之所以会出现，一方面缘于市场的运作、激烈竞争下的"优胜"选择；另一方面也存在于金融市场的"羊群效应"投资，投资者的盲目跟风等。所以，这对于发起人而言，超额募资所带来的也是一体两面的效果，固然筹集获得越多的资金，对企业的扩融有着重要意义，可以迅速扩大规模化生产，提升企业实力，但是资金流越大，对于后期资金的运作和投入的产品生产的压力就必然会增加。

特别是对初创企业来说，项目发起人所要承受的责任就越大，比如说超额募资大大超过预期，原本预计的订单在几千左右，而超额募资却带来了几倍于预期的订单，那么没有"封顶"的众筹融资会带给初创"试水"企业以巨大的压力，在大大超出其生产能力时，项目产品的生产如何能按质按量完成并兑现给投资人的承诺，这必然会超出预计的估算范围，而此时生产、采购、配送等各个烦琐的环节一旦出错，企业可能面临血本无归，所以这对发起人和投资人而言，超额募资会增加双方的投资风险。如果是艺术家以绘制的艺术作品作为众筹项目，如果发生"超募现象"，则易发生项目承诺难以兑现的情况。所以，超额募资的风险会体现在资金众筹没有上限的不可测性和投资风险的加剧性，如此对于平台和机构的监管而言，无疑是增加了资金监管的成本和难度。

（2）发起人欺诈的风险

发起人的欺诈往往涉及"非法集资"，即设计项目作为诱饵，欺诈投资者并诱使其参与融资，而这便是众筹模式的投资高风险性之所在。本案中游戏项目的发起人自始并未真正投入游戏的研发设计，而仅是做出一些网页更新的"假象"，让投资者们确信该项目是处于"研发状态"，从而吸引了大量的投资者参与到融资中，最后获得了三倍于预期的资金，发起人却将筹资挪为私用。发起人欺诈所带来的投资风险是很大的，往往波及的范围和影响的人群在互联网的作用下广泛而具不特定性，如此极为不利于众筹模式的健康发展。

（3）众筹资金滥用的风险

在本案平台上所遇众筹资金滥用的问题，是众筹模式运转过程中的一个共性问题，即广大投资者都会面临的投资风险。正如 Kickstarter 平台在筹资的过程对资金的监管是比较严格的，项目发起人必须在设定的时间内完成预期的众筹额目标，平台才会把项目全部的众筹资金在扣减平台费用后打给发起人。但是，当筹资发配给发起人以后，有关资金使用的监管却成了现实中的难题。以本案为例，发起人打着开发桌面游戏的幌子，成功获得了大量项目资金却实则作为私用，然而，现实中众筹项目资金的滥用往往也是在事发以后才被知晓，因为众筹后期进入产品化环节的资金监管较有难度。案例中是由于 FTC 的介入，对发起人薛佛莱展开调查，了解其资金滥用的实情并起诉，最后判以高额罚金，实际上起着"事后监管"的作用。

（4）承诺兑现的风险

投资者还要面临的一大风险是有关众筹项目的承诺兑现问题，在投入了资金以后，投资者只有等待项目发起人兑现承诺，而承诺中的产品何时能送达投资人的手中，这一般难以确定，实践中就出现较多的拖延情况。承诺兑现的风险问题，一般分为两种情况，其一是在众筹资金成功以后，发起人获得了筹资开始投入研发、生产或创作，去兑现自己之前对投资人的承诺，但是假如遭遇研发失败或是产品未能生产出来而导致承诺不可兑现，该风险一般需要投资人分担，Kickstarter 平台的处理方法是采用"退款政策"，即项目发起人需证明自己资金使用的合理性，或对投资人提供相应的补偿等，对投资人而言是需要承担一定的投资风险。其二则是项目发起人滥用筹资，没有如约进行研发或生产，对投资者仅是恶意的欺骗，那么这种情况的投资风险是可以借助法律手段予以规制，投资人可以追偿自己所受的损失。

众筹平台管理上的可借鉴之处如下：

分析 Kickstarter 平台的运营，其管理上有着独到之处，也基于此，助其成为全球最大、最知名的众筹平台，自成立六年以来才出现了首个遭受 FTC 严厉处罚的欺诈性众筹项目，可见其管理的有序和成熟。任何互联网金融的创新都是与高风险相伴相生、不可避免的，从源头上的严格管理和有效监督是对抗风险最行之有效的措施。

①平台的严格审核

Kickstarter 平台管理上对项目严格审核的举措，对于国内艺术品众筹平台的发展而言是有着积极的借鉴作用的，因为众筹模式本就是包容性很强，各种项目"琳琅满目"，以国内目前的艺术品交易环境，那么众多的众筹项目当中容易潜伏着"非法集资"、恶意欺诈等不法行为，易致交易乱象的出现，而假如施以"审核式"管理等措施，可以一定程度上防范风险的发生。因此，在 Kickstarter 平台上对项目的严格评估审核，把好项目质量关的管理方式是值得借鉴的有益经验。

②平台的中间人角色

Kickstarter 平台在投资人和项目发起人之间充当着"中间人"的角色，在众筹资金的前期阶段，平台在经过较为严格的项目审核之后，对资金同样进行着严格的监管，但是当项目成功完成筹资，平台将资金打给发起人之后，即众筹投入生产化的后期阶段，平台难以再对资金实时监管，平台有自己的规章制度，比如说"退款政策"，也就是当项目发生无法兑现对投资者的承诺时，平台发挥协调投资人与发起人间的作用，即需发起人举证自己资金是否合理的使用，协调发起人在项目研发失败后对投资人的退款等补偿措施。

但是，Kickstarter 平台自始处于中间人的位置，一旦双方协商不成，需要当事人自己诉至司法，而平台是不参与诉讼的。

此外，在结合众筹平台对抗风险的一系列举措之后，还需法律的监督规范。以本案为例，FTC 首次对 Kickstarter 平台上因项目违约而严厉处罚的措施，就标志着法律对众筹模式运营实践中的规范和监督，惩戒了恶意发起人在众筹平台上的欺诈行为，从而保护了投资消费者的权益，可以有效地对抗投资风险。同时，美国在 2012 年颁布《JOBS 法案》实施以后，SEC（美国证券交易委员会，上文有详细述及）开始直接监管众筹业务。在这起案件中，虽说不是直接的艺术品众筹项目案例，但是对于整个众筹行业而言是具有特殊含义的，是国外众筹模式走向成熟的标志，也预示着其法律监管的日益完善。而对于我国而言，上文中的案件对国内众筹模式的发展，特别是众筹的法律监管制度的建立有着良好的引导作用。

六、国外艺术品众筹运作的启示

综观国外艺术品众筹模式的运营，喜见其日渐走上了规范化和成熟化的轨道，在上文中，既详细分析了国外众筹模式运营实践过程中艺术品项目众筹成功的案例，也一再反思国外众筹失败、受处罚的案例，从中确实收获了国外艺术品众筹运营实践中的一些有益经验，比如说众筹平台的运营过程、管理制度、监管措施、艺术品众筹项目的运转、司法的监督管理方面等，特别是对于风险的防范与规制所采取的一系列举措，为国内艺术品众筹模式的探索提供了一个可供参考的"范本"。同时，每一个地域国界的风土人情是具有差异性的，探索自己的发展之路需要结合本国的具体国情与社会环境，所以，在此分析国外艺术品众筹的众多案例，介绍各种不同的运作经验、风险防御的方式，旨在对国内艺术品众筹的未来探索有所启示。

下面，笔者仍是从案例开始进行分析，进而总结国外艺术品众筹运作的有益启示。

案例：梵蒂冈运用众筹为教堂开启翻新工程

梵蒂冈西斯廷教堂（Cappella Sistina）以拥有米开朗基罗为其创作的气势恢宏的穹顶画《创世纪》（Genesis）、巨制壁画《最后的审判》（Last Judgment）、拉斐尔的《福利尼奥的圣母》（Madonna of Foligno）等众多大师级的艺术珍品而闻名于世界。现在，这所著名的梵蒂冈艺术博物馆也加入了全球众筹的浪潮，该教堂发起了一系列的艺术众筹项目来支持艺术品的维修维护。在2015年，梵蒂冈推出了一款"Patrum"的应用程序，通过该程序，投资人可以通过手机就实现为西斯廷教堂的艺术品维修众筹项目而捐赠资金。以2014年梵蒂冈博物馆的门票收入统计来看，总收入折合人民币大约在5.6亿元，但是一半以上的收入会纳进梵蒂冈城国的财政，余下的除去博物馆的运营成本、费用支出等开支，用来维护艺术品、维建场馆的费用仍是有限的，所以，梵蒂冈博物馆也开始运用艺术品众筹模式来开拓资金的融资渠道，借助世界人民对梵蒂冈珍稀艺术品的欣赏和喜好，集众力而实现耗费资金且复杂的艺术品维修工程。①

---

① 参见凤凰艺术：《梵蒂冈加入众筹风潮　新艺术捐助应用程序惹争议》，载雅昌艺术网2015年8月24日，http://news.artron.net/20150821/n771952.html，访问时间2015年10月7日。

案例分析：

梵蒂冈是个政教合一的神权国家，西斯廷教堂是宗教仪式的举行地，建成至今已有五百多年的历史，而现今这所充满古典气息的艺术殿堂——梵蒂冈博物馆，也在与时代同步，将最具潮流和创新特色的艺术品众筹模式引入到艺术博物馆的维建和运营的过程中，广泛吸引融资。在国外运用艺术品众筹模式的实践中，早已不再局限于以艺术作品的销售为目的，而是以众筹融资修建艺术品博物馆、众筹艺术机构、众筹举办艺术活动等灵活多样的项目不断演进出现。具体分析本案例，有几点特色之处耐人回味。

（1）手机应用开启艺术品众筹模式

梵蒂冈艺术博物馆在实践中的特色不仅是运用了众筹模式作为其发展的新理念，更是结合了手机应用程序的科学技术，以此充分发挥艺术品众筹的功能，开启为教堂博物馆众筹融资的活动。目前，互联网在世界范围内的普及已有显著成效，根据国际电信联盟（International Telecommunication Union，简称"ITU"）发布的《衡量信息社会发展报告》数据显示，到 2015 年全球的互联网用户已经高达 32 亿，大约 46% 的家庭可以实现在家中上网，[①] 因此互联网的时代已经到来。与此同时，移动互联网的用户更是逐年激增，梵蒂冈艺术博物馆通过研发手机应用程序"Patrum"来发起一系列的艺术品众筹项目，也是搭乘移动互联网信息科技的快车，更进一步地发挥了艺术品众筹的融资作用，这无疑是向更广泛的不特定人群推广艺术品众筹的

---

① 参见人民日报：《全球互联网普及成效显著》，载新华网 2015 年 12 月 14 日，http://news.xinhuanet.com/politics/2015-12/14/c_128526098.htm，访问时间 2015 年 12 月 14 日。

项目并吸引投资。当结合手机应用程序所潜在着海量用户的优势，更加有利于将艺术品众筹模式的"聚众拾柴"发挥到极致，这便是有益的创新结合大胆尝试。还有，现在世界上越来越多的大型众筹网站也开始逐步投身加入这一创新方式的行列，因为不断融入最前沿的科学技术成果，把众筹模式的发展推向了一个新的高度。

（2）艺术品博物馆的发展新出路

本案例中梵蒂冈艺术博物馆运用众筹模式来解决博物馆运营、维建过程中繁重而高昂的费用，是有益的探索之举。当前，由于人们娱乐生活方式越来越丰富多样，互联网的普及让人们获取信息的能力无限提升，因此到博物馆参观传统艺术品展览的人群日渐缩减，艺术品博物馆面临着严峻的生存压力和未来发展的挑战。现在仅依靠着传统的运作方式，博物馆明显力不从心，难以维续，而艺术品众筹模式却给艺术品博物馆开辟了一条新的发展出路，艺术品博物馆也开始与互联网密切结合。以上文的梵蒂冈艺术博物馆为例，计算分析其运营成本和账务收支的状况，以其以往博物馆最终获取的门票收入仅能够维持馆场基本运营平衡，年代久远的壁画、场馆的维护、建设等都需要高昂的费用，艺术品众筹模式无疑为其开辟了新的融资渠道，可以缓解博物馆运营、维建的资金压力。现今社会，已然是互联网的时代，艺术品博物馆在面临日益激烈的竞争和生存危机的情况下，艺术品博物馆借艺术品众筹模式的创新力，聚集众人之力，为未来的发展谋得了新的出路。

（3）博物馆运用众筹将艺术普及于"众"

艺术品博物馆与艺术品众筹的结合下，通过发起系列的众筹项目，可以不断地向世界不特定的人群推广和宣传博物馆的艺术魅力与馆藏艺术珍品，通过众筹将艺术普及于"众"，提升了艺术品博物馆的自身影响力和软实力。而在艺术项目众筹的过程中，艺术文化的宣传意义作用深远，艺术品博物馆发起众筹项目可以吸引世界上更多的人群热爱和关注艺术、一同参与到对艺术文物的维护中，吸引人们回归参与到艺术品展览等形式多样的艺术活动中，从而使人们更加乐于投资艺术品、支持艺术品博物馆的运营。

总而言之，目前国外的艺术品博物馆掀起了艺术品众筹的热潮，世界上越来越多的博物馆也逐步加入到这个创新的行业，比如说知名的法国卢浮宫、法国奥塞博物馆、美国北卡罗来纳州历史博物馆、本案中的梵蒂冈艺术品博物馆等。运用艺术品众筹模式打破了传统融资方式依靠金融机构的局限性，将之作为重要的融资补充手段，为艺术品博物馆的发展带来了新的机遇。国外艺术品博物馆运用众筹模式解决融资难题，开辟新的发展之路，这对我国的艺术品博物馆而言是可供参考的经验和案例，有助于国内艺术品博物馆解决和应对同样的难题与挑战。回看国内的博物馆，在 2014 年也出现有走众筹模式的创新尝试，比如说中国金融博物馆尝试运用众筹模式策办展览，在众筹网上发起了"革命金融展"的公益众筹项目，最后获得了 32 万元的融资支持。虽说这次的众筹项目是属于公益性质的捐赠式众筹的范畴，但是成功的实践表明，众筹模式可以成为博物馆吸收公众的融资，推广文化艺术活动的手段。

案例：Patreon 艺术众筹平台遭黑客袭击的事件

在 2015 年 9 月 28 日，Patreon 艺术众筹网站发现遭遇了黑客的非法入侵，有超过 16GB 的资料泄露在网络，其中包括 14GB 的资料库记录、超过 230 万个电子邮件地址、数百万封的邮件讯息等。10 月时，由独立安全研究员 Troy Hunt 在其设立的网站 Have I been pwned 上公布了这一消息。据该众筹平台的共同创办人兼执行官杰克·康特（Jack Conte）坦言，遭黑客入侵的是 Patreon 正处于公开测试的网站，其中就有一个"运作中的资料库快照"，所幸测试网站伺服器的私密金钥及时移至防火墙未被获取。从所发布的内容来看，这次黑客入侵 Patreon 网站虽然获取了"注册名称、电子邮件地址、送货地址、张贴内容和 2014 年以前的一些账单地址"的资料信息，至于用户密码、安全码等机密有 Patreon 采取的"不可逆 Bcrypt 加密机制"，以"2048 bit 的 RSA 金钥"的加密保护，使这部分内容相对安全，且 Patreon 未存储用户完整的信用卡资料，信用卡号码未被窃取。不过，康特仍建议该网站用户去更新密码。①

随后，有用户称收到了"恐吓邮件"，声称掌控了客户税单号、税单及信用卡等隐私信息的黑客要挟用户，称如要赎回自己的信息需向邮件中附有的比特币网站提交一个比特币的赎金。②

---

① 参见 IT 网站:《音乐众筹网站 Patreon 遭黑客入侵　用户资料被泄》，载众筹之家网 2015 年 10 月 9 日，https://www.zczj.com/news/2015-10-09/content_4191.html，访问时间 2015 年 10 月 9 日；参见安华金和:《2015 年全球数据安全事件盘点分析》，载和讯网 2016 年 1 月 4 日，http://tech.hexun.com/2016-01-04/181576506.html，访问时间 2016 年 1 月 5 日。

② 参见 cnBeta 网站:《众筹平台 Patreon 遭攻击　用户被要求支付赎金换数据》，载众筹之家网 2015 年 11 月 23 日，https://www.zczj.com/news/2015-11-23/content_4873.html，访问时间 2015 年 11 月 24 日。

案例分析：

当众筹模式在全球迅猛发展之时，本案件中问题的出现给处在热情高涨的人们猛地敲响了一记警钟，所告知一个事实便是众筹模式在高速发展过程中，同时潜伏着高风险的危险。正如互联网连接世界，快捷地传送大量信息数据，但是互联网的信息安全问题却极为迫切，是全世界所面临的共同问题。而众筹模式是以互联网信息技术为基础的，所以，众筹模式的运营过程以及未来发展所面临的主要安全风险问题也是互联网的信息安全问题，比如计算机病毒的侵入、黑客攻击的信息窃取等。在上文的案例中，Patreon 艺术众筹网站平台遭遇黑客攻击并泄露大量有关用户的个人隐私信息，正反映出了艺术品众筹所面临的问题、危机和挑战。

近年来，电信网络诈骗、个人的账户盗取、个人隐私的侵犯等危害事件频发，网络安全威胁成为制约互联网发展的首要因素，而且伴随互联网在全球范围内的普及而日益凸显。互联网金融创新所依托的基石就是互联网，"安全是发展的首要前提"，艺术品众筹模式要想朝着良性发展，不可缺少的是需要一个安全的网络大环境。在本案中，Patreon 艺术众筹网站此前刚好完成了几轮上千万美元级别的融资、合并，平台的整体发展相当迅速，而当发生黑客攻击的事件以后，无疑对其有着不小的冲击和影响。网络的信息安全问题可以说是艺术品众筹现在乃至将来的发展所要面临的主要风险之一。

具体来说，艺术品众筹面临的安全风险问题主要有以下几点。

（1）互联网用户的信息遭"黑"泄露

艺术品众筹的发起所依赖的是互联网，通过网上的众筹平台向世界发布项目，传播快、影响范围广，但是假如网络出现不安全，艺术品众筹的运营就会难以正常进行，特别是当发生黑客的恶意攻击、信息的窃取，那么不仅是给众筹平台，还将给项目发起人和投资人带来严重的侵害，且侵害一时也难以消除。一旦用户的私人信息、账户密码等遭"黑"泄露在互联网上，那么其信息的传播范围是面向全世界的，危害和损失将是难以估量的。案例中 Patreon 艺术众筹平台遭黑客袭击的事件，涉及遭"黑"泄露的数据竟有16G之多，数百万个邮件地址和邮件讯息被传播到互联网上，不幸中的万幸是，Patreon 平台对用户密码、安全码等曾设有加密保护，以不至于对用户的财产造成直接损失。所以，网络信息安全问题，特别是用户的信息安全威胁是制约艺术品众筹，也是所有众筹模式发展的"短板"①，是重要的风险因素。

（2）发起的项目涉及欺诈

艺术品众筹还要面临的安全风险是项目涉及诈骗，这一般主要表现为发起人以欺诈的方式发起项目非法吸收公众的资金。互联网的交互性使其具有高度的开放性，互联网众筹平台上的项目"琳琅满目"，也存在"鱼目混珠"的情况，而发起人的欺诈行为、恶意非法集资就会给众筹投资交易带来极大的风险，会致使投资人血本无归。所以，这种高风险往往会成为投资人交易的顾虑，进而影响到艺术品众筹发展过程，防范项目的欺诈风险是必不可少的。

（3）投资人涉及诈骗

一般而言，人们所了解的安全风险问题中艺术品众筹的项目

---

① 木桶原理是指木桶能够装多少水是由木桶最短的那块木板决定的。文中的"短板"即指制约众筹模式发展的最关键因素，决定着众筹模式未来发展的程度。

涉及欺诈是因发起人的诈骗行为所引起的，而可能忽视投资人涉及诈骗所带来的危害。在 Kickstarter 平台上曾出现有恶意投资人，利用众筹网站的交易流程，即投资进行信用卡的交易前要先等到回报到来，这样恶意投资人在先获得了回报再拒绝付款，以侵害发起人的利益而从中获利。目前这种风险的危害数额和数量上都不是太大，但一旦发生，对众筹项目发起人会造成直接伤害，而且投资人所涉的诈骗行为往往比较容易让人忽略大意。因此，不仅要审核项目发起人的信用，对投资人的诚信审核也同样重要。

（4）激增众筹平台的信用问题

近几年众筹在世界范围内兴起浪潮，互联网上的众筹平台日渐激增，那么有关众筹平台的资质、运营的信用等问题也将会影响到艺术品众筹能否顺利地进行。以美国为例，在《JOBS 法案》施行以来，对众筹平台的资质有严格的要求，比如说众筹平台需"在 SEC 和其他行业自律组织注册"，还对投资人肩负风险披露的义务和教育的职责；在治理结构方面则对"融资门户"有所限制，即众筹平台不可从推介上面发布的项目获取报酬，更是禁止众筹平台与项目发行人之间存有利益关联，也禁止众筹平台的负责人、合伙人、管理人员等从平台获取个人利益，但可以对项目发起人提供服务而收取相应的费用。所以，对众筹平台进行严格的审核与管理，有助于从源头上防控激增的众筹平台所带来的潜在信用风险问题。

面对网络安全的诸多风险因素，国外的实践中以法律层面明确规范风险、监管风险是最为有效的规制手段。还有，网络安全的威胁，也需要不断提升信息技术与技能，在上文 Patreon 平台遭"黑"袭信息泄露中可见信息安全技术的重要性，所幸当时设有"金匙""不可逆"加密机制的保护，才得以让用户的密码、安全码等核心信息没有遭破解外露，所以，艺术品众筹的发展过程中，对互联网信息技术的要求和依赖度都是非常高的。因此，透过众筹平台的安全事件所得出的有益启示，一方面是在技术层面全面提升维护网络安全的技术手段，这会是一个庞大的工程，需要世界多国的协作努力，一起营造互联网金融发展的良性网络环境。另一方面是在制度层面上，法律制度的更新完善、监督机制的确立都是防范艺术品众筹交易风险所必不可少的。

统观国外最新的艺术品互联网金融创新交易模式的实践，分析艺术品众筹运行的状况，尤其是对那些成功的众筹平台、艺术品众筹项目的案例进行深入探索，不难发现国外艺术品众筹模式发展的最大特色之处在于其对风险的严格监管、对众筹模式在法律制度上的更新完善、建成了"一条龙"式的全面服务体系和不断构建和完善的金融投资消费者权益保障体系。因为，但凡想要获得不竭的发展动力就必须不断地进行创新，艺术品众筹交易模式兴起于国外，其实质上是艺术品与互联网金融结合下的一种创新尝试，且国外众筹模式的发展也在实践的探索中逐步走向成熟。

那些已然获得成功的艺术品众筹项目均是通过呈现在综合性的众筹平台或是专业性的艺术品众筹平台之上得以向公众展示，向大众吸引投资者的融资。艺术品众筹模式需要以互联网信息技术作为基础，以众筹平台为交易媒介，这种创新交易方式将艺术品与互联网金融紧密地结合在一起，但是，投资的高风险因素也与之相伴而生。因此，在大力发展艺术品金融创新产品，力求让艺术品交易越来越方便快捷之时，同样需要具备自己的一套严格的操作制度、管理制度和监管措施，来及时地防范和避免艺术品交易高风险的发生。从国外艺术品众筹模式在实践过程中显示出的有益经验可见，其对风险有较强的防范意识，配套的法律规范及时出台，从法律上肯定了众筹模式的存在，对众筹模式风险展开全面式的严格监管防控，因此，国外的众筹发展得以较为有序，为新兴型企业、初创从业者开拓了融资渠道和提供了融资的便利，促进和鼓舞了创新型企业的发展，也一定程度上促进和解决了就业等社会性问题。

再来回顾国外艺术品交易的发展历程，从传统的画廊艺术品买卖交易到艺术品拍卖，再到艺术品基金、艺术品银行、艺术品保险等，越是到近代，发展的形式趋于多样化，互联网的迅猛发展更是促进了艺术品与互联网金融的结合，出现了众筹模式，国外艺术品交易的发展日益提速，且特色纷呈。比如说艺术品交易中艺术品的评估确值问题，国外曾创建了以梅—摩指数作为对艺术品价值的评估系统，而该指数被国际投资银行摩根士丹利（Morgan Stanley）评定作为世界的十大资产指数之一，即通过对每一次艺术品成交价格的追踪，让原本难以衡量的艺术品价值可以实现有效的评估。因此，国外艺术品基金、银行投资艺术品时会将大量的资金选择以知名度高、价格成熟稳定、有良好市场基础的艺术品为主投资体，对新兴的艺术品则采用短线投资，即使是高收益也会以防风险作为投资的前提原则。当然，这对艺术品众筹等创新交易方式而言也是同样适用的。

总结国外艺术品众筹的发展经验，国外在不断构建完备的艺术品交易循环系统，为众筹等创新交易方式创造了发展的有利条件。第一，国外的艺术品交易已经历了较长时间与金融创新工具进行的融合，这种结合成为了一种发展的优势。并且，国外艺术品交易建立了环环相扣的配套服务系统，从艺术品的鉴定评估、咨询，到艺术品收藏、保管、运输和规划的服务，再到交易、买卖、保险和税收，还有在画廊、拍卖行、银行、基金乃至众筹平台，艺术品代理商、众筹项目发起人与艺术家、顾客、投资人之间有一个完整的运行体系，艺术品能在整个系统中流通、交易、变现、实现融资。这整个系统的建立及健康运行，可以对抗艺术品交易过程中的风险，对于降低和规制艺术品众筹的高风险更是意义深远，这是值得肯定的实践经验。

第二，国外的金融法律规范较为健全，比如英国在 1998 年颁布的《金融服务和市场法案》，称之为英国金融业的一部基本法，明确了新的金融机构和被监管者的权利与义务，实现了监管的统一。随之，英国不断推出了一系列的金融改革措施和金融法律，使金融法体系的构建日益完善以符合时代的需求，如《众筹监管规则》的出台显示出在英国众筹模式已正式纳入法律监管规制的范畴。再比如美国在 2012 年颁布并施行的《JOBS 法案》，也是对众筹模式等互联网金融创新在法律上进行的及时更新，将其纳入法律的规制之中。如此，国外金融法律规范的不断完善为艺术品金融创新的运行创造了良好的环境，严格监管有效地实现了对风险的控制。

第三，国外众筹平台的管理运作经验与风险监管，为艺术品众筹的良性发展奠定了基础。以世界上运作最为成功的众筹平台 Kickstarter 为例，平台上众筹项目的数量庞大而违约率在 9% 以内，其严格的管理制度，对众筹上线项目的严格审核、众筹资金的管控、众筹融资成功后承诺兑现的协议约定等做法都是有效防控风险的手段，是值得借鉴之处。

第四，国外有完善的艺术品保险保障体系，这就是较好的经验启示之一。比如说法国的安盛艺术品保险公司，其成功运作与发展能有效地解决对艺术品交易过程乃至其他运营时段对艺术品交易的潜在风险予以防范并提供有力可靠的保障。艺术品保险事业的拓展可以为艺术品交易金融创新的发展提供坚实的后盾，特别是实现对风险的有效防范与保障。这方面应是我国今后艺术品交易金融创新交易建立完善健全的机制所应发展的方向，因为艺术品保险事业的完善不仅有利于保障艺术品众筹完成融资交易，也有助于艺术品市场整体的发展。

第五，国外设有艺术品档案登记制度和完善的艺术品经纪人考核准入以及不断完善的法律监督机制。西方的艺术品对艺术品的转手交易、持有变更、参加展览和买卖建立了系统的记录档案，涉及交易年份、地点和价格信息，对艺术家则建立有类似"户口本"的艺术品档案集，如此追溯艺术品的源头，确保其真正的价值。而且，国外艺术品经纪人制度的成熟在于要通过考核获取从事艺术品经纪活动，因此从业人员更加专业化。还有加上相对完备的法律监督机制，对欺诈公众资金的问题项目由监督机关或部门予以管控，并实施严厉处罚以惩戒，注重对金融投资人合法权益的救济保护以及多元纠纷解决机制的建立，从而也使艺术品金融创新交易的风险得以有效规制，也为艺术品众筹模式的发展提供了强有力的保障。

总之，国外在艺术品的交易过程中有着较强的风险防范意识，对艺术品众筹这类与互联网金融结合下的艺术品创新交易方式更是高度关注。国外从法律上及时出台最新规则，在监管上平台与监管部门的协作与管控，在配套措施上完善艺术品保险制度、建立艺术品档案制度和金融消费者权益的救济制度、培养提升艺术品从业人员的水平等一系列的手段来抵御风险，这些无疑是创新发展过程中值得参考的有益经验。

第七章 我国艺术品众筹的风险监管与法律规制

引题案例：风险事件频出的 P2P 项目

我国自从 2007 年成立了第一家 P2P（网上借贷）平台，截止到 2016 年初就已发展成为 3944 家平台，可见 P2P 发展之迅猛。然而，令人堪忧的是 P2P 的风险问题频发，已然成为互联网金融爆发风险的主要领域。还有，P2P 平台普遍成立时间不长，在近两年来有些平台相继迎来了兑付的高峰期，所以问题平台数量一时暴增，而"跑路"也因此成为 2015 年的"关键词"之一。

根据零壹研究院数据中心的一份最新数据统计，显示出到 2016 年 2 月 29 日为止，国内有线上业务的 P2P 借贷平台共计 3835 家，其中有问题的平台就高达 2133 家，约占 56% 的比例。这些平台所出现的问题主要表现为歇业停业、失联、恶意跑路、提现困难、涉嫌诈骗等，其中失联、恶意跑路和涉嫌诈骗的平台又占去问题平台的 52%，而有一半以上的问题平台的运营时间还不足 300 天。[①]

以在 2016 年初被正式定性为非法集资的"e 租宝"为例，"e 租宝"一开始就是一场"庞氏骗局"，打着虚构出来的高额收益

---

① 参见刘素宏、金彧：《停业、失联、跑路　P2P 问题平台大增》，载《新京报》2016 年 3 月 16 日，第 B06—07 版。

融资项目的幌子，实则以吸收新投资人的资金来归还旧投资人的本金、"自我担保"等欺骗手段非法向公众吸收资金，"e租宝"的实际控制人为钰诚集团及其关联公司，将资金挪为私用任意挥霍。"e租宝"自2014年7月上市以来，仅一年半时间就居于行业内的前列，在其案发前的一份统计数据显示，"e租宝"的累计成交量为745.68亿元，投资的总人数有90.95万人，2016年1月警方公布其所涉非法集资的金额高达500多亿元，受害投资人遍布全国的31个省区市。①

"e租宝"事发后又一场"庞氏骗局"真相浮现，也就同在2016年，"中晋系"相关联公司于4月受到全面查处，该互联网金融平台的非法集资诈骗行径也被揭示于众。从2012年7月开始，"中晋系"相关联公司先后在上海和其他省份投资注册了50多家子公司并控有上百家的有限合伙公司，打着"私募股权投资基金"的招牌，以"中晋合伙人计划"的名义来掩饰其伪造的假象，通过包装公司的形象、虚增交易业绩、利用虚假业务、关联交易等一系列手段，"线上＋线下"来骗取大量不特定公众的资金。② 同样也是短短几年时间，"中晋系"多家公司共计向2.5万的投资人非法集资399亿元，运用"借新还旧"等手段进行公司的运作，自己搞资金池，后来资金链断裂而案发，而未能兑付的

---

① 参见《"e租宝"非法集资真相浮出水面》，载新浪网2016年2月1日，http://news.sina.com.cn/o/2016-02-01/doc-ifxnzanh0501835.shtml，访问时间2016年2月1日。

② 参见朱翃：《继"e租宝"后又一互联网金融平台"中晋系"崩盘》，载千龙网2016年4月7日，http://china.qianlong.com/2016/0407/517637.shtml，访问时间2016年5月2日；参见陈倩：《中晋系骗局：非法吸储400亿元　老板一月开销50万》，载中国新闻网2016年5月16日，http://news.china.com/domesticgd/10000159/20160516/22653341_all.html#page_2，访问时间2016年5月16日。

金额达到 52 亿元，所涉及的投资人有 1.28 万多人。[1]

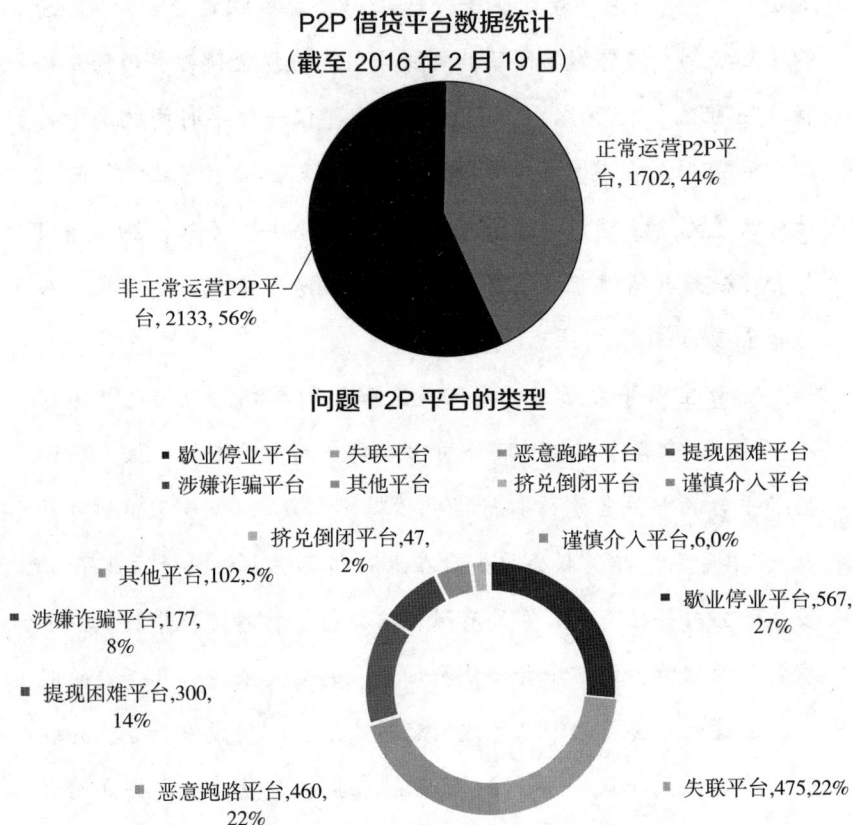

P2P 借贷平台数据统计

（截至 2016 年 2 月 19 日）

正常运营P2P平台，1702，44%

非正常运营P2P平台，2133，56%

问题 P2P 平台的类型

■ 歇业停业平台　■ 失联平台　■ 恶意跑路平台　■ 提现困难平台
■ 涉嫌诈骗平台　■ 其他平台　■ 挤兑倒闭平台　■ 谨慎介入平台

挤兑倒闭平台，47，2%

谨慎介入平台，6，0%

■ 其他平台，102，5%

■ 涉嫌诈骗平台，177，8%

■ 提现困难平台，300，14%

■ 歇业停业平台，567，27%

■ 失联平台，475，22%

■ 恶意跑路平台，460，22%

图 21　P2P 平台统计及问题平台类型[2]

从以上的数据和触目惊心的案情可以看出 P2P 网贷及 P2P 平台在运营过程中的失败率居高，而且风险系数较大，P2P 网上借贷的实质本应是融资租赁公司以项目利差赚钱，平台则收取中介费用，但这些非法集资、

---

[1]　参见简工博：《中晋系资金运作模式就是"庞氏骗局"》，载人民网 2016 年 5 月 16 日，http://sh.people.com.cn/BIG5/n2/2016/0516/c357908-28338230.html，访问时间 2016 年 5 月 16 日。

[2]　数据来源于零壹财经，参见刘素宏、金彧：《停业、失联、跑路　P2P 问题平台大增》，载《新京报》2016 年 3 月 16 日，第 B06—07 版。

诈骗等行为却是假借 P2P 之名，行"自融""搞资金池"等之实，达到向不特定公众吸收资金并挪为私用、任意挥霍的目的。当前 P2P 借贷平台所爆发的问题突出，其原因一方面是 P2P 的投资高风险，另一方面则是机构监管和功能监管的缺失。因此，实践中显示 P2P 网贷的风险不容忽视，对其风险的规制应刻不容缓。

　　论及艺术品众筹模式的发展，因艺术品本身的特殊属性，价值较难具体量化，债权式艺术品众筹是艺术品与互联网金融的融合，其风险较之一般的网上借贷则会更加突显，甚至还有增加交易风险之嫌。因此，债权式的艺术品众筹如果要寻求未来的发展，那么从源头上的风险监管与风险规制就是必不可少的要素。通过前文的几个章节对艺术品众筹所做的全面分析与论述，接下来需要探寻的是问题的解决之道。

一、艺术品众筹的风险

　　但凡创新，就必然会面临风险。艺术品众筹是艺术品与互联网金融结合下的创新交易方式，是创新的产物，同样相伴有高风险的产生。作为从国外兴起并传入的众筹模式，在我国会面临着与本国土壤环境相融合、相适应的过程。我国在 2011 年的艺术品市场成交份额为 137 亿欧元，成为全球第一大的艺术品市场，且中国市场活跃，每年艺术品成交额在世界平稳居高，逐步奠定了艺术品市场大国的地位，中国的私人艺术收藏在国际的影响力也不断增强，所以艺术品金融创新也在我国得到快速发展。自 2013 年，世界的艺术品市场发展过程中网上的艺术品交易兴起，并日渐活跃成为全球艺术品市场的新发展趋势，当年的艺术品网上交易总额为

25 亿欧元，而每年预计以至少 25％ 的速度持续增长，那么预计到 2020 年则全球艺术品的网上交易额可能会达到 100 亿欧元。而 2014 年国内的艺术品网上交易额达到了 45 亿元，同比增长了 50％。但是，越是拥有这样良好的市场发展前景，就更加应当注意投资风险的防范与有效规制，减少潜在风险可能带来的利益损失，以期寻求机遇创造收益，开拓艺术品市场的发展渠道。

然而，何谓风险？欲防范规制风险，则必先知风险之实。溯及风险的语源，为意大利的古语 "risque"，其含义从 "遭遇危险" 到 "遇到破坏或损失的机会"，随着社会的不断进步而演变，被赋予经济学、社会学、哲学等越来越多的含义。到目前为止，学术界尚未对 "风险" 定义有统一的内涵，但一般主要是指 "未来结果的不确定性或者损失"，而从不同的角度分析，会有不同的风险类别。在本章引题的案例中，P2P 模式所遭遇的风险袭击，被利用为非法集资的工具，监管的缺失，引人深思。而作为创新产物的艺术品众筹，其潜在的风险更甚，与互联网金融结合下的艺术品交易将会面对更多未知的可能性，是机遇，也更是挑战。那么，艺术品众筹模式具体有何风险？本章将主要立足于法律的视角，研究分析艺术品众筹现实存在的法律风险以及相关问题，在下文做更进一步的具体论述。

1. 法律风险

艺术品众筹模式大致上划分为四个类别：奖励式众筹、股权式众筹、债权式众筹和捐赠式众筹，每一种类别有各自特殊的风险因素，其中以股权式艺术品众筹和债权式艺术品众筹这两种类别的风险相对最大，需要严于监管以保证交易的正常进行。由于法律规范具有滞后性，对于创新事物发展的态度是在不违反大原则的前提下给予适度的空间任其自由成长，经过一定的实践或考量才会从法律上明文予以规制，因此在这个过程中会有这样或那样的问题，比如制度的不健全、低门槛而急剧增加的企业或是参与人员所带的项目好坏不一等问题，也就由此产生了法律风险。下面，从整体上来分析我国艺术品众筹的主要法律风险之所在。

（1）众筹模式合法性的问题

创新发展，最先需要界定合法性的问题。艺术品众筹模式的运行，首先需要界定众筹模式的合法性问题。从目前的立法现状来看，并非没有法律来规范众筹，但是对众筹模式的法律规范却是零散见于《刑法》《证券法》的条文，国务院的通知规定，最高人民法院更新出台的司法解释，银监会、证监会、保监会等的通知办法，中国人民银行的办法公告以及一些省市的地方性政策文件之中。对于艺术品的交易则主要是适用《合同法》的买卖合同规定、《拍卖法》等，在近几年间国家也在不断为健全艺术品市场的政策和行业规范而努力，文化部发布了系列的通知、办法，如《拍卖监督管理办法》等，与中国人民银行、财政部推出《关于深入推进文化金融合作的意见》等，与保监会推出《关于保险业支持文化产业发展有关工作的通知》等，并在2014年发布了艺术品行业的"新五规"：《从业人员职业守则》《标的审定规范》《标的保存管理规范》《画廊行业经营规范》《画廊从业人员行为规范》[①]，等等。然而，对于众筹模式的合法性问题，国内法律尚未有明文作出界定，也缺乏监管部门对众筹模式统一的法律规范，因此对众筹的法律监管处于空白状态。通过在上文中所论述的国内"众筹融资的第一案"[②]，在法院的判决书中对众筹融资服务协议合同作出了有效性的认定，对确认众筹模式的合法性有着积极的作用。

---

① 参见文化部文化市场司主编：《2013中国艺术品市场年度报告》，人民美术出版社2014年版，第13、76、77页；参见文化部文化市场司主编：《2014中国艺术品市场年度报告》，人民美术出版社2015年版，第78—80页。

② 参见上文述及的案例"全国首例众筹融资的司法案件"。

还有，在众筹模式的实践过程中频频出现有各式各样非法集资的犯罪行为，给社会带来一些严重的问题，恶劣的影响范围也较为广泛，加之众筹模式在运行过程中常常会出现容易触及非法集资的"红线"，以及与非法集资的法律界限之间模糊不清等问题，所以也引发了外界一些对众筹模式合法性的质疑。我国的《刑法》第一百七十六条对"非法吸收公众存款或变相吸收公众存款"的规定、第一百七十九条对"非经国家有关主管部门批准，擅自发行股票或者公司、企业债券，数额巨大、后果严重或者有其他严重情节的"行为作出了规定。《证券法》的第十条将"公开发行证券"界定为"向不特定对象发行证券""向特定对象发行证券累计超过二百人"和"法律、行政法规规定的其他发行行为，非公开发行证券，不得采用广告、公开劝诱和变相公开方式"的三要件。最高人民法院的《关于审理非法集资刑事案件具体应用法律若干问题的解释》在《刑法》第一百七十六条的基础上对"违反国家金融管理法律规定，向社会公众（包括单位和个人）吸收资金的行为"规定了四要件："未经有关部门依法批准或者借用合法经营的形式吸收资金""通过媒体、推介会、传单、手机短信等途径向社会公开宣传""承诺在一定期限内以货币、实物、股权等方式还本付息或者给付回报""向社会公众即社会不特定对象吸收资金"，在满足以上要件的前提下限定为"以投资入股的方式非法吸收资金"和"利用民间'会''社'等组织非法吸收资金"的行为；其中第六条对《刑法》中"擅自发行股票或者公司、企业债券"的规定更具体地限定为"未经国家有关主管部门批准""向社会不特定对象发行""以转让股权等方式变相发行股票或者公司、企业债券""向特定对象发行、变相发行股票或者公司、企业债券累计超过 200 人"。公检法联合发布的《关于办理非法集资刑事案件适用法律若干问题的意见》对非法集资案件作出更进一步界定，从"行政认定"、"向社会公开宣传"的认定、"社会公众"的认定到非法集资"共同犯罪的处理""涉案财务的追缴和处置""证据的收集""涉及民事案件的处理"和"跨区域案件的处理"。

事实上，众筹模式在实践过程中所表现出"未经许可""公开""向社会的不特定对象""吸收公众存款"等特征，与非法集资的法定犯罪构成要件相似而很容易混淆，艺术品众筹模式的合法性有待商榷。在现行法律中仅认可上市公司发行股票并能够向公众筹集资金，其他任何形式的公开向社会公众筹股则有非法集资之嫌，因此，艺术品众筹在运营、发展的过程中会面临着因触及"非法公开发行证券""非法吸收公众存款"等非法集资的"红线"而质疑其合法性的问题。特别是艺术品的股权式众筹与债权式众筹，触及法律禁区的风险系数相对更高。所以，对众筹模式从法律上予以明确定义，厘清其与非法集资之间的模糊界限是很有必要的。

此外，我国当前对艺术品市场的法律规范体系尚未建立，所涉及艺术品市场的相关法律是《拍卖法》《文物保护法》《合同法》《著作权法》，相关的部门规章有《美术品经营管理办法》和《美术品进口管理暂行规定》，还有就是各个行业协会的章程、规则以及从业守则、画廊的经营规范等。尽管法律法规在不断完善，但是艺术品众筹的层出不穷的新变化以及未来的发展显然是需要更加完备的法律体系作为支撑的。

（2）知识产权遭侵犯的风险问题

知识产权易遭侵犯是所有互联网金融所需要面临的共同风险，对艺术品众筹而言，更是如此，众筹平台乃至艺术品众筹项目在互联网上的"开放性"，使其必然存在着极易泄密核心信息的风险。因为，艺术品众筹项目在设计和展示上必会公布艺术品的详细情况，而艺术品的核心价值也就是在于艺术的创意、理念，当发起艺术品项目时就会在互联网上全面公开信息，特别是有关艺术品的图片展示，细节描述，以此用来吸引投资者的融资。但与此同时，有关艺术品众筹项目的创意、艺术品的画面内容也会因对外发布展示而被一览无余，互联网的快速传播性更是加剧了创意、设计等信息外露、被抄袭的风险。比如说一些艺术品众筹项目还处在筹资阶段尚未下线，而有些"山寨"同款作品就已问世，甚至先于一步在网上出售近似的艺术制品，这在以艺术品的复制品、工艺品等衍生品为主发起的众筹项目中反映得更为突出。

所以，艺术品众筹的发展需要格外关注知识产权的保护。而实践中众筹项目的知识产权保护却是比较困难、难以把握的问题，尽管有一定价值的产品或是商业模式的创意会进行专利申请，但是申请专利保护的周期长，费用也高，且强调国家地域性，精力耗费大。还有，艺术品众筹的项目是面对全世界的展示，传播面广，因此有关核心的创新创意易遭剽窃，而传统的专利保护却是在某个国家内，一旦发生侵权问题，维权之路复杂且难度之高可想而知。随着众筹模式不断的发展，众筹平台的数量也在不断增加，有些近似雷同、模仿的艺术品众筹项目也会在不同的众筹平台上出现，而维权之路却不容易。知识产权遭侵犯的风险是困扰艺术品众筹未来发展的一个重大问题，当项目创意、艺术设计遭抄袭等侵害，如何高效维权，如何作出防范，这些亟待从法律上予以规制规范，不能让众筹模式下的平台成为抄袭侵权产品的温床。而平台也应建立更为严格的审核机制和完善的知识产权保护机制，为创新创意的艺术品项目提供展示的舞台，也要帮助创意人维护合法的权益。

（3）投资消费者权益侵害的风险问题

在艺术品众筹的互联网金融创新交易方式下，对投资者的保护难度显然增加。因为与传统的融资方式截然不同，艺术品众筹交易方式所面对的普遍大众，互联网金融的实质追求是普惠金融，对投资者近乎是没有设置门槛，那么大部分的投资对互联网金融和艺术品的投资风险的认知也极其有限，对众筹融资项目的选择上更是缺乏判断力，从而加剧了交易风险，容易发生侵害投资消费者权益的欺诈性行为。

在大力倡导互联网金融创新的同时，对金融消费者的合法权益保护问题同等重要，是我国立法和监管机制中的核心宗旨。如何解决众筹模式下发生的违约侵权问题，救济保护机制如何兼顾创新发展的效率与投资者的权益保护，这些问题处理是否得当将直接影响发展前景。

①众筹模式下的违约维权问题

由于国内的个人征信系统仍在建设当中，互联网的信用监管机制比较脆弱，对投资者的保护极其有限，众筹模式的运营过程中容易产生违约纠纷和维权的问题。有别于一般的商品买卖，由于法律上的监管空白，众筹模式下参与到艺术品众筹项目的融资资金兼有投资理财、预付款项、买卖交易和资助等多种属性，一旦涉及违约侵权，怎样处理纠纷是一个有待明确的问题，因此存在着违约维权的风险问题。而且，众筹融资中存在着对投资者的权益保护与众筹融资的高效便捷的矛盾，因为众筹模式强调的是尽可能快捷地向最大化的不特定人群实现筹融资金，而对投资者的权益保护则需要有效的监管，信息披露的准确真实、及时完整。如此，对金融投资消费者而言，当众筹项目发生违约侵权的问题，众筹平台一般处于"中立"状态，不涉入项目人与投资人的纠纷之中，消费者或投资者是处于相对弱势的地位，而且众筹项目会有少则几人多则上万人的投资者共同参与，每个相对独立的投资者的融资比例有限，发生违约时，维权难度可想而知。比如当众筹资金因运作不当或是项目投入生产失败，特别是艺术品众筹中交付的艺术品无法令人满意或无法交付等，都会产生各种各样的纠纷。还有，以股权式艺术品众筹为例，平台上对权利义务的规定模糊，无疑也增加了维权的难度和投资的风险。

②救济保护机制未健全的问题

实践过程中，救济保护机制的未健全也是艺术品众筹所要面临的重要风险问题。在法律上未有规定要求众筹平台负有资金使用的监管义务，当发生众筹项目的违约侵权，特别是"跑路"、诈骗等非法集资行为发生时，往往只有出现了数量上较多的投资者项目承诺没有兑现、不能取回本金和收益的后果以后，才能事后溯及，以传统的司法程序或仲裁程序来解决纠纷，但单个投资人处于相对弱势，且维权的成本比较高。如此，投资者都会面临着较大的投资交易风险，而让艺术品众筹也多了一份不可预期性的风险和资金安全的风险。尤其是当众筹平台出现恶意串通，多见于债权式和股权式的艺术品众筹，平台与担保公司或是项目人联合串通来欺诈投资者，制造假数据迷惑投资者"跟投"，且平台与投资者所签订的协议也大多是有利于平台一方的，当纠纷发生真正维权时，单个的投资人会处于不利的地位。

所以，尽早健全救济保护机制对艺术品众筹乃至整个互联网金融具有重要意义。首先，要强化众筹平台的管理职责。根据众筹平台的不同性质，应采取不同的方式进行救济，在债权式的艺术品众筹中，如果平台与借款人的借贷关系真实有效，那么平台应协助投资者维权、调解解决纠纷。其次，要更进一步完善项目的信息披露机制。证券市场的信息披露制度也是适用于众筹模式的，平台和项目人需要合理公开信息，特别是资金的流转、使用详情以及项目的运营过程。还有，需要强化监管机制，完善监管机构的监管职能，建立众筹行业规范和自律组织等。总而言之，结合我国的具体国情和互联网金融的发展情况来探索完善救济保护机制，让诉讼作为最后的救济途径，推动多元化的救济保护措施，以最大限度地保护消费投资者，即当遭遇风险，需要有完备的救济保护机制来挽回损失。

2. 信用风险

常言道："人无信则不立"，这既是为人立命之本，也是企业、公司的生存发展之道。在艺术品众筹的实际运营过程中，存在着项目发起人与投资者之间的信息不对称，存在着众筹平台的欺骗行为，或是项目发起人借众筹发起虚假项目骗取公众存款，或是投资人欺骗的恶意行为等，存在着这样或那样的欺诈行为，由此给艺术品众筹发展带来一系列的信用风险问题。当前，我国正处在改革的转型时期，尚未建成全面统一而具有权威性的征信系统，现有的是由央行建立的信用系统，但主要用于特定的金融机构和法院的业务中，而且特定的金融机构征信所录入的仅是个人银行贷款、信用卡、担保等信息，其中的不良信用信息记录还只是在某些特定领域生效而不具备法律上的"惩戒威慑力"①。法院的征信主要是录入"失信黑名单"，如果要生效还需经过司法的裁判程序。我国的征信系统正在不断的建设中，但现状是互联网金融的发展速度很快，众筹模式在国内日益兴起，而很多环节还未与征信系统对接联网，所以尚未完善健全的征信系统不能为艺术品众筹提供充分的有效信息为进行良性交易而提供参考，艺术品众筹模式的发展会面临着信用问题所带来的风险。

艺术品众筹是创新发展下的一种表现方式，其伴随着的高风险也是必须要面对的问题，从发展过程中反映出众筹模式有时"被利用"为非法集资、诈骗的工具，所带来的影响和波及的范围很广，往往涉案的金额巨大，其中存在着严重的信用危机风险。因缺乏信用系统的全面覆盖，对于项目发起人个人或企业、平台和投资人等的信用状况难以全面了解，如此，信息的不对称性就会影响到健康交易的进行，也给艺术品众筹的交易埋下了风险危机的种子，比如说有些平台与担保公司或是推介公司私下勾结，实则"自融"或是自建"资金池"，再或是众筹项目的艺术品存在欺诈作假行为，不能"保真""确权"。还有，特别是当前征信系统的制裁力、

---

① 参见杨东、黄超达、刘思宇：《赢在众筹：实战·技巧·风险》，中国经济出版社 2015 年版，第 199 页。

威慑力不具有普遍性，艺术品众筹往往涉及参与的人群广泛，诈骗、失信等信用风险的存在会对投资者极为不利，因此当信用问题爆发后，因缺乏责任主体而难以追究信用风险的责任，将会有损投资者的合法权益，也会打击艺术品众筹参与者的积极性，最终则影响了艺术品众筹的健康有序发展。

因此，艺术品众筹要寻求未来发展，面临众多信用风险的问题必须找到解决的途径。而建立健全我国的征信系统，完善艺术品的鉴定评估机制，针对众筹模式运行过程中出现的失信风险问题，予以法律上的规制并建立健全法律救济机制，是当务之急，也是为艺术品众筹良性发展提供保障。

3. 监管风险

艺术品众筹模式的实质是以艺术品向"不特定对象"的投资者公开筹集资金，项目的发起人使用众筹而来的资金进行与艺术品相关的活动，其中所涉内容与投资者的利益以及金融市场秩序密切相关。作为互联网金融创新之一的艺术品众筹模式，在实践中所面临的风险现状是国内的监管机制不匹配的问题，监管难以找到力度平衡点以及平台的监管问题和艺术品价格难以监管等问题。下面具体来看：

①监管机制不匹配的风险问题

我国经济正处于社会转型期，当前有关对众筹模式的法律监管制度因滞后性逐渐显露出风险的问题，特别是当前发展较为快速的股权众筹，其中的高风险问题尤为突出。以艺术品的股权式众筹为例，该交易方式是集艺术品的出售、吸收公众存款众筹资金、艺术品的股权交易以及金融理财等多重属性为一体，从实践的现况来看，众筹模式就有中国人民银行、银监会、证监会、保监会等多个机构多头监管。又以债权式众筹 P2P 为例，最开始享有审批权、监管权的部门过于繁杂，既可以是央行，也可以是地方金融等管理部门，监管交叉而缺乏统一性。还有，艺术品众筹还要涉及艺术品和发起的项目创意等多种知识产权的问题，那么在监管上就难以有任何一个部门可以全面地为之，监管机制上显现出不匹配的状况。所以，缺乏监管部门的统一规范是众筹模式风险问题频出的主要症结之一。

事实上，并不是没有法律来监管众筹模式，而是众筹模式在国内的发展非常迅速，现有的法律制度难以满足对众筹进行全面而统一监管的要求，主要还是靠众筹平台的自律，所以需要积极探索，构建相配套的监管机制以尽可能地防范规制风险。

②监管力度的平衡点问题

面对创新发展，一方面是互联网金融创新下对艺术品市场的巨大推动力和变革力；另一方面却是创新交易带来的高风险性，找准监管力度的平衡点是一个需要攻克的难题。因为艺术品众筹的高风险必是不能不予以监管规制或是放松监管的，然而受到严格监管的众筹，就会产生相对更高的融资成本和法律监管成本等，如何提供适度空间让众筹创新充分发挥优越性增加市场活力而不损伤其发展萌芽，同时还要纳艺术品众筹的风险于有效的监管机制下，是需要深入探究的问题，即寻求对众筹的创新保护与风险规制之间的力度平衡点，最终为了实现对投资参与人的权益保护并维护良好的金融市场秩序。

相对于国外的众筹模式，我国的艺术品众筹正处在起步初期，其交易方式的特征以及未来发展方向呈现多元化的趋势，如何规制与国外完全不同国情、社会环境下产生并传入的众筹模式，需要结合我国具体的经济、文化特色，对众筹模式等金融创新应采取宽严并济的监管方式。然而说易实难，监管的力度平衡点要真正地把握好是很有难度的，还需要全面权衡。对于艺术品众筹而言，还多了一层对艺术品市场监管的复杂性因素，因为艺术品的确权、保真、确值等监管难题都是潜在的风险问题，在结合互联网金融下不断发生变化，也对艺术品众筹的监管提出了时间上的要求，既要"准确"监管，又要"高效"监管，还要平衡监管冲突，这些都是监管的艺术，在监管的过程中需要掌控"火候"。

③众筹平台的监管风险问题

从众筹模式当前的实践情况来看，由于国内尚缺乏对其法律上的统一监管，监管的重任暂且主要落在了众筹平台上，而且主要依靠的是融资参与人的自觉性和行业内的自我约束。正因为如此，就潜存了交易风险。众筹平台的监管，往往是单方面的行为，其项目审核机制有不规范的风险，因为在众筹平台的审核过程中，审核的环境或是审核的人员缺乏一定的透明性，众筹平台的监管就存在风险的问题。而且，在实践中仅仅依靠众筹平台的自我监管显然是不够的，特别是股权式众筹和债权式众筹，所涉风险过大，众筹平台有时会涉嫌参与非法集资，与其他机构串通搞"资金池""自融"等，带来的市场风险危害很大，而艺术品众筹所涉风险更甚。

所以，从法律上对众筹模式的统一监管是大势所趋，是未来发展的需求和方向，而众筹平台的监管职责应纳入统一监管的范畴之中，充当"辅线"，且应对众筹平台的职责予以规范，避免因缺乏"透明性"所带来的诸多风险问题。

④艺术品的价格监管风险问题

艺术品众筹要面临一个艺术品市场所普遍难解的问题，那就是艺术品的价格监管问题。众所周知，真正的艺术品是无价的，因为凝结着精神、文化蕴涵和创造性的作品是独一无二的，然而，现实中艺术品又是有价的，一直以来艺术品是根据市场的需求和认可来定价位的，这看似矛盾的问题，其实就是艺术品市场的真实写照。如何定价定位？艺术品难以像普通商品那样来量产和估价，其所依赖的是完全不同的估价机制，价值的波动较一般商品更为变化，起伏度大，保值性能更强。具体来说，在艺术品众筹项目中，一般是以普通艺术品参与其中，还有不少是复制品、工艺品等艺术品的衍生品。但是，艺术品在定价上的难度，在保真确权上的难题，让对其价格的监管也难以明确化、具体量化，这样就会给以艺术品发起向不特定的大众筹集资金潜在投资的风险。

目前，艺术品市场也是在不断推进改革，让艺术品市场渐入规范化的轨道中运行，为艺术品与互联网金融的结合发展而铺路。艺术品众筹要得到持续发展，就需要健全艺术品价格的监管机制，不断完善艺术品的鉴定评估机制，从源头上防范艺术品众筹的交易风险。

4. 网上交易安全风险

①交易安全风险

在上文论述的"Patreon 艺术众筹平台遭黑客袭击的事件"案例中，显然可见交易安全对艺术品众筹的重要性，网上交易安全的风险问题是制约互联网金融发展的一大障碍，其影响范围广泛，危害程度深，有时甚至是致命的打击。对众筹平台而言，需要强大的网络安全技术和设备作为支持，当出现黑客攻击的事件，不仅可能带来的是经济损失，还有平台声誉上的减损，因为平台受攻击会致大量客户的个人数据、隐私信息在网上泄露扩散，如此会严重打击项目人、投资人等参与者的信心。对债权式的艺术品众筹和股权式的艺术品众筹的影响则会更大，由于受 P2P 跑路、涉嫌非法集资等恶性事件的影响，当平台遭遇黑客攻击，就很有可能会导致"挤兑事件"的发生，从而让新生的平台垮掉。

而从对金融消费者的权益保护的角度来说，网上交易安全的风险是对其投资权益、财产安全，乃至个人隐私有重大威胁。因此，不仅是平台要加强网上交易安全的防护，还需要从法律上对网上交易安全的风险予以规制，对不法侵害行为施以坚决打击。

②资金安全风险

这里资金安全风险，主要是指通过艺术品众筹所筹集的资金如何使用，如何保护的问题。一般在众筹项目的筹资阶段，平台是负有监管资金的职责，大多数的平台是要求当实际筹集资金达到预先设定的目标额才会将筹资在扣除一定比例的服务费发放给项目人，否则就会将资金全部返还给投资人，也有一些平台是采用多元的资金管理方式，假如当项目众筹资金未能达到预设目标时，是否退还已筹资金的决定权则在项目的发起人上。但是，平台上的资金也存在着运作不规范而致影响资金安全的风险，近两年 P2P 有不少平台涉及"自融"现象、违规建"资金池"，涉嫌非法集资等诈骗行为乃至引发卷款"跑路"等现象，所涉资金数额惊人，涉及的人群广而多，一时有关众筹资金安全的问题引发社会的高度关注，业内不少投资者呼吁要求第三方托管资金。从法律上而言，监管的空缺让众筹资金被滥用的可能性增大，而资金安全的风险便会加剧了投资风险，从而增加了不可预期性。

此外，有关资金安全的风险问题还处在众筹项目完成筹资以后的施行阶段，即艺术品众筹的项目人是否如承诺的那样按约使用资金。假若缺乏有效的监管，该资金有可能被滥用，或涉非法集资的诈骗，或资金被挪用而致项目失败和投资人的财产损失。而当项目成功完成筹资平台就把除去服务费的余下资金全交给了项目发起人，这时的监管最为薄弱，监管难度也较大，资金安全的风险最大。但是，资金安全的风险是众筹模式发展所必须应对和攻克的难题，能否解决将直接影响着未来能否可持续性的发展。所以，平台首先应当肩负起资金安全监管的责任，对于项目的后期投入实际生产创作阶段应作适当的跟踪回访，防范资金被滥用的风险，再者就是从法律上作出明确统一监管的规制，以强制力约束平台和项目人，合理规范地使用资金，维护投资人的财产权益。

5. 退出机制不健全的风险

有关退出机制的问题，主要是指股权式艺术品众筹模式所面临的重要风险。股权众筹模式近几年在国内的发展相当迅速，然而问题也较为突出，就一般而言，因退出机制的不健全所带来的风险困扰着发起股权众筹的初创企业们，因为一般只有分红、并购和上市作为退出的渠道，那么让初创企业在成长的初期就进行分红是难以实现的，且能够成功参与并购和上市的也仅是少数，至少需要 5 年以上的时间，退出变现难，周期也长，而大多数未能实现退出的初创企业就会面临垮掉的风险。① 因此，在实践中成功退出的案例是少见的，根据公开的报道数据，全球尚且仅有 5 例成功退出，分别是全球首个股权众筹平台英国 Crowdcube 上的 E-Car Club，德国 Companisto 平台上的 5 Cups and Some Sugar，以色列的 Our Crowd 平台上的 Rewalk Robotics，和 iAngels 平台上的 Big Blue Parrot 和 Flayvr，这些实现成功退出的平台彰显了自己的运营能力。②

股权式的艺术品众筹刚兴起不久，正处在起步发展阶段，也会面临着退出机制不健全的风险，但是股权式艺术品众筹会与艺术品的升值与否以及拍卖行情联系紧密，风险也会增加。但是随着股权众筹的发展走向成熟，退出机制也将不断地进行完善，这是需求，也是必然的趋势。

---

① 参见崔敏：《股权众筹退出机制破冰》，载和讯网 2016 年 1 月 11 日，http://iof.hexun.com/2016-01-11/181729293.html，访问时间 2016 年 1 月 12 日。
② 参见人人天使众筹平台：《国外股权众筹平台的退出机制》，载搜狐网 2016 年 3 月 17 日，http://mt.sohu.com/20160317/n440781700.shtml，访问时间 2016 年 3 月 18 日。

6. 其他风险

除了会面对法律风险，艺术品众筹还可能遭遇参与人的道德风险、相关从业人员的素质水平风险等。

（1）道德风险问题

从上文中有关 P2P 平台爆发恶意"跑路"、非法集资等案例和数据分析可以看出，众筹模式的发展面临着加大的道德风险的挑战，而艺术品众筹更是如此，艺术家的道德底线能否经受得住互联网金融下的巨大利益诱惑与考问，就是道德风险之所在。网上借贷 P2P 平台不断被曝光的恶性事件，主要反映出有些人是打着众筹模式的旗号，实则昧着良心对广大不特定人群施行恶意欺诈，手段花样百出，但其目的只有一个，就是圈够钱走人。在艺术品的众筹模式下，更需要防范道德风险对交易的影响，平台、项目人、投资人都存在着道德风险因素。因为不同于传统的商品交易，有些项目是艺术作品尚未问世，而是预先以某种创意来召集有兴趣的投资人融资，项目人与投资人之间也是基于彼此的一种信任，但是这要求项目的参与人都具备一定的道德素养，否则就容易产生纠纷。特别要指出的是，在艺术品众筹项目成功筹资后，平台把众筹资金发放给项目人以后，资金的使用上平台难以监管，只是依靠项目人来支配使用，如此道德风险就直接影响着资金的安全，是否真正如约投入使用。而问题平台的存在也直接威胁着资金的安全，当"跑路"、非法集资等恶性事件的发生，投资者的维权之路充满艰辛。

还有，众筹的兴起，门槛却相对较低，回报式和捐赠式的艺术品众筹基本上人人皆可参与，债权式和股权式的艺术品众筹则有一定的限制，但是众筹平台上的项目良莠不齐，一些项目的欺诈行为就是道德风险问题的体现。在艺术品众筹中，有些艺术品的真伪存疑，品质不齐，投资人不满意想要退换往往也不尽如人意。此外，艺术品众筹项目融资成功后，项目发起人能否如约兑现承诺，也是对其道德素养的考验。总而言之，道德风险的问题还需要法律层面上的约束规制，亟待建立健全征信系统，一个是个人的信用体系，另一个是艺术家的信息数据库，如此才能营建艺术品众筹模式发展的良好环境和条件。

（2）从业人员素质的风险

各行各业的竞争，其实质也是人才的竞争。艺术品众筹相对于一般众筹而言，对从业人员有更进一步的要求，不仅需要了解互联网金融，还需要具备一定程度有关艺术方面的素养。特别是众筹平台的建设，需要提升从业人员的素质，因为平台是被定义为"中介"性质的机构，需要互联网方面的人才，包括了解互联网金融的人士，平台安全维护的人士等，艺术品众筹则还要求具备一定艺术素养，如此可以防范平台的恶性膨胀乃至恶性的竞争所带来的交易风险。

此外，数字经济的到来促使人类进入一个新的发展阶段，对于每个人而言提出了时代的新要求，"数字素养"正在成为公民素质的基本要求。因此，在数字经济的时代，艺术品众筹的从业人员要不断提升自己的能力，具备运用互联网信息技术来获取、识别和处理发布信息，通过网络数字工具进行交流，熟练使用文字图像音视频来展示传播自己的创意理念和艺术信息，使用数字化工具来运营维护交易的商务活动等能力将是基本之需。[①] 只有应新时代发展的要求具备创新能力，才能不断应对数字经济发展中艺术品众筹创新激烈竞争、交易安全隐患等风险问题。

---

① 　参见腾讯研究院：《数字经济是一种新的经济形态》，载搜狐网 2017 年 9 月 15 日，http://www.sohu.com/a/192197288_455313，访问时间 2017 年 9 月 25 日。

二、艺术品众筹的监管

我国互联网金融于近几年发展迅猛，众筹模式也迎来了受人追捧的热潮，现有的法律规范难以赶上因创新发展而日新月异的变化，有关众筹方面的法律监管处于近乎空白的状态。最高人民法院、证监会、银监会、保监会等部门在根据不断变化的最新形式而不断出台了应对办法，但显然现实中的需求、众筹模式的风险都需要更加完善的法律监管体系来规范投资行为，营建配套的法律环境来抵御艺术品众筹高风险的发生。在此处对艺术品众筹监管做专门的论述，也可见监管制度的建立完善对于艺术品众筹的发展而言是意义深刻的。

1. 众筹法律监管现状

从法律视角来研究艺术品众筹的监管现状，可以看到监管的趋势是不断走向深入的过程，从监管上的空白渐行渐入到不断健全完善的法规制度体系、监督制度体系的过程中。艺术品众筹是近几年在国内初现并快速发展，迎上了众筹模式在全球范围内掀起的浪潮，特别是股权众筹融资的发展，占据了众筹模式近一半的份额，而涉及股权众筹业务的平台，更是达到了六成以上，其中的高交易风险已是不可小视的问题，统一监管更是大势所趋。

2015 年，互联网金融风险事件爆发数量较多，众筹平台的风险问题频出，随之对互联网金融展开了大力整治之风，所涉及的范围包括 P2P 网贷模式、第三方支付、理财和互联网保险等多个方面，特别是股权众筹融资领域成为重点整治对象，严于监管。① 到 2016 年开局，关键词是互联网金融的"规范"，即加速推进了建设配套于互联网金融领域的监管体系，也不断健全完善众筹模式方面的法律制度，让艺术品众筹等互联网金融活动走向规范化，防范非法集资行为的发生，并减少互联网金融的恶性事件对社会稳定的影响，也引导广大投资者在合法的平台融资，自觉远离非法的互联网金融活动，让交易更加安全可靠。

在 2015 年 7 月，央行等十部委就联合发布了互联网金融领域的"纲领框架"文件《关于促进互联网金融健康发展的指导意见》，对监管工作进行明确分工。保监会则发布了《互联网保险业务监管暂行办法》，对参与互联网保险的主体进行定位。同年 8 月，证监会发布了《关于对通过互联网开展股权融资活动的机构进行专项检查的通知》，规范股权融资活动，严查触及非法集资红线等违法违规的融资活动。同年 12 月 28 日，有关互联网金融的监管政策更是一日出台两文，即银监会发布了《网络借贷信息中介机构业务活动管理暂行办法（征求意见稿）》，对网贷平台"自融""归集投资人资金""向非实名制注册用户宣传或推介融资项目""承诺保本保息""代销""虚构、夸大融资项目的真实性"等多项问题进行治理。② 而于同日，央行发布了《非银行支付机构网络支付业务管理办法》。从 2016年，政法机关也配合到互联网金融领域的监管整治活动中，推动规范民间借贷、投融资活动，同时也赋予了地方监管部门对网上借贷等互联网金融领域有一定的监管权。作为重点整治对象的股权众筹，经历了"公募"属性的定位和"牌照"颁发准入机制，在性质上从"私"向"公"的转变，

---

① 参见《集中整治互联网擦边球行为　股权众筹募集难》，载云掌财经网 2016 年 4 月 22 日，http://finance.123.com.cn/show/123-90787.html，访问时间 2016 年 4 月 22 日。

② 参见王丽娟：《互金监管风暴：网络借贷和股权众筹监管规则有望推出》，载新浪财经网 2016 年 2 月 14 日，http://finance.sina.com.cn/chanjing/cyxw/2016-02-14/doc-ifxpmpqt1185991.shtml，访问时间 2016 年 2 月 14 日。

使股权众筹的特征明确为"公开""小额"和面向"公众"，且将股权众筹平台定性为"中介"的属性。"牌照"颁发的准入机制则是对股权众筹平台资质的一种规范手段，证监会在网站上公布了合法的融资机构名单，这种设置"门槛"的做法在一定程度上从源头限制了不少违规平台假借股权众筹模式创新的名义向大量不特定人群非法集资所发生的种种交易乱象，以规范平台上的交易，保护投资人的资金安全，监管交易风险。曾获得公募股权众筹融资"牌照"的有平安集团旗下的"前海众筹"、阿里旗下的蚂蚁金服"蚂蚁达客"和京东金融的"东家"。[①] 但无论如何，股权众筹平台的生存之道还是要面对激烈的市场竞争优胜劣汰[②]，而规范化是发展的趋势。

到 2016 年 10 月 13 日，国务院公布了《互联网金融风险专项整治工作实施方案》，全面对互联网金融风险的专项治理活动进行部署安排，这是经过长达半年时间的摸底排查、大力整治"严格准入、资金检测、维护市场公平等方面"实践的总结。同时央行、银监会、证监会、保监会等十五个部委公布了《股权众筹风险专项整治工作实施方案》，对股权众筹的规范整治作出具体工作方案，设定"红线禁区"，强化互联网股权融资平台的管理，平台不得从事资产管理、不得挪用或占有客户资金、不得发布虚假信息以及虚假金融广告，非经依法批准不得私募发行打包、拆分的金融产品。[③] 这是继"牌照式"监管之后进一步推出的"穿透式"监管方

---

① 参见洪偌馨：《"公募版"牌照落地：股权众筹玩儿"大"了》，载网易科技网 2015 年 6 月 30 日，http://tech.163.com/15/0630/01/ATARAGAN000915BF.html，访问时间 2015 年 7 月 8 日。

② 参见《资讯告别监管缺位　股权众筹未来可期》，载凤凰网 2015 年 11 月 12 日，http://news.ifeng.com/a/20151112/46217896_0.shtml，访问时间 2015 年 11 月 14 日。

③ 参见中国证券监督管理委员会：《证监会等十五部门联合公布〈股权众筹风险专项整治工作实施方案〉》，载中国证券监督管理委员会网 2016 年 10 月 18 日，http://www.csrc.gov.cn/pub/hunan/gzdt/201610/t20161018_304725.htm，访问时间 2016 年 10 月 18 日。

式，"根据业务功能和法律属性明确的监管规制"，将"资金来源""中心环节"和"资金最终流向"贯穿联结起来的监管，① 如此更加明确了业务属性和交易主体之间的责任问题，力在加强投资者的保护和创造优质的金融创新环境。②

在 2017 年 7 月，习近平总书记在全国的金融工作会议上指出新形势下的金融工作要"服务实体经济、防控金融风险、深化金融改革、促进经济和金融良性循环健康发展"，以"回归本源""优化结构""强化监管""市场导向"为四项重要原则。③ 并且，设立了国务院金融稳定发展委员会，此举可以有效地"防范系统性风险"和协调监管，以弥补"长期分业监管存在的不足"。未来，我国金融业的监管发展应逐步过渡至"统合监管体制"。④ 其中，"风险""监管"是会上出现次数最多的高频词，今后的金融改革是趋向于"安全与监管"为导向，通过致力于加强监管、优化监管为"文化金融的良性发展提供更加良好的环境"。⑤

所以，有关艺术品众筹的监管，在大方向上是遵循以普惠金融的精神

① 参见众筹金融研究会：《17 个部门联合开展专项整治，把互联网金融导入正轨》，载搜狐财经网 2016 年 10 月 17 日，http://business.sohu.com/20161017/n470452733.shtml，访问时间 2016 年 10 月 18 日。

② 参见众筹金融研究会：《杨东教授解读股权众筹专项整治方案：发展新经济、培育新动能》，载搜狐财经网 2016 年 10 月 17 日，http://business.sohu.com/20161017/n470452730.shtml，访问时间 2016 年 10 月 18 日。

③ 参见央视网：《习近平总书记在全国金融工作会议上的重要讲话》，载中国网 2017 年 7 月 18 日，http://www.china.com.cn/news/2017-07/18/content_41240072.htm，访问时间 2017 年 9 月 26 日。

④ 参见杨东：《杨东教授解读全国金融工作会议：运用监管科技，加强统合监管体系》，载微信网 2017 年 7 月 16 日，http://mp.weixin.qq.com/s/DQXQ8uSJXsDQcsMhoRe8MA，访问时间 2017 年 9 月 22 日。

⑤ 参见经济日报：《金巍：从三个角度看新金融政策环境下文化金融的发展路径》，载中国经济网，http://m.ce.cn/ttt/201709/08/t20170908_25849875.shtml?tt_from=weixin&tt_group_id=6463274358571335949，访问时间 2017 年 9 月 26 日。

为准则，对于凡是顺应普惠金融精神，有利于推动发展的创新是支持鼓励的，并纳入规范化的监管机制下，而但凡是有悖普惠金融而展开的非法融资活动，则是重点整治规范的对象。在我国，对创新发展"相当包容"，有着宽容的法律环境[①]，因此艺术品众筹作为艺术品与互联网金融结合下的创新产物得以"自由"成长，而伴随国家对互联网金融违规违法的经营活动专项治理的展开，以及积极在互联网金融领域的"建章立制"、弥补立法空白的推进，艺术品众筹的风险也将纳入有效监管之中。[②] 虽然创新年发展会不断出现新问题与新挑战，仍有些领域的监管尚不能所及，但是完善监管的进程在路上。

2. 艺术品众筹监管分析

从整体来说，艺术品众筹的监管现状是在证监会、银监会、保监会"三会"下实行的分业监管模式，主要依靠的是行业规范，但缺乏统一的监管机制是当前的主要问题。因为分业监管体制潜存着一定的缺陷，艺术品众筹金融创新项目本就没有划分明确的界限，"三会"交织的现状必然导致出现监管的空白地带或是监管的重叠区域，如此，监管机关就难以对互联网金融的创新进行全面系统且有效的监管，那么艺术品众筹的过程中投资消费者的权益就难以得到保护。而且现实中，艺术品众筹的项目创新是形式多样、复杂多变的，这给监管工作也带来了一定的难度。

艺术品众筹的监管应采取"宽""严"并济的策略来规制风险，一方

---

① 参见众筹金融研究会：《杨东教授受邀参加 2016 陆家嘴区块链金融高峰论坛发表演讲：区块链应用的法律问题与实践分析》，载搜狐财经网 2016 年 10 月 11 日，http://business.sohu.com/20161011/n469948852.shtml，访问时间 2016 年 10 月 15 日。

② 参见众筹金融研究会：《杨东教授受邀参加 2016 陆家嘴区块链金融高峰论坛发表演讲：区块链应用的法律问题与实践分析》，载搜狐财经网 2016 年 10 月 11 日，http://business.sohu.com/20161011/n469948852.shtml，访问时间 2016 年 10 月 15 日。

面需要简政放权的"宽"监管给予适度空间以鼓励创新的探索和发展，另一方面则需要"严"于明确风险的底线，防范因恶意众筹项目的非法集资所招致的交易秩序的损害以及群众性事件的发生。还有，不断推进科学容错机制的建立，优化统合监管，将风险的规制防范和激励保护改革创新两者有机结合。

（1）简政放权的"宽"监管

为了鼓励创新创业的大力发展，既要高度重视风险的监管，也需要简政放权，施行一种"宽"监管的方式，以期达到既有效监管艺术品众筹的风险，也给予这种创新交易方式等互联网金融以适度的空间，良性地发展，充分发挥创新给市场带来的活力。

（2）"严"于明确风险的底线

对于艺术品众筹的监管，应当明确可以承受的风险底线，保护合法的经营，严厉打击平台、项目人在众筹运营过程中的违法、违规行为，切实保护投资消费者的合法权益。在艺术品众筹等互联网金融产品中，消费投资者是处于弱势地位，当发生交易纠纷时维权难且成本高，因此明确规制众筹交易风险是很有必要的。

（3）容错机制的建立推进监管优化

2016年政府工作报告中提出了推进健全"容错机制"，是对改革创新者的鼓励与保护，增进广大领导干部改革创新的决心和底气①，使得创业者积极投身创新创造中并能够更好地得到政策与法律上的一种包容和扶植。容错机制的建立，可以让创新者们在改革创新的实践浪潮中，即便跌倒也有软毯而不至于太受伤被击垮。当然，容错机制的建立与完善需要以科学为原则，促进监管向着既要防范艺术品众筹等互联网金融、金融科技

---

① 　参见方思贤：《新华网评：以容错纠错机制为改革创新者撑腰》，载新华网 2016 年 3 月 6 日，http://news.xinhuanet.com/2016-03/06/c_1118243451.htm，访问时间 2017 年 9 月 26 日。

创新的风险问题，又要激励创新发展的方向优化升级。

　　总之，艺术品众筹监管的主要目的在于引导其走向规范化，作为艺术品与互联网金融的创新，既要给予适度空间任其展示对市场注入活力，也要重视防范艺术品众筹过程中的高风险。艺术品众筹要在国内获得更长远的发展，就需要严于监管，规制各种潜在的风险，为其创造规范明确的法律环境和秩序井然的投资交易环境，从法律上健全统一的监督管理机制，是为了投资消费者交易的安全和让艺术品众筹向着良性发展，激发其内在的文化创新力和市场活力。

三、艺术品众筹的法律规制

1. 建立健全法律制度体系

　　缺乏规范的市场容易引来混乱，正如没有红绿灯的城市交通，任车辆随意行驶最终只会陷入混乱，我国艺术品交易市场的快速发展离不开国家政策的引导，同时更需要的是国家完善的法律制度作为保障。艺术品众筹，是艺术品与互联网金融结合下的创新交易方式，既具备新事物发展所萌生的动力，也往往会风险参半，有可能因缺乏法律制度的约束规范而盲目生长，有时不利因素的不断积累会最终破坏了创新产品设计的初衷，进而不利于艺术品交易的健康快速发展，就更不用谈及对艺术品众筹项目的参与者、投资消费者的合法权益维护了。不能及时地更新完善有关的法律法规制度，就难以有效规制艺术品众筹过程中的高风险，也难以防范假借互联网金融创新之名的非法融资活动。

目前，我国《证券法》的修改正在进行当中，实践中有关的艺术品众筹等互联网金融发展十分快速，情况瞬息万变，问题也不断出现，交易中的高风险召唤互联网金融领域亟需法律制度体系的健全完善。正因为受到互联网金融创新过程中所出现的非法融资等种种高风险因素的影响，自2014年以来证监会、银监会、保监会"三会"以及多个部门频频出台针对互联网金融突出问题的监管措施，对众筹模式中的股权式众筹和债权式众筹渐行越发严格监管之势。

而且，因为艺术品的特殊性，在进行完善艺术品互联网金融创新交易的法律制度规范时就提出了更高的要求。笔者提议应加快健全完善"大金融法"的法律制度体系和完善与艺术品互联网金融交易配套的其他相关法律制度，引导艺术品众筹等互联网金融创新活动走向法律的界限内、规范化地发展，下文将作具体的论述。

（1）建立"大金融法"体系

构建"大金融法"的法律制度体系，是源于互联网金融创新交易的基本属性，作为"市场型间接金融"的模式，应当导入"集合投资计划"①的概念，意在实现"金融投资法制的横向统合规制"，尽可能地将凡是"具有投资性的金融商品""投资服务"都纳入法律的规制对象中，换句话说，就是建立一个涵盖近乎全部金融创新产品交易的法律规范体系，艺术品众筹的金融创新交易只是其中的一个方面，是隶属于"最广泛、兜底性、体系化"的集合投资计划规制范围之内的，这样就能有效地消除法律对飞速发展的各种金融创新交易的留白，规制交易风险。

"大金融法"的构建，其主要目的是将我国丰富的各类金融产品归于

---

① 参见杨东：《市场型间接金融：集合投资计划统合规制论》，载《中国法学》2013年第2期。

法律规范的管理，也是为整个金融服务法体系的实现奠定基础。具体来说，首先建议修改更新《证券法》的内容，可以借鉴日本修改《证券法》时采用的方法，即"把集合投资计划抽象概括化地导入作为证券兜底性的条款"，并且在修改上建议对规制的内容、方式引入更多抽象化、弹性化、灵活化等操作性强且没有遗漏缝隙的规制。同时，还可以借鉴和参考美国《创业企业融资法案》（JOBS 法案）中对众筹从法律上的界定和规制，特别是股权众筹所作出的划定法律"红线""禁区"的监管，明确平台的权利义务等。比如说，对艺术品的股权式众筹，国内在法律修订的过程中可以考虑在进行、参与股权众筹时设立一定"门槛"条件，需满足一定的资金要求或是具备相应的资质才能运营、参与，以国内的价格消费指数、人均收入水平和个人资产净值来综合界定，只有满足资金条件才能发起项目，参与投资，并限定投资额度在投资者年收入或资产值的比重，如此可以防控风险的发生并降低风险的损害程度。还有，在进行艺术品股权众筹时应严格执行"不可向非特定对象发行股份""发行不超过向 200 人的特定对象""项目人的身份及项目真实性核查""投资人的资格审查"等。对于众筹平台要严格作出资质要求和监督管理，股权式众筹不可为平台自身公开募股，债权式众筹不可平台自融、自建资金池、借新还旧的"庞氏骗局"，更是严禁非法集资等诈骗行为。这样，就可以将艺术品众筹等有关的互联网金融创新均有效纳入法律的规范体系中，让互联网金融领域的创新交易能够"有法可依"。

还有，建立"大金融法"体系，需要制定我国的《金融市场服务法》。可以借鉴的是英国金融监管基本法《金融服务和市场法案》的经验，对金融市场的运作进行全面规范，统一监管的标准，明确金融市场各个主体的权利与义务，保护投资者、消费者的合法权益。此外，美国的《JOBS 法案》中的有益经验也是可供参考的范式，明确作出对众筹等互联网金融创新的监管和法律规范，纳众筹创新模式发展于法律的轨道，这也是我国在构建的"大金融法"体系所应囊括的内容。

同时，以"集合投资计划"为向导，全面规范金融市场的行为。[①] 制定《金融市场服务法》，也就应将艺术品众筹等互联网金融创新交易方式包含在内进行规制，为艺术品市场的创新繁荣发展保驾护航。

（2）完善艺术品交易配套的其他相关法律

不仅要建立健全对艺术品众筹等互联网金融创新风险规制的法律制度体系，还需要完善相关配套的法律来协同规制风险[②]，比如说建议修订《银行法》、制定《艺术品交易监督管理法》、制定专门的《艺术品保险法》等。修订《银行法》主要是将有关艺术品互联网金融创新的内容扩充并入，扩大银行的业务范围，将艺术品正式纳入法律的规范体系之中，这样对艺术品的投资者、消费者给予了法律上的明确保护。

再者，建议制定《艺术品交易监督管理法》，建立起艺术品交易市场的鉴定评估行业标准。当前国内的首个"国字号"中国艺交所在经历全国文化艺术品交易所的整改之风后于 2014 年正式上线运行，引导艺术品市场向规范化运行，而构建具有权威的艺术品市场评估鉴定机构是艺术品市场发展的内在需求，也是互联网金融下艺术品众筹所迫切需要解决的问题。建议制定《艺术品交易监督管理法》，从制度上、法律上规范从事艺术品鉴定机构的运营和从业人员资质的准入标准，让艺术品的定价机制有法律的约束和保障，使艺术品的价格规范化、透明化，规范艺术品市场的交易乱象和对创新发展的监管缺失，树立艺术品市场的公信力，为推动艺术品互联网金融创新发展提供可靠保障，让艺术品的互联网金融交易的发展接入法治的轨道，成为经济发展新增动力的不竭源泉。

---

① 参见杨东：《市场型间接金融：集合投资计划统合规制论》，载《中国法学》2013 年第 2 期。
② 参见王征：《艺术品投资与市场法律法规》，四川大学出版社 2011 年版，第 10、48、49 页。

还有，加强对艺术品市场交易的规范，特别是互联网金融创新发展下的艺术品交易，税收制度也是重要的调控杠杆。还建议制定专门的《艺术品保险法》，因为艺术品众筹等艺术品互联网金融的创新发展不可避免地要面临着高风险，艺术品保险是对抗诸多风险的有效手段。所以，促进有关艺术品交易的保险事业的发展，建立我国完善的保险救济保障体系，以此来健全法律体系，规制艺术品互联网金融创新交易的风险。

此外，在结合《证券法》的修改的同时，可以借鉴国外对众筹模式的法律规范，研究制定出国内专门有关众筹融资的法律制度。随着世界互联网金融的快速发展，未来众筹模式领域所占的市场份额会逐渐增加，因此，艺术品与互联网金融的结合发展，也会从某种程度上推进众筹融资方面法律的健全完善。在这个过程中，需要兼顾为小型企业带来融资的便利、高效和广大小额投资人的利益，更为重要的是通过法律规制为互联网金融、艺术品众筹的未来发展提供法律依据和导向。

2. 完善健全法律监督体系

建立完善的法律监督体系，正是为了填补法律制度与实践运行过程中出现的"漏洞"，也是为了艺术品互联网金融创新探索之路提供更为"纯净"的发展环境。针对当前"监管多头""分业监管""各管一段"等在监管制度中产生的互相推诿、管理疏忽漏洞多而招致高风险的弊端，亟待建立完善我国的法律监督体系[①]，建立统一的艺术品互联网金融交易的监督管理体系来防控规制风险。

（1）确立证监会为专门监督管理机构

笔者建议恰逢《证券法》正在修改的契机下，可将艺术品的互联网金

[①] 参见西沐：《我们需要怎样的艺术品市场监管（下）》，载《上海证券报》2012年4月6日，第T06版。

融创新交易模式也并入证券监督委员会的监管范畴。此前，艺术品市场探索创新交易方式之份额化交易的天津文交所，依其性质和证监会的职权而作为其监管机构，但因缺乏法律的依据，出现诸多问题却难以解决，直到后来进行了全面整改。艺术品众筹也是继此之后艺术品市场向互联网金融迈进并走向融合的一次探索，其中交易的高风险亟需建成国内统一的监管体系来规制。所以，建议证监会扩大监管范围，由证监会牵头统一全国金融证券的监管体系，艺术品众筹等艺术品的互联网金融创新交易模式均列入监管范围内，并由法律作出明确的规范和要求，统一进行界定与监管，比如可以在日常定期对众筹平台运营进行监管、检查，对涉及违法的众筹融资项目、平台等相关涉案参与人员协助调查取证，查证属实的可以采取处罚、责令整改等行政监督管理措施，而情节严重的，移交司法机关处理。① 还可以明确提出对众筹平台的资质要求，明确规范众筹融资范围，对投资艺术品股权式众筹或债权式众筹的条件要求作出明确规定并对其监督等。同时，建议证监会成立一个专门的文化艺术品监管部门，施行公开透明化的审核标准，这样对全国的艺术品金融创新就有了统一监管，能够切实做到"上传下效"，有效规范艺术品交易中的"乱象"，特别是应对艺术品市场与互联网金融对接后艺术品众筹所不断出现的新问题，为确保交易市场的稳定，实现艺术品互联网金融创新交易的"公开、公平、公正"而奠定法律基础。

（2）增加银监会的艺术品互联网金融业务监管

作为专门对银行业进行监督管理的银行监督委员会，随着互联网金融业的日益创新，特别是艺术品金融创新交易发展的驱使下，需要银监会增加其监管范围，应及时将艺术品众筹等互联网金融创新业务纳入其监督管

---

① 参见杨东、黄超达、刘思宇：《赢在众筹：实战·技巧·风险》，中国经济出版社 2015 年版，第 222—223 页。

理之列，实现全国的统一监管。互联网金融的繁荣，也促成了银行的发展与网上业务的拓宽，将艺术品众筹等艺术品互联网金融业务及时纳入银监会的监管，是为了让艺术品的交易有法律的保障来对抗风险。还有，互联网信息技术的进步，也从客观上让银监会对艺术品互联网金融业务全国统一化的监管联网具有实现的基础。

（3）完善保监会对艺术品保险的监管

艺术品众筹的发展过程不可避免地要面临着高风险的挑战，因此艺术品的保险是对抗防御风险的有效方式之一。艺术品与互联网金融的结合，彻底改变传统艺术品交易的方式，对互联网的依赖程度深，还要涉及网上交易安全、仓存、运输、保存、项目承诺能否兑现等多种因素，特别是贵重的艺术品，所涉风险因素很多，艺术品众筹的发展显然需要艺术品保险作为可靠的保障，我国艺术品市场未来的发展就需要健全完善艺术品的保险制度。那么，保监会也应把艺术品互联网金融创新的内容纳入监管范围，特别是艺术品保险，应尽快建立更加完善的监督机制。

总而言之，统一监管是发展的趋势，建立完善的法律监督体系，明确法律规范，才能有效规制艺术品众筹等艺术品互联网金融创新交易方式的高风险，尤其是易涉非法集资的风险。

3. 完善权益救济保障体系

保险救济是一种重要的权益救济保障方式，司法救济作为社会正义的最后一道防线，建立健全的法律救济保障体系，对肃清艺术品交易的乱象、挽回受害者的经济损失和维护投资消费者的合法权益有着重要的作用。此外，还要鼓励发展其他的救济方式，构建多元、立体的权益救济保障体系。

（1）保险救济

互联网金融创新下的艺术品交易，无论是这几年的艺术品抵押贷款、按揭、典当、线上交易、份额化交易，还是最近兴起的艺术品众筹以及未来可能出现的更多的创新交易方式，它们的发展都离不开艺术品保险的保驾护航。对艺术品投保可以使艺术品持有人、投资人获得保险公司的知识保障和防损服务，在遇到意外损毁时还会得到保险公司的风险赔偿，这对于易损易毁的艺术品进行网上交易来说无疑是意义重大的。所以，应尽快完善我国的艺术品保险救济，建立稳妥的艺术品保险机制①。

还有，应当改变我国艺术品保险投保率低的现状，艺术品公司应提供更丰富的保险产品和更加优质的服务，不仅使收藏家的艺术品得到周到的防护，还让他们从中能获得更多的艺术知识，提高收藏家的投保意愿。针对博物馆等机构的投保难题，艺术品保险公司应当出台专门的艺术品保险产品，使整个机构的艺术品能得到保险，同时保费又可以大幅降低，这既确保艺术品的安全性又壮大艺术品保险行业的发展，也推动了艺术品与互联网结合下的普惠金融②。

（2）司法救济

针对我国艺术品交易过程中欺诈、侵权、假买、拍假、失信等行为泛滥的乱象，而给不法分子的处罚过低，比起其违法所获高额利润，出现违法成本过低的现象③。特别是艺术品众筹过程中出现的非法集资违法问题，给社会带来较大的负面影响。应当大力维护艺术家、投资人的利益，除了行业自律、监督、信用惩治外，对于已造成违规违法的严重行为，不

---

① 参见西沐：《中国艺术品市场年度研究报告（2011）》，中国书店出版社2012年版，第19页。
② 参见西沐：《中国艺术品保险市场有18亿元蛋糕待开发》，载中国经济网2012年9月14日，http://www.ce.cn/culture/gd/201209/14/t20120914_23682009_1.shtml，访问时间2014年1月29日。
③ 参见西沐：《中国艺术品市场年度研究报告（2011）》，中国书店出版社2012年版，第89页。

仅要利用行政、刑事的法律手段进行惩治，还要对遭受损失的受害者及时进行法律救济，为艺术品众筹参与人的维权提供帮助。要严厉治理一切侵犯艺术品众筹投资者、艺术品众筹项目人等其他相关的参与人合法权益的行为。

（3）其他救济

构建其他的纠纷解决机制，比如仲裁、调解等，不断拓宽救济渠道，会更有利于维护艺术品众筹的投资消费者的合法权益。现有的《消费者权益保护法》，不能完全满足互联网金融快速发展下对投资消费者权益维护的需求，因此可以借鉴国外的多元化纠纷解决机制（英文简称"ADR"）以及金融申诉专员制度（英文简称"FOS"）的经验，结合我国的国情来处理面对全世界、涉外因素较多的互联网金融交易所产生的纠纷，特别适合小额纠纷的解决，维权费用相对低廉，也可以节约司法诉讼资源。①

4. 建立艺术品信用体系

我国艺术品市场的发展，遇到一个最大的瓶颈，那就是诚信问题。缺乏了诚信的市场就会大量发生以假乱真、以次充好、制假贩假、拍假假拍等乱象，市场参与者之间缺乏信任度，就会增多交易保障措施和交易纠纷，无形中增大了交易的成本，艺术品众筹就难以正常运行，也会阻碍艺术品市场健康快速的发展。解决诚信的问题，就要有一个完善真实的信息体系和一个权威的信用体系，让艺术品市场参与人在信息制度和信用制度规范下有序参与市场活动，减少和禁止艺术品市场的乱象。其中信息体系的建立是信用体系行之有效的前提，信用体系是建立信息体系的重要目的。

---

① 参见杨东：《金融消费者保护统合法论》，法律出版社 2013 年版，第 269—276 页。

（1）信息体系

建立信息体系的一个重要目的是解决艺术品市场交易中信息不平衡的问题，特别是在艺术品众筹的过程中互联网上的海量信息难以辨别真伪，以及在该问题下带来的卖假拍假、货不对板、价远高于值等现象。信息体系主要包括艺术品信息档案、当代艺术家信息制度、艺术品鉴定人从业等级制度、艺术品市场经纪人登记制度等。建立艺术家、艺术品信息档案：按照笔者的设想在我国应有一个部门专门建立"一体二级"的艺术家艺术品信息档案。首先对我国的艺术家建立第一级档案，相当于艺术家的"户口簿"，详细记载艺术家的生平、流派、特长、代表作、精品作、传世作品等信息。第二级信息档案主要是艺术品信息档案，内容主要涉及艺术品的创作家、创作年份、艺术品特征、交易情况、权属情况等，以确保艺术品交易过程中的确真确权，顺畅艺术品在市场上的流通速度。但鉴于我国的艺术家、艺术品数量庞大，将所有的艺术品信息进行登记是不现实的。所以，登记的对象应以近代在世而有影响力的艺术家及其传世作品，和当代公开交易、有较高艺术品价值的艺术品为主，逐步地进行登记。还建议建立艺术品鉴定人准入考评制度：笔者认为应严格艺术品鉴定人的准入制度，要成为一名鉴定人除了设置全国的等级准入考试以外，还须要求具备三年以上的艺术品鉴定实习经验，并在具有鉴定机构和鉴定资格人员的推荐后方能成为一名真正的艺术品鉴定人。实行鉴定人员等级考评制度，根据鉴定人的业务水平和业绩实行等级的升降。因为艺术品的领域相对广泛，鉴定资格不可能是全能型的，而只能是对于艺术品某一方面的鉴定资格，比如雕塑、绘画、书法、古瓷器等。成为鉴定人后，每名鉴定人对艺术品出具鉴定证书应该要记录备案，并公开信息以供他人查核鉴定人是否出具了某一鉴定书，而鉴定人对其出具的鉴定书实行终身负责制，如此才能扼制艺术品市场上的假冒他人出具鉴定证书和鉴定人出具假鉴定证书的情况①。建立艺术品市场经纪人登记制度：对艺术品市场经纪人作为艺术品市场发展的人才进行激励、储备和监督，对艺术品市场经纪人的专业水平、信用记录、专业等级、从业记录等情况进行登记，以更好地发展艺术品市场经纪人在艺术品市场交易中的中间桥梁作用。

（2）信用体系

构建艺术品信用体系，笔者认为重要的是要建立权威的评估鉴定机构、艺术品市场征信体系。科学的价值评估和权威的鉴定证书，是艺术品走向互联网金融、艺术品的证券化、流通、抵押、典当、保险的基本要求，是艺术品市场健康发展的重要基石。征信体系则是艺术品市场运行的制度性保障。我国应当由国家部门牵头组织成立一个国家级的评估鉴定机构，在制定一套统一的艺术品评估定价法律标准基础上，从多个艺术品行业、高等院校吸收顶级专家和科学检测仪器专家，组建一个强大的艺术品鉴定人才队伍，打造出艺术品市场鉴定证书的准确性和权威性。特别是对于艺术品众筹，项目的运营过程主要依靠互联网，因此应考虑构建互联网上的艺术品鉴定和评估机制，形成电子认证，这将给艺术品众筹等艺术品的互联网金融的有序发展以助推。建立艺术品市场征信体系就是将艺术品市场的参与人，主要是将艺术家、收藏家、经纪人、画廊、拍卖行、画店等参与人进行信息登录，对他们在艺术品市场活动中的失信行为进行信息公开，并将严重的失信行为开启惩戒机制，建立信用"黑名单"数据库，并对失信人员采取如降低信用等级、限制艺术市场活动、从业禁止等②。并联接国家的征信体系，对失信人员在银行业务、出国出行、教育就业、消费享乐等方面进行联动惩治，使失信者要为他们的失信行为受到制约，

---

① 参见孙金秀：《文物艺术品鉴定民事责任与鉴定制度研究》，首都经济贸易大学博士学位论文，2013年。

② 参见刘翔宇：《中国当代艺术品交易机制研究》，山东大学博士学位论文，2012年。

提升他们的失信成本。

（3）区块链技术、金融科技助建艺术品信息信用体系

区块链技术、金融科技等创新的迅猛发展，将会从技术层面提升以保障艺术品金融创新活动的运营，"去中心""开发性""高效""安全"的"公共账本"让艺术品信息、信用体系的建成指日可待，不仅如此，还可兼具信息、信用防伪等多种优势。

在第四届全球互联网大会发布的《全球数字经济报告》中就包括有数字经济的信用体系建设，而"数字经济信用体系建设是中国金融、中国互联网行业发展的重大机遇"。当前正在起草的有《公共信用信息条例》，还有《信用法》，我国的信用体系建设是将中央征信体系和基于大数据的社会信用体系两者高度结合，并为"中国成就新的数字经济体系打下坚实的基础"。[①] 如此，有关艺术品的信息信用体系建设将有望更快得以实现。

5. 严格规范艺术品众筹平台

艺术品众筹，首先离不开平台，而平台中既有专门的艺术品众筹平台，还包括综合性的众筹平台，艺术品众筹仅是其中的一类项目，但是归根结底，都是属于众筹平台的范畴，是艺术品众筹模式发展的基本"媒介"。因此，严格规范艺术品众筹平台对于艺术品众筹模式的发展有着重要意义。

（1）艺术品众筹平台的性质定义

众筹平台一般都被要求明确定义为"中介"机构的性质，艺术品众筹平台也同样如此。建议国内也制定出台专门的有关众筹平台的管理规则，

---

① 参见众筹金融研究院：《英国金融科技演进对突破我国征信瓶颈的启示》，载微信网 2017 年 8 月 11 日，http://mp.weixin.qq.com/s/t2XOg2AmYptUHvxeUI6R9Q，访问时间 2017 年 9 月 23 日。

从法律上为众筹平台定性，明确界定平台作为"中间媒介"为众筹投融资双方"连线搭桥"和提供信息发布及资金的管控划拨等功能、职责并作出监督管理的规定，建立严格的众筹平台管理机制，可以从源头防范艺术品众筹的平台发生非法集资的风险。

（2）艺术品众筹平台的资质认证

在2015年8月证监会发布了《关于对通过互联网开展股权融资活动的机构进行专项检查的通知》，规定"未经国务院证券监督管理机构批准，任何单位和个人不得开展股权众筹融资活动"，即对股权众筹活动开启进入"牌照化"的新时期，而第一批经审核许可获得公募股权众筹试点资质的平台仅三家。股权众筹平台从"备案制"走向了"牌照制"，表明对股权众筹平台的管理收紧，从长远来看正是其走向成熟的必经之路。因此，建议对所有众筹平台都应采取严格化的管理，"牌照制"是股权众筹平台的先行者，但是对所有平台的资质管理都应当严格审核，尽可能地避免让违规平台打着互联网金融创新的旗号行非法集资之实，比如说，对发起艺术品众筹项目平台，应根据不同类别的众筹有不同的要求，设立平台需满足一定的资金条件、技术设备等资质，还需配备专业的从业人员等，并需得到专门机构的审批认可。艺术品众筹要获得长远的发展，也就更需要对平台构建严格的资质认证体制，如此才能有效规制其中的交易高风险。

（3）艺术品众筹平台的监督管理

艺术品众筹平台，既需要外部的监督管理，也需要平台内部的自我约束、"自律管理"。证监会于2014年12月发布了《私募股权众筹融资管理办法》（试行），在第二章中就对股权众筹平台明确规定"禁止通过本机构互联网平台为自身或关联方融资"的行为。证监会还对股权众筹平台作出规定："不得误导投资者""禁止向非实名注册用户宣传或推介融资项目"等。①可见，证监会对股权众筹平台的外部监管措施大有从严之势。在不断推进有关众筹模式法律法规建设的同时，监督部门对于众筹平台，特别是艺术品众筹平台均需严格监督管理，一方面应当清晰界定平台的地位功能，另一方面需对平台的资金流转进行监督管理，定期抽查、抽检，防范平台"自融""自建资金池"或是暗地实施非法集资等不法行为，并监督平台的信息公开透明、资金运转透明可控、风险揭示等。

此外，应不断加强众筹平台的自律，需要监督机构的督导，更重要的是众筹平台自身的建设，构建完善的业务管理制度，建立行业协会并制定行业规范，积极配合监督机构的巡访抽查。艺术品众筹平台自身应恪守"中介"的性质，不可截留融资资金或是自设项目融资，对于平台上发布的项目需进行一定审核，既充分展示项目的创新特色及具体信息，也要把风险信息充分披露给投资者，减少虚假欺诈项目的发布，平台对发布的项目应享有监督权，可设举报栏，及时管控项目的风险。还有，平台要肩负对投资人和项目人的信息保护、平台安全和资金安全等诸多职责。当发生交易纠纷时，虽平台一般处于中立而不涉诉，但众筹平台应对投资者进行维权负有相应的协助之责。还有，平台对项目的发布人和投资人均应设有一定的门槛，建立项目人和投资人的信誉数据库，防范欺诈者恶意窃取他人创意的行为，当发生知识产权侵权事件，平台也应当协助当事人取证。

---

① 参见 2015 年 7 月中国人民银行等十部委联合发文《关于促进互联网金融健康发展的指导意见》，8 月初证监会发文《关于对通过互联网开展股权融资活动的机构进行专项检查的通知（证监办发〔2015〕44 号）》。

结语：以法规制艺术品众筹的运营
以法保障艺术品市场的畅行

　　艺术品众筹作为艺术品市场与互联网金融相融合下的一种创新交易方式，需要在市场的浪潮中千锤百炼，受到优胜劣汰的洗礼，艺术品众筹的未来之路究竟如何，能否适应国内的土壤，能否扎根生存发展，还是要通过实践的检验。从鼓励创新发展的角度，应最大限度地为艺术品市场创新提供自由发展的空间，众筹模式是普惠金融的体现，其未来发展的前景是广阔的，但是"无规矩不成方圆"，新事物的成长需要浇灌培育，众筹模式的迅猛发展，艺术品众筹的兴起，既带来了创新的强大活力，也藏有种种交易的高风险。所以，立规制矩，加快立法进程，推进更新建立艺术品众筹等互联网金融、金融科技创新领域的法律制度是当务之急。艺术品众筹正常有序的运营需要法律的保障，艺术品众筹的高风险需要法律予以规制。艺术品交易正乘着互联网金融的快车将发展提升到一个新层次，国内艺术品市场的发展迫切需要法律体系的建设完善。

　　笔者认为，面对艺术品众筹的未来，应直接应对创新的风险问题，加强风险的监管防范意识，扬长而避短，借助艺术品互联网金融创新的活力为艺术品市场乃至经济文化繁荣增添动力，同时建立健全法律制度体系、法律监督体系、权益救济保障体系、艺术品信用体系，严格规范艺术品众筹平台，规制项目运营过程中的风险，结合区块链等金融科技的创新型技术优化升级艺术品市场的信息信用机制，以监管科技重构金融监管的模式，顺应数字经济新形态的变革式创新，提升艺术品金融的网络安全，为艺术品众筹的发展、艺术品市场的畅行提供可靠的保障。也为最终实现艺术品交易的"有法可依""有章可循""有错能纠"和"有失可偿"的可持续性发展而奠定坚实基础。

主要参考文献

一、著作类

［1］文化部文化市场司主编:《2012 中国艺术品市场年度报告》,人民美术出版社 2013 年版。

［2］文化部文化市场司主编:《2013 中国艺术品市场年度报告》,人民美术出版社 2014 年版。

［3］文化部文化市场司主编:《2014 中国艺术品市场年度报告》,人民美术出版社 2015 年版。

［4］编写组编著:《〈中共中央关于全面推进依法治国若干重大问题的决定〉辅导读本》,人民出版社 2014 年版。

［5］杨东、黄超达、刘思宇:《赢在众筹:实战·技巧·风险》,中国经济出版社 2015 年版。

［6］徐孟洲:《金融法》,高等教育出版社 2007 年版。

［7］王利民:《民法》,中国人民大学出版社 2007 年版。

［8］王征:《艺术品投资与市场法律法规》,四川大学出版社 2011 年版。

［9］庄毓敏、陆华强、黄隽:《中国艺术品金融研究报告 2014》,中国人民大学出版社 2014 年版。

［10］陈雨露、马勇:《大金融论纲》,中国人民大学出版社 2013 年版。

［11］杨东:《金融消费者保护统合法论》,法律出版社 2013 年版。

［12］［美］伊埃·洛贝尔森:《艺术品交易这一行》,杨晓斌、郑北琼译,重庆大学出版社 2013 年版。

［13］［英］詹姆斯·古德温主编:《国际艺术品市场（下册）,敬中一、赖靖博、裴志杰译,中国铁道出版社 2010 年版。

［14］盛佳、汤浔芳、杨东、杨倩:《互联网金融第三浪》,中国铁道出版社 2014 年版。

［15］西沐:《中国艺术品市场年度研究报告（2011）》,中国书店出版社 2012 年版。

［16］［美］阿兰·N. 理查特斯查芬:《资本市场、衍生金融产品与法律》,高汉译,化学工业出版社 2013 年版。

［17］杨东、文诚公:《互联网 + 金融 = 众筹金融——众筹改变金融》,人民出版社 2015 年版。

［18］杨东:《链金有法:区块链商业实践与法律指南》,北京航空航天大学出版社 2017 年版。

二、期刊论文类

［19］杨东:《互联网金融监管体制探析》,载《中国金融》2014 年第 8 期。

［20］杨东、刘翔:《互联网金融视阈下我国股权众筹法律规制的完善》,载《贵州民族法学学报》2014 年第 2 期。

［21］杨东、苏伦嘎:《股权众筹平台的运营模式及风险防范》,载《国家检察官学院学报》2014 年第 4 期。

［22］孙国峰:《从 FinTech 到 RegTech》,载《清华金融评论》2017 年第 5 期。

［23］廖益新:《应对数字经济对国际税收法律秩序的挑战》,载《国际税收》2015 年第 3 期。

［24］邵嘉晖、陈永祥、窦莉梅、王璐、查丽娟:《西方艺术品保险市场及其风险控制研究》,载《上海商学院学报》2012 年第 5 期。

［25］杨东:《市场型间接金融:集合投资计划统合规制论》,载《中国法学》2013 年第 2 期。

［26］刘红:《日本企业融资模式转换的新进展——从相对型间接金融到市场型间接金融》,载《时代金融》2012 年第 3 期下旬刊。

［27］曾小亮:《对话西沐艺术金融发展要解决的几个重要问题》,载《全球商业经典》2015 年第 2 期。

［28］陈晔:《国内艺术品投资的金融界视角》,载《上海金融》2011 年第 4 期。

［29］马健:《国外艺术品投资基金的运作模式与业绩评估》,载《美术观察》2010 年第 6 期。

［30］陶宇:《方兴未艾,还是从此沉寂?——当代全球艺术品投资基金纵览与扫描》,载《东方艺术》2009 年第 1 期。

［31］马健:《国外艺术品投资基金的运作经验——以摩帝富艺术品投资基金为例》,载《美术观察》2010 年第 12 期。

［32］马健:《国外艺术银行的运作模式及其影响》,载《美术观察》2010 年第 2 期。

［33］张敢：《文艺复兴时期的艺术赞助》，载《装饰》2011 年第 9 期。

［34］刘志洋、宋玉颖：《众筹监管国际实践》，载《黑龙江金融》2015 年第 5 期。

［35］甫瀚咨询：《美国"JOBS 法案"评析》，载《首席财务官》2012 年第 5 期。

［36］Jonathan Moules：《London emerging as world leader in Crowdfunding》，*Financial Times*, 2014 年 8 月 15 日。

［37］陈雨露：《英国投资型众筹监管规制综述》，载《互联网金融与法律》2014 年第 6 期。

［38］夏纯、井维维、梁青：《英国〈2010 年金融服务法〉评述》，载《金融服务法评论》2012 年第 1 期。

［39］中国人民银行、银监会、证监会、保监会联合调研组：《英国金融消费者保护法律制度》，载《中国金融》2013 年第 8 期。

［40］廖凡、张怡：《英国金融监管体制改革的最新发展及其启示》，载《金融监管研究》2012 年第 2 期。

［41］贺裴菲：《Kickstarter 众筹融资特征》，载《清华金融评论》2014 年第 9 期。

三、报纸文章类

［42］杨东：《互联网金融推动金融法体系变革》，载《中国社会科学报》2014 年 1 月 22 日，第 A06 版。

［43］吴燕婷：《众筹上半年筹集近 47 亿》，载《中华工商报》2015 年 7 月 22 日，第 006 版。

［44］郑苒：《外国博物馆流行众筹》，载《中国文化报》2014 年 10 月 16 日，第 010 版。

［45］马金：《南京企业艺术众筹年化收益 1.5 倍》，载《南京日报》2015 年 11 月 4 日，第 A05 版。

［46］曹之光：《8.8 万元可众筹达利作品》，载《浦东时报》2015 年 9 月 24 日，第 03 版。

［47］李虎：《艺术众筹：艺术投资高风险地带？》，载《上海证券报》2015 年 7 月 11 日，第 008 版。

［48］李冰：《艺术众筹现状调查："草根"路子难火爆项目成功率仅为 50%》，载《证券日报》2015 年 9 月 19 日，第 B02 版。

［49］郑洁：《千和汇：文化消费品的定制众筹》，载《中国文化报》2015 年 3 月 21 日，第 002 版。

［50］杨东：《股权众筹是多层次资本市场一部分》，载《中国证券报》2014 年 3

月 31 日，第 A05 版。

［51］杨东：《股权众筹的法律风险》，载《上海证券报》2014 年 7 月 31 日，第 A01 版。

［52］杨东、黄尹旭：《合理监管　促进中国式股权众筹发展》，载《中国社会科学报》2015 年 3 月 4 日，第 07 版。

［53］杨涛：《以金融科技引领新金融六大变革》，载《上海证券报》2017 年 1 月 16 日，第 007 版。

［54］汤浔芳：《股权众筹蹒跚探路》，载《中国文化报》2014 年 2 月 28 日，第 005 版。

［55］方小明：《全国众筹平台超 200 家》，载《深圳特区报》2015 年 8 月 17 日，第 A13 版。

［56］刘杰：《专家隔玻璃估出 24 亿天价假玉衣》，载《京华日报》2011 年 9 月 6 日，第 A14 版。

［57］辛文：《跨界大师　鬼才达利》，载《经济参考报》2016 年 1 月 29 日，第 012 版。

［58］杨东：《发展多层次资本市场亟需扩大证券概念》，载《法制日报》2014 年 4 月 9 日，第 012 版。

［59］唐子韬：《突破"高大上"壁垒　艺术众筹：从买得起到平民投资》，载《上海证券报》2014 年 5 月 26 日，第 008 版。

［60］陈英：《资本进入艺术品市场是双刃剑》，载《证券时报》2013 年 9 月 14 日，第 A10 版。

［61］杨东、黄尹旭：《我国"股权众筹第一案"评析》，载《中国社会科学报》2015 年 9 月 16 日，第 005 版。

［62］梓萱：《艺术品租赁：海外艺术投资新风尚》，载《中国文化报》2011 年 10 月 29 日，第 04 版。

［63］韩云：《众筹，让创业变得更容易》，载《人民日报》2015 年 7 月 29 日，第 22 版。

［64］Pingwest：《Patreon：为艺术家搭建价值舞台》，载《中国文化报·文化财富周刊》2014 年 4 月 12 日，第 4 版。

［65］刘素宏、金彧：《停业、失联、跑路　P2P 问题平台大增》，载《新京报》2016 年 3 月 16 日，第 B06—07 版。

［66］西沐：《我们需要怎样的艺术品市场监管（下）》，载《上海证券报》2012 年 4 月 6 日，第 T06 版。

四、硕博论文类

［67］杨静：《中国艺术产品交易模式研究》，湖南大学博士学位论文，2012年。

［68］周昊：《中国当代艺术品市场乱象梳理》，四川音乐学院博士学位论文，2012年。

［69］孙金秀：《文物艺术品鉴定民事责任与鉴定制度研究》，首都经济贸易大学博士学位论文，2013年。

［70］刘翔宇：《中国当代艺术品交易机制研究》，山东大学博士学位论文，2012年。

［71］张文君：《艺术品交易金融创新风险规制的研究》，中国人民大学硕士学位论文，2014年。

五、电子文献类

［72］Zheng Xin：《Christie's Opens Chinese Flagship in Beijing》，载 chinadaily 网 2016年10月15日，http://usa.chinadaily.com.cn/business/2016-10/15/content_27070992.htm，访问时间2017年3月25日。

［73］JAVIER PES：《Asia's New Rich Help Cushion Global Market's Fall, Economist Clare McAndrew Reports》，载 The Art Newspaper 网 2017年3月22日，http://theartnewspaper.com/news/asia's-new-rich-help-cushion-global-market's-fall-economist-clare-mcandrew-reports，访问时间2017年3月25日。

［74］时代周报：《中国互联网众筹2014年度报告》，载金融界网2015年1月26日，http://finance.jrj.com.cn/2015/01/26161818768151.shtml，访问时间2016年1月15日。

［75］李欣：《盘点金融科技发展的十大趋势中国或超越英美成"老大"》，载金融之家网2016年12月1日，http://www.jrzj.com/173859.html，访问时间2017年3月20日。

［76］陈健：《我国移动互联网胡勇突破9亿户 手机上网流量连续翻番》，载人民网2015年7月17日，http://it.people.com.cn/GB/n/2015/0717/c1009-27321850.html，访问时间2015年8月15日。

［77］云新：《我国移动电话用户规模突破13亿 4G用户占比超25%》，载飞象网2015年11月19日，http://www.cctime.com/html/2015-11-19/2015111910565328.htm，访问时间2015年12月1日。

［78］刘栋：《全球互联网普及成效显著 用户数占总人口43.4%》，载人民网2015年12月14日，http://finance.people.com.cn/n1/2015/1214/c1004-27923499.html，访问时间2016年12月15日。

［79］Robert Read：《Hiscox Online Art Trade Report 2017》，载 Hiscox 网 2017年

5 月，https://www.hiscox.co.uk/online-art-trade-report/#，访问时间 2017 年 9 月 16 日。

［80］经济之声:《故宫文创产品超 8700 件 一年营业额超 10 亿元》，载央广网 2016 年 12 月 18 日，http://www.cnr.cn/list/finance/20161218/t20161218_523354861.shtml，访问时间 2017 年 3 月 22 日。

［81］《今年上半年我国众筹平台募集资金逾 46 亿元》，载中国广播网 2015 年 7 月 20 日，http://money.163.com/15/0720/08/AUV1781900254TI5.html，访问时间 2016 年 1 月 15 日。

［82］《2016 中国互联网众筹发展趋势报告出炉》，载中国经济网 2016 年 1 月 12 日，http://news.163.com/16/0112/17/BD58FPM0000146BE.html，访问时间 2016 年 1 月 15 日。

［83］汤姆:《Kickstarter 创始人：我们绝不会出售公司》，载腾讯网 2014 年 3 月 10 日，http://tech.qq.com/a/20140310/016721.htm，访问时间 2015 年 7 月 1 日。

［84］《国外众筹模式类型分类发展状况及数年统计（以 Kickstarter 为例)》，载希财网 2015 年 4 月 18 日，http://www.csai.cn/zhongchouzixun/873948.html，访问时间 2015 年 7 月 1 日。

［85］Fundly CEO Dennis Hu :《互联网众筹是金融革命》，载腾讯网 2014 年 5 月 22 日，http://tech.qq.com/a/20140522/038596.htm，访问时间 2015 年 7 月 3 日。

［86］《Kickstarter 累计众筹金额突破 10 亿美元》，载新浪网 2014 年 3 月 5 日，http://tech.sina.com.cn/i/2014-03-05/10059213431.shtml，访问时间 2015 年 7 月 1 日。

［87］《国外博物馆众筹案例层出不穷，值得学习》，载阿尔法网 2014 年 10 月 16 日，http://www.arfa.cn/4286.html，访问时间 2015 年 7 月 2 日。

［88］《"中国艺术众筹第一单"花落江苏 千余人参与》，载新浪网 2015 年 7 月 30 日，http://jiangsu.sina.com.cn/news/xfzn/2015-07-30/detail-ifxfpcyu4945195.shtml，访问时间 2015 年 10 月 14 日。

［89］芦艳:《南京艺术众筹第一单》，载中国江苏网 2014 年 10 月 23 日，http://jsnews.jschina.com.cn/system/2014/10/23/022282147.shtml，访问时间 2015 年 7 月 15 日。

［90］刘铁鉴、李艳:《内蒙古呼和浩特青年创业服务中心引入"众筹"》，载中国质量新闻网 2015 年 10 月 19 日，http://www.cqn.com.cn/news/zgzlb/diwu/1085895.html，访问时间 2015 年 11 月 10 日。

［91］刘兴成:《众筹与非法集资有多远》，载法制网 2014 年 6 月 4 日，http://www.legaldaily.com.cn/xwzx/content/2014-06/04/content_5569094.htm，访问时间 2015 年 7 月 1 日。

［92］麦肯锡全球研究院:《大数据的下一个前沿：创新、竞争和生产力》，载中国经济网 2014 年 8 月 27 日，http://intl.ce.cn/specials/zxgjzh/201408/27/t20140827_3436534.

shtml，访问时间 2015 年 7 月 1 日。

［93］《证监会：互联网金融是多层次资本市场组成部分》，载网易财经网 2014 年 8 月 3 日，http://money.163.com/14/0803/22/A2OOD2P600253B0H.html，访问时间 2015 年 7 月 1 日。

［94］李政藏：《区块链技术将如何改变生活》，载中国共产党新闻网 2016 年 2 月 16 日，http://theory.people.com.cn/n1/2016/0216/c49154-28126471.html，访问时间 2016 年 10 月 11 日。

［95］顾雪琳：《关于区块链技术的新进展　你需要知道的一切》，载网易科技网 2016 年 10 月 6 日，http://tech.163.com/16/1006/13/C2MSARGQ00097U7T.html，访问时间 2016 年 10 月 11 日。

［96］南湖互联网金融学院：《关于 The DAO 众筹模式引发的思考》，载东方财富网 2016 年 8 月 17 日，http://finance.eastmoney.com/news/1670,20160817656078541.html，访问时间 2016 年 10 月 11 日。

［97］胡又文：《The DAO 事件的相关解读：区块链在创造一个什么样的世界》，载零壹财经网 2016 年 6 月 20 日，http://www.olcaijing.com/article/4192.htm，访问时间 2016 年 10 月 11 日。

［98］众筹金融研究会：《众筹与区块链的结合　理想化的"乌托邦"》，载搜狐财经网 2016 年 10 月 12 日，http://business.sohu.com/20161012/n470057445.shtml，访问时间 2016 年 10 月 15 日。

［99］Ron Miller：《IBM unveils Blockchain as a Service based on open source Hyper ledger Fabric technology》，载 Techcrunch 网 2017 年 3 月 19 日，https://techcrunch.com/2017/03/19/ibm-unveils-blockchain-as-a-service-based-on-open-source-hyperledgerfabric-technology/，访问时间 2017 年 3 月 21 日。

［100］网易科技：《IBM 推出区块链云服务　可打造更安全网络》，载网易网 2017 年 3 月 20 日，http://tech.163.com/17/0320/14/CFVQ251D00097U7T.html，访问时间 2017 年 3 月 21 日。

［101］共享财经：《这些公司案例告诉你，区块链将在哪些领域大显神通》，载搜狐网 2016 年 4 月 14 日，http://mt.sohu.com/20160414/n444210492.shtml，访问时间 2017 年 3 月 21 日。

［102］cnBeta 网站：《众筹平台 Patreon 遭攻击　用户被要求支付赎金换数据》，载众筹之家网 2015 年 11 月 23 日，https://www.zczj.com/news/2015-11-23/content_4873.html，访问时间 2015 年 11 月 24 日。

［103］招商证券：《全球首笔区块链贸易结算完成点评：打响落地第一枪》，载腾讯财经网 2016 年 9 月 9 日，http://finance.qq.com/a/20160909/026461.htm，访问时间

2017 年 3 月 25 日。

［104］众筹金融研究会:《杨东教授受邀参加 2016 陆家嘴区块链金融高峰论坛发表演讲:区块链应用的法律问题与实践分析》,载搜狐财经网 2016 年 10 月 11 日,http://business.sohu.com/20161011/n469948852.shtml,访问时间 2016 年 10 月 15 日。

［105］田野:《Fintech 最新趋势:从"颠覆"向"合作"的重心转移?》,载微信网 2016 年 5 月 24 日, http://mp.weixin.qq.com/s?__biz=MzA5MjQyMjEwOA%3D%3D&idx=1&mid=2652535072&sn=716af52992d2c229e85f6e0b0b846abe,访问时间 2017 年 3 月 20 日。

［106］洪偌馨:《"金融科技"FinTech:伪标签还是真风口?》,载第一财经网 2016 年 7 月 18 日,http://www.yicai.com/news/5045522.html,访问时间 2017 年 3 月 20 日。

［107］周永林:《金融科技:新金融生态下的机遇与挑战》,载今日头条网 2017 年 3 月 18 日, http://www.toutiao.com/i6398825223306609153/,访问时间 2017 年 3 月 20 日。

［108］埃森哲:《埃森哲研究:中国领跑全球金融科技投资》,载中国外包网 2017 年 3 月 6 日, http://www.chnsourcing.com.cn/outsourcing-news/article/108359.html,访问时间 2017 年 3 月 21 日。

［109］平悦:《英媒:中国金融科技规模全球居首 主导数字支付、网贷领域》,载参考消息网 2017 年 3 月 20 日,http://www.cankaoxiaoxi.com/finance/20170320/1788225.shtml,访问时间 2017 年 3 月 20 日。

［110］黄隽:《互联网金融新政对艺术品金融市场的三个影响》,载和讯网 2016 年 10 月 18 日,http://tech.hexun.com/2016-10-18/186465789.html,访问时间 2017 年 3 月 21 日。

［111］Cornelius Nandyal:《RegTech:金融科技创新的新星》,胡宁译,载未央网 2016 年 7 月 20 日,http://www.weiyangx.com/194298.html,访问时间 2017 年 9 月 20 日。

［112］杨东:《杨东教授解读全国金融工作会议:运用监管科技,加强统合监管体系》,载微信网 2017 年 7 月 16 日,http://mp.weixin.qq.com/s/DQXQ8uSJXsDQcsMhoRe8MA,访问时间 2017 年 9 月 22 日。

［113］众筹金融研究院:《杨东教授率团赴英考察报告之三:金融科技中英闭门对话》,载微信网 2017 年 8 月 12 日,http://mp.weixin.qq.com/s/xHJwbupwmYCTKgBsvT8Oxw,访问时间 2017 年 9 月 23 日。

［114］众筹金融研究院:《杨东:证监会应强化 RegTech 监管,尽快出台股权众筹试点办法》,载微信网 2017 年 7 月 11 日,http://mp.weixin.qq.com/s/gu1WpFUNQVK4EXw_bBXHcg,访问时间 2017 年 9 月 23 日。

［115］王丽、杨洪涛、王新明：《数字经济开启发展"大时代"》，载新华网 2017 年 5 月 29 日，http://news.xinhuanet.com/yuqing/2017-05/29/c_129620775.htm，访问时间 2017 年 9 月 23 日。

［116］新华社：《习近平：加快推进网络信息技术自主创新　朝着建设网络强国目标不懈努力》，载新华网 2016 年 10 月 9 日，http://news.xinhuanet.com/politics/ 2016-10/09/c_1119682204.htm，访问时间 2017 年 9 月 23 日。

［117］央视网：《数字经济　中国经济转型升级新引擎》，载新华网 2016 年 11 月 13 日，http://news.xinhuanet.com/fortune/2016-11/13/c_1119902565.htm，访问时间 2017 年 9 月 23 日。

［118］贵阳网：《〈块数据 3.0：秩序互联网与主权区块链〉：数字文明，迈向人类命运共同体》，载黔讯网 2017 年 5 月 24 日，http://news.qx162.com/gy/2017/0524/186850.shtml，访问时间 2017 年 9 月 24 日。

［119］王安宁：《六个领域的非法集资风险亟须警惕》，载中国新闻网 2013 年 11 月 26 日，http://www.chinanews.com/fz/2013/11-26/5549470.shtml，访问时间 2015 年 5 月 2 日。

［120］《行为艺术家何成瑶众筹卖时间：2000 元一小时》，载艺术国际网 2014 年 3 月 21 日，http://news.artintern.net/html.php?id=43625，访问时间 2015 年 9 月 23 日。

［121］廖冬云编译：《市场 VS 法律　艺术品的真伪性判定之辩》，载艺术中国网 2012 年 8 月 8 日，http://art.china.cn/market/2012-08/08/content_5227516.htm，访问时间 2015 年 5 月 7 日。

［122］《"假画大案"与上海画家的"美国梦"》，载艺术中国网 2013 年 12 月 19 日，http://art.china.cn/huihua/2013-12/09/content_6521757.htm，访问时间 2015 年 5 月 7 日。

［123］陈一鸣：《"金缕玉衣"骗贷：谁之罪》，载南方网 2011 年 9 月 19 日，http://finance.southcn.com/f/2011-09/19/content_30093536.htm，访问时间 2015 年 5 月 7 日。

［124］陈根发：《文物鉴定交易和保护中的法律问题》，载法制网 2013 年 2 月 19 日，http://www.legaldaily.com.cn/Frontier_of_law/content/2013-02/19/content_4209271.htm?node=34808，访问时间 2015 年 5 月 7 日。

［125］刘岩：《乾隆御笔被 17 万卖后拍出 8736 万　原主人起诉鉴宝师》，载中国新闻网 2013 年 1 月 8 日，http://www.chinanews.com/cul/2013/01-08/4470343.shtml，访问时间 2015 年 5 月 7 日。

［126］艺术版权：《"乾隆御笔〈嵩阳汉柏图〉贱卖案"的诉讼策略分析》，载雅昌艺术网 2013 年 3 月 6 日，http://auction.artron.net/20130306/n314757_2.html，访问时

间 2015 年 5 月 8 日。

［127］西沐:《中国艺术品保险市场有 18 亿元蛋糕待开发》，载中国经济网 2012 年 9 月 14 日，http://www.ce.cn/culture/gd/201209/14/t20120914_23682009_1.shtml，访问时间 2015 年 5 月 10 日。

［128］郝红波:《疯狂达利艺术大展将亮相上海外滩》，载中国经济网 2015 年 9 月 21 日，http://tech.ce.cn/zjdf/dfxw/201509/21/t20150921_6537875.shtml，访问时间 2015 年 9 月 25 日。

［129］《汉唐艺术品交易所全国首推"现货众筹板"》，载中国日报中文网 2015 年 11 月 13 日，http://cnews.chinadaily.com.cn/2015-11/13/content_22451306.htm，访问时间 2015 年 12 月 12 日。

［130］汉唐艺术品交易所:《汉唐艺术品交易所众筹板交易试运行圆满成功》，载藏品投资网 2015 年 11 月 22 日，http://cangpintouzi.com/news/20151122/7919.html，访问时间 2016 年 1 月 5 日。

［131］新华社:《国务院关于积极推进"互联网+"行动的指导意见》，载中国共产党新闻网 2015 年 7 月 5 日，http://cpc.people.com.cn/n/2015/0705/c64387-27255409.html，访问时间 2015 年 7 月 12 日。

［132］杨东:《集合统一计划概念应加以统一规范》，载搜狐新闻网 2013 年 4 月 2 日，http://m.sohu.com/n/280114432/，访问时间 2014 年 1 月 29 日。

［133］向阳:《具备大金融背景才能做好中国式众筹》，载人民网 2013 年 10 月 30 日，http://scitech.people.com.cn/n/2013/1030/c1057-23368433.html，访问时间 2015 年 5 月 29 日。

［134］许悦:《顶峰期建仓　低谷时到期　55 亿艺术品基金如何集中兑付成谜》，载新浪网 2014 年 7 月 22 日，http://news.sina.com.cn/o/2014-07-22/052230558330.shtml，访问时间 2015 年 5 月 30 日。

［135］于娜:《艺术品信托再陷兑付危机》，载凤凰财经网 2014 年 12 月 24 日，http://finance.ifeng.com/a/20141224/13382199_0.shtml，访问时间 2015 年 5 月 30 日。

［136］《京东股权众筹融资额破 7 亿　生态扶持能力气候渐成》，载 21CN 科技网 2015 年 12 月 15 日，http://it.21cn.com/prnews/a/2015/1215/15/30378895.shtml，访问时间 2016 年 1 月 2 日。

［137］赵怡雯、赵魏傑:《"众筹"怎样避免失败》，载未央网 2014 年 8 月 7 日，http://www.weiyangx.com/97381.html，访问时间 2015 年 12 月 15 日。

［138］程岚岚:《中国首家艺术版权开发众筹平台昨在宁正式上线》，载中国江苏网 2015 年 12 月 17 日，http://jsnews.jschina.com.cn/system/2015/12/17/027377327.shtml，访问时间 2016 年 12 月 20 日。

［139］《Artable：不止是艺术品，艺术行为本身也可以玩众筹》，载浙江都市网2015年10月14日，http://news.zj.com/detail/2015/10/14/1590476.html，访问时间2015年12月15日。

［140］《中国艺术众筹第一单高回报分红再成热点》，载和讯网2015年2月17日，http://m.hexun.com/jiangsu/2015-02-17/173438703.html，访问时间2015年12月15日。

［141］马海燕：《汉唐艺术品交易所复牌 更名北京文化艺术品交易所》，载中国新闻网2014年1月6日，http://www.chinanews.com/cj/2014/01-06/5703250.shtml，访问时间2015年5月1日。

［142］王松：《画廊也众筹！全国首例众筹画廊艺米空间亮相798》，载雅昌艺术网2014年5月4日，http://gallery.artron.net/20140504/n599430.html，访问时间2015年11月20日。

［143］《面对全球市场竞争 国内画廊业如何生存、发展》，载雅昌艺术网2011年8月16日，http://gallery.artron.net/20110816/n183941.html，访问时间2014年1月29日。

［144］王璐：《"我爱达利，疯狂抢筹" 大型艺术众筹项目上线》，载雅昌艺术网2015年9月21日，http://huadong.artron.net/20150921/n779898.html，访问时间2015年11月2日。

［145］《艺术众筹骗局：何成瑶众筹做局曝光》，载雅昌艺术网2014年5月10日，http://news.artron.net/20140510/n603239.html，访问时间2015年11月2日。

［146］王松、周鱼：《众筹颠覆艺术形态？何成瑶3天筹款20万，众筹藏家变参与者！》，载雅昌艺术网2014年5月25日，http://gallery.artron.net/20140325/n583534.html，访问时间2015年9月23日。

［147］《何成瑶愤怒回应"众筹做局"》，载新浪网2014年5月27日，http://ah.sina.com.cn/art/news/2014-05-27/15022644.html，访问时间2015年9月23日。

［148］《纪念日－收藏你的情感票据 当代书法票据艺术众筹》，载众筹网2014年4月10日，http://www.zhongchou.com/deal-show/id-5943，访问时间2015年9月23日。

［149］《1小时破万元 何玩转艺术品众筹》，载新浪网2015年12月12日，http://news.sina.com.cn/o/2015-12-12/doc-ifxmpnqi6384341.shtml，访问时间2016年1月3日。

［150］《66朵红衣美女如花盛开 Her Coffee开业引发围观》，载新浪女性网2013年8月21日，http://eladies.sina.com.cn/nx/2013/0821/15461232089.shtml，访问时间2015年7月3日。

［151］邓琼瑶：《Her Coffee：中国首家众筹咖啡馆之死》，载今日头条网2014年8月29日，http://www.toutiao.com/i1025722414/，访问时间2015年7月3日。

［152］崇晓萌、杨舒芳：《首家女性众筹咖啡馆Her Coffee开业一年谋转

型》，载全景理财网2014年8月4日，http://www.p5w.net/money/hlwlc/201408/t20140804_703091.htm，访问时间2015年7月3日。

［153］于冬雪:《众筹咖啡馆Her Coffee撞到天花板？》，载网易财经网2014年8月4日，http://money.163.com/14/0808/05/A33QKCIG00253B0H.html，访问时间2014年7月13日。

［154］江晓清:《股权众筹第一案警示的法律风险》，载和讯网2016年1月7日，http://zhongchou.hexun.com/2016-01-07/181656888.html，访问时间2016年1月7日。

［155］乐天:《全国首例众筹融资案宣判　确认众筹融资合同有效》，载腾讯财经网2015年9月15日，http://finance.qq.com/a/20150915/067484.htm，访问时间2016年1月7日。

［156］《"全国首例众筹融资案"的三大法律看点》，载正义网2015年9月24日，http://www.jcrb.com/zyw2015gb/gsr2015gaiban/201509/t20150924_1548980.html，访问时间2016年1月2日。

［157］赵正:《人人投与诺米多纠纷一波三折》，载新浪财经网2015年10月17日，http://finance.sina.com.cn/roll/20151017/041123500642.shtml，访问时间2016年1月7日。

［158］肖飒、张超:《法院确认众筹合法了？首例众筹案件评析》，载今日头条网2015年9月16日，http://www.toutiao.com/a6194900045652869377/，访问时间2016年1月2日。

［159］钛媒体:《美国几大主要垂直众筹平台，有什么不一样？》，载网易财经网2016年1月7日，http://money.163.com/16/0107/10/BCNKD14C00253B0H.html，访问时间2016年1月7日。

［160］零壹财经、零壹数据:《众筹的历史渊源》，载《第一财经日报》2014年5月27日，http://www.yicai.com/news/3859966.html，访问时间2014年9月8日。

［161］刘文献:《历史上的众筹：传媒大亨与自由女神众筹》，载未央网2015年2月19日，http://www.weiyangx.com/119554.html，访问时间2015年9月8日。

［162］朱明:《米兰公爵与达·芬奇》，载腾讯文化网2015年11月17日，http://cul.qq.com/a/20151117/016445.htm，访问时间2015年11月18日。

［163］尚智:《喜欢达·芬奇的理由：只有他才能画出美的惊人的女性》，载凤凰文化网2015年4月23日，http://culture.ifeng.com/a/20150423/43616494_0.shtml，访问时间2015年9月8日。

［164］司马钱:《全球的十大知名众筹平台》，载未央网2014年6月21日，http://www.weiyangx.com/42656.html，访问时间2015年7月8日。

［165］高义广:《众筹的发展及其法律规制》，载360文库2014年10月16日，http://www.360doc.cn/article/15554915_417549400.html，访问时间2015年7月8日。

［166］华谊兄弟研究院:《电影众筹，在好莱坞同样是有前途的难题》，载网易科技网 2015 年 10 月 8 日，http://tech.163.com/15/1008/09/B5D61PUP00094P40.html，访问时间 2015 年 10 月 8 日。

［167］陈晓萌:《艺术众筹"趋势"还是"炼金"》，载搜狐网 2015 年 7 月 29 日，http://mt.sohu.com/20150729/n417788006.shtml，访问时间 2015 年 7 月 30 日。

［168］侯雁编译:《英国艺术基金会在线筹资平台上线，帮助博物馆众筹资金》，载湖南省博物馆网 2014 年 9 月 10 日，http://www.hnmuseum.com/hnmuseum/generalIntro/introContent.jsp?infoid=01485d27772940288483481e0c260fb5，访问时间 2015 年 10 月 8 日。

［169］零壹财经:《国外是如何监管股权众筹的》，载和讯网 2016 年 2 月 9 日，http://zhongchou.hexun.com/2016-02-09/182170416.html，访问时间 2016 年 2 月 9 日。

［170］鲁公路、李丰也、邱薇:《美国新股发行制度改革: JOBS 法案的主要内容》，载凤凰网 2013 年 3 月 15 日，http://finance.ifeng.com/stock/zjdp/20130315/7779554.shtml，访问时间 2015 年 12 月 8 日。

［171］傅喆:《"美国 JOBS 法案"打通民间资本与中小企业融资渠道》，载凤凰网 2012 年 4 月 19 日，http://finance.ifeng.com/news/special/qkshbg/20120419/5963359.shtml，访问时间 2015 年 12 月 8 日。

［172］高义广:《美国 JOBS 法案译文（完整版）》，荣浩、顾晨译，载未央网 2014 年 10 月 27 日，http://www.weiyangx.com/109909.html，访问时间 2015 年 10 月 7 日。

［173］《众筹监管: 美国证券交易委员会（SEC）发布 A 条例及解读》，载未央网 2015 年 4 月 17 日，http://www.weiyangx.com/127418.html，访问时间 2015 年 10 月 7 日。

［174］汉新:《SEC 发布 JOBS 法案 A+ 条例 众筹 5000 万不是梦》，载腾讯财经网 2015 年 3 月 27 日，http://finance.qq.com/a/20150327/040018.htm，访问时间 2015 年 10 月 7 日。

［175］零壹财经:《Fintech 监管的美国实践: 鼓励创新 但别忘了风险和保护消费者》，载搜狐财经网 2016 年 11 月 19 日，http://business.sohu.com/20161019/n470662650.shtml，访问时间 2016 年 11 月 19 日。

［176］Lindsay Raffetto :《CFPB Releases Final Policy on No-Action Letters》，载《JD SUPRA》2016 年 2 月 23 日，http://www.jdsupra.com/legalnews/cfpb-releases-finalpolicy-on-no-action-20478/，访问时间 2016 年 11 月 19 日。

［177］孟叶雄:《伦敦崛起成为全球众筹领导者》，载金评媒网 2014 年 8 月 15 日，http://www.jpm.cn/article-70-1.html，访问时间 2015 年 10 月 7 日。

［178］TechSPARK :《Interview:Ayan Mitra, CEO of Code Investing on alternative finance for small businesses》，载星技网 2016 年 11 月 4 日，http://techspark.co/crowdbn

krebrand-code-investing-move-support-startups-smes/，访问时间 2016 年 11 月 19 日。

［179］G.Tong：《CrowdBnk CEO：英国拥有最好的众筹监管规定》，载金评媒网 2015 年 6 月 9 日，http://www.jpm.cn/article-2226-1.html，访问时间 2015 年 10 月 7 日。

［180］中国银行：《经济金融热点快评：英国提出"监管沙箱"项目，支持 FinTech 企业发展》，载腾讯网 2016 年 5 月 25 日，http://finance.qq.com/a/20160525/044918.htm，访问时间 2017 年 9 月 27 日。

［181］众筹金融研究院：《杨东教授率团赴英考察报告之三：金融科技中英闭门对话》，载微信网 2017 年 8 月 12 日，http://mp.weixin.qq.com/s/xHJwbupwmYCTKg BsvT8Oxw，访问时间 2017 年 9 月 23 日。

［182］王娟：《英国〈众筹监管规则〉之解读及对我国的借鉴意义》，载观典律师事务所网 2014 年 5 月 30 日，http://www.risinglawyer.com/page58?article_id=474，访问时间 2015 年 7 月 8 日。

［183］静涵：《众筹网站妙用粉丝经济来打造艺术赞助平台》，载华夏收藏网 2015 年 9 月 5 日，http://news.cang.com/info/424868.html，访问时间 2015 年 9 月 6 日。

［184］音乐财经：《盘点全球五家音乐相关众筹平台》，载界面网 2016 年 3 月 2 日，http://www.jiemian.com/article/555122.html，访问时间 2016 年 3 月 2 日。

［185］《艺术家众筹平台 Patreon 融资 3000 万美元》，载亿邦动力网 2016 年 1 月 20 日，http://www.ebrun.com/20160120/163249.shtml，访问时间 2016 年 1 月 20 日。

［186］《Kickstarter 联合创始人：平台众筹总额达 20 亿美元》，载网易科技网 2015 年 12 月 16 日，http://tech.163.com/15/1216/15/BAVFKCKK000915BF.html，访问时间 2015 年 12 月 17 日。

［187］子萌：《Kickstarter 众筹总额破 20 亿美元　游戏类总额最多》，载中国经济网 2015 年 11 月 5 日，http://www.ce.cn/culture/gd/201511/05/t20151105_6912529.shtml，访问时间 2015 年 12 月 7 日。

［188］黄美菁：《众筹成功项目达到 10 万，Kickstarter 的又一里程碑》，载爱范儿网 2016 年 2 月 15 日，http://www.ifanr.com/620120，访问时间 2016 年 2 月 16 日。

［189］晓桦：《Kickstarter 众筹总额破 20 亿，哪些项目来钱快》，载搜狐科技网 2015 年 11 月 5 日，http://it.sohu.com/20151105/n425397408.shtml，访问时间 2015 年 12 月 6 日。

［190］徐弢：《众筹平台 Kickstarter 转型公益为难民筹款》，载网易科技网 2015 年 10 月 8 日，http://tech.163.com/15/1008/18/B5E5I66S00094P0U.html，访问时间 2015 年 10 月 16 日。

［191］钟舒婷：《从众筹鼻祖变身公益企业的 Kickstarter，在创办六年里都改变了什么?》，载一点资讯网 2015 年 10 月 16 日，http://www.yidianzixun.

com/0AxHVfk1?appid&s=11，访问时间 2015 年 10 月 16 日。

［192］王曦：《一个正在 Kickstarter 上众筹的真实案例——Art Life：The Game》，载 36 氪网 2013 年 12 月 3 日，http://36kr.com/p/208109.html，访问时间 2015 年 12 月 9 日。

［193］严蒎淇：《拿破仑与约瑟芬婚书近 50 万欧元拍出 拿破仑的爱情物证》，载新浪财经网 2014 年 10 月 8 日，http://finance.sina.com.cn/roll/20141008/2358 20485180.shtml，访问时间 2015 年 10 月 7 日。

［194］王维编译：《法国艺术品众筹公司 Aristophil 涉嫌诈骗遭检方调查》，载雅昌艺术网 2014 年 11 月 20 日，http://news.artron.net/20141120/n678890.html，访问时间 2015 年 10 月 7 日。

［195］顾秋实译：《Kickstarter 更新使用条款中有关项目失败的说明》，载 TC 网 2014 年 9 月 20 日，http://techcrunch.cn/2014/09/20/kickstarter-updates-terms-of-usesection-related-to-failed-projects/，访问时间 2015 年 10 月 7 日。

［196］Kickstarter：《Terms of ues》，载 Kickstarter 网 2014 年 10 月 19 日，https://www.kickstarter.com/terms-of-use/，访问时间 2015 年 10 月 7 日。

［197］Geneva：《Kickstarter 首个众筹违约遭罚款 11 万美元》，载金评媒网 2015 年 6 月 18 日，http://www.jpm.cn/article-2328-1.html，访问时间 2015 年 10 月 7 日。

［198］书聿：《Kickstarter 约 9% 众筹项目未能履约》，载新浪科技网 2015 年 12 月 8 日，http://tech.sina.com.cn/i/2015-12-08/doc-ifxmhqac0201635.shtml，访问时间 2015 年 12 月 9 日。

［199］凤凰艺术：《梵蒂冈加入众筹风潮 新艺术捐助应用程序惹争议》，载雅昌艺术网 2015 年 8 月 24 日，http://news.artron.net/20150821/n771952.html，访问时间 2015 年 10 月 7 日。

［200］人民日报：《全球互联网普及成效显著》，载新华网 2015 年 12 月 14 日，http://news.xinhuanet.com/politics/2015-12/14/c_128526098.htm，访问时间 2015 年 12 月 14 日。

［201］IT 网站：《音乐众筹网站 Patreon 遭黑客入侵 用户资料被泄》，载众筹之家网 2015 年 10 月 9 日，https://www.zczj.com/news/2015-10-09/content_4191.html，访问时间 2015 年 10 月 9 日。

［202］安华金和：《2015 年全球数据安全事件盘点分析》，载和讯网 2016 年 1 月 4 日，http://tech.hexun.com/2016-01-04/181576506.html，访问时间 2016 年 1 月 5 日。

［203］《"e 租宝"非法集资真相浮出水面》，载新浪网 2016 年 2 月 1 日，http://news.sina.com.cn/o/2016-02-01/doc-ifxnzanh0501835.shtml，访问时间 2016 年 2 月 1 日。

［204］朱翊：《继"e 租宝"后又一互联网金融平台"中晋系"崩盘》，载千龙网 2016 年 4 月 7 日，http://china.qianlong.com/2016/0407/517637.shtml，访问时间 2016 年

5月2日。

［205］陈倩:《中晋系骗局:非法吸储400亿元 老板一月开销50万》,载中国新闻网2016年5月16日,http://news.china.com/domesticgd/10000159/20160516/226533 41_all.html#page_2,访问时间2016年5月16日。

［206］简工博:《中晋系资金运作模式就是"庞氏骗局"》,载人民网2016年5月16日,http://sh.people.com.cn/BIG5/n2/2016/0516/c357908-28338230.html,访问时间2016年5月16日。

［207］崔敏:《股权众筹退出机制破冰》,载和讯网2016年1月11日,http://iof. hexun.com/2016-01-11/181729293.html,访问时间2016年1月12日。

［208］人人天使众筹平台:《国外股权众筹平台的退出机制》,载搜狐网2016年3月17日,http://mt.sohu.com/20160317/n440781700.shtml,访问时间2016年3月18日。

［209］腾讯研究院:《数字经济是一种新的经济形态》,载搜狐网2017年9月15日,http://www.sohu.com/a/192197288_455313,访问时间2017年9月25日。

［210］《集中整治互联网擦边球行为 股权众筹募集难》,载云掌财经网2016年4月22日,http://finance.123.com.cn/show/123-90787.html,访问时间2016年4月22日。

［211］王丽娟:《互金监管风暴:网络借贷和股权众筹监管规则有望推出》,载新浪财经网2016年2月14日,http://finance.sina.com.cn/chanjing/cyxw/2016-02-14/ docifxpmpqt1185991.shtml,访问时间2016年2月14日。

［212］洪偌馨:《"公募版"牌照落地:股权众筹玩儿"大"了》,载网易科技网2015年6月30日,http://tech.163.com/15/0630/01/ATARAGAN000915BF.html,访问时间2015年7月8日。

［213］《资讯告别监管缺位 股权众筹未来可期》,载凤凰网2015年11月12日,http://news.ifeng.com/a/20151112/46217896_0.shtml,访问时间2015年11月14日。

［214］中国证券监督管理委员会:《证监会等十五部门联合公布〈股权众筹风险专项整治工作实施方案〉》,载中国证券监督管理委员会网2016年10月18日,http:// www.csrc.gov.cn/pub/hunan/gzdt/201610/t20161018_304725.htm,访问时间2016年10月18日。

［215］众筹金融研究会:《17个部门联合开展专项整治,把互联网金融导入正轨》,载搜狐财经网2016年10月17日,http://business.sohu.com/20161017/n470452733. shtml,访问时间2016年10月18日。

［216］众筹金融研究会:《杨东教授解读股权众筹专项整治方案:发展新经济、培育新动能》,载搜狐财经网2016年10月17日,http://business.sohu.com/20161017/ n470452730.shtml,访问时间2016年10月18日。

［217］央视网:《习近平总书记在全国金融工作会议上的重要讲话》,载中国网

2017 年 7 月 18 日，http://www.china.com.cn/news/2017-07/18/content_41240072.htm，访问时间 2017 年 9 月 26 日。

[218] 经济日报：《金巍：从三个角度看新金融政策环境下文化金融的发展路径》，载中国经济网，http://m.ce.cn/ttt/201709/08/t20170908_25849875.shtml?tt_from=weixin&tt_group_id=6463274358571335949，访问时间 2017 年 9 月 26 日。

[219] 方思贤：《新华网评：以容错纠错机制为改革创新者撑腰》，载新华网 2016 年 3 月 6 日，http://news.xinhuanet.com/2016-03/06/c_1118243451.htm，访问时间 2017 年 9 月 26 日。

[220] 众筹金融研究院：《英国金融科技演进对突破我国征信瓶颈的启示》，载微信网 2017 年 8 月 11 日，http://mp.weixin.qq.com/s/t2XOg2AmYptUHvxeUI6R9Q，访问时间 2017 年 9 月 23 日。

责任编辑：张　立
装帧设计：王欢欢
责任校对：苏小昭

图书在版编目（CIP）数据

艺术品众筹：模式·案例·风险·监管／杨东，张文君 著 . —北京：
　人民出版社，2017.11
ISBN 978－7－01－017866－0

Ⅰ.①艺…　　Ⅱ.①杨…②张…　　Ⅲ.①艺术品－投资－法律－研究－中国
　Ⅳ.① D922.164

中国版本图书馆 CIP 数据核字（2017）第 150126 号

艺术品众筹：模式·案例·风险·监管
YISHUPIN ZHONGCHOU MOSHI ANLI FENGXIAN JIANGUAN

杨　东　张文君　著

人民出版社 出版发行
（100706　北京市东城区隆福寺街 99 号）

涿州市星河印刷有限公司印刷　新华书店经销

2017 年 11 月第 1 版　2017 年 11 月北京第 1 次印刷
开本：710 毫米 ×1000 毫米 1/16　印张：20.5
字数：265 千字　插页：2

ISBN 978－7－01－017866－0　定价：89.00 元

邮购地址 100706　北京市东城区隆福寺街 99 号
人民东方图书销售中心　电话：(010) 65250042　65289539